Weiblich, 18, und auf Weltreise

interconnections

Phantastisches Südamerika
Reise in eine fremde Welt

Eine ungewöhnliche Reise durch Ecuador, Peru, Bolivien, Chile, Argentinien. Geschrieben mit wachem Blick und viel Herzblut.

ISBN
978-3-86040-208-5
€ 15,90

Das Herz Saigons
Vietnams mystische Gans, ein Hippie, Sex und Gier

Eine irrwitzige Suche nach dem Herzen der Stadt, ein spannender Krimi und eine kultur- und zeitgeschichtliche Reise.

ISBN 978-3-86040-210-8
€ 15,90

www.interconnections-verlag.de

interconnections.de

Weiblich, 18, und auf Weltreise

Abenteuer, Mitanpacken, Freiwilligendienst

Isabella Naujoks

interconnections

Manuskripte gesucht
Sachbuch, Reise, Biographien, Belletristik
Alles, was bewegt
interconnections-verlag.de

Ähnliche Titel bei http://interconnections-verlag.de
Erhältlich über den Verlag oder im Buchhandel

Impressum
Reihe »Jops, Praktika, Studium«, Jobs Bd 69
Isabelle Naujoks
Weiblich, 18, und auf Weltreise
Abenteuer, Mitanpacken, Freiwilligendienst

Fotos:

Copyright
Verlag interconnections,
Schillerstr. 44, 79102 Freiburg
Tel. +49 761 700 650, Fax +49 761 700 688
info@interconnections.de,
www.interconnections-verlag.de, www.reisetops.com
ISBN: 978-3-86040-233-7
2015

Brodelndes Asien

Zwischen Ahnenkult und Apple-Unser

Asien aus ersterr Hand. Der Autor lebt seit Jahren in Vietnam und hat große Teile Südostasiens bereist. Fachkundig nimmt er den Leser mit auf eine kultur- und zeitgeschichtliche Reise.

ISBN
978-3-86040-206-1
€ 15,90

China tickt anders

Jahre einer intensiven Begegnung

Atze Schmidt war jahrelang als Lektor bei einem chinesischen Verlag beschäftig. Wie kaum ein anderer weiß er das Leben dort zu beschreiben.

ISBN
978-3-86040-190-3
€ 15,90

www.interconnections-verlag.de

interconnections.de

AUSLANDSREISEVERSICHERUNG

Working-Holiday-Maker, Aupairs, Animateure, Sprachschüler u.a. Langzeitreisende

Bei einem Auslandsaufenthalt wird ein sinnvoller Versicherungsschutz nötig. Die Versicherung hier sollte keinesfalls gekündigt werden, sondern nur ruhen, denn würde man krank zurückkehren, so würde keine Versicherung einen aufnehmen wollen.

In Zusammenarbeit mit einem Versicherer bieten wir eine auf die Bedürfnisse von Langzeitreisenden zugeschnittene Lösung, und zwar bis zu zwei Jahren. Besonderheit: auch bei Unterbrechung des Auslandaufenthaltes ist man abgesichert.

Wer z.B. seinen Auslandsaufenthalt unterbricht, um beispielsweise zu Weihnachten daheim zu sein oder seine Reise vorzeitig beenden muss, dem werden unkompliziert und ohne Mehrkosten alle überzahlten Beiträge erstattet.

Unterlagen bitte per Mail anfordern:

interconnections, Schillerstr. 44, 79102 Freiburg
Tel. +49 761 700 650, Fax +49 761 700 688

info@interconnections.de
www.interconnections.de

Inhaltsverzeichnis

Weiblich, 18, und auf Weltreise 8
Nepal 10
Kambodscha 34
Vietnam 68
Australien, Sydney 87
Neuseeland 91
Samoa & Fidschis 134
Amerika 142
Home sweet home 161

Reise ins Herz Australiens

Menschen, Mythen und Geschichten

Fesselnde landeskundliche Sammlung von Geschichten, Schilderungen und Erlebnissen in Down-Under

ISBN
978-3-86040-213-9
€ 15,90

WEIBLICH, 18, UND AUF WELTREISE

Einleitung

Jeder Mensch hat einen Traum.

Manche möchten sich ein teures Auto kaufen, manche erfolgreiche Musiker werden oder den Mt. Everest erklimmen.
Ich möchte einmal um die Welt reisen.
Das Wort „Weltreise" hatte für mich seit langem einen faszinierenden Klang. „Weltreise", das klingt nach Abenteuer, fremden Kulturen und Exotik, Palmen, weißen Sandstränden, Chaos und Tempel. Menschen, die anders aussehen, anders sprechen, anders reagieren und anders denken als ich. Kurzum: Alles anders.

Doch kurz vor meiner Abreise stellen sich alle möglichen Befürchtungen ein, und ich wälze mich schlaflos im Bett. Warum konnte ich mir nicht etwas Einfacheres aussuchen? Mache ich wirklich das Richtige? Was ist, wenn? Wenn mir das alles nicht gefällt, alles eine große Enttäuschung wird? Wenn ich mit den fremden Sprachen nicht klarkomme, einsam und mit Heimweh im Hotelzimmer hocke, das Essen verabscheue oder die hygienischen Bedingungen mir über den Kopf steigen? Was, wenn ich mir Malaria einfange und alleine in einem miefigen und unhygienischen Krankenhaus im Bett liege?

Schließlich waren die ganzen, langen Wochen voller Visumanträge, Flugsuche und Überzeugungsarbeit nicht umsonst. Während einige meiner Freunde an verschiedenen Unis anfangen, als Au-pair nach England oder Italien gehen oder ein freiwilliges soziales Jahr in Indien ableisten, mache ich mich bereit, von Land zu Land zu reisen. Mit einer gehörigen Portion Ungewissheit, aber auch unglaublich viel Spannung und Vorfreude naht die Abreise.
Morgen fliege ich in die „Dritte Welt", nach Kathmandu, Nepal.

I now walk into the wild

Okay, das ist vielleicht übertrieben, aber der große Tag ist gekommen. Ein Tag, den ich nie vergessen werde. Die ganzen Monate voller Vorbereitungen stecken

in einem dicken Ordner voll wichtiger Papiere – die mühevolle Arbeit wird endlich eingelöst.
Ganze Wochen, in denen ich vor Aufregung fast nicht schlafen konnte. Wie immer mache ich mir viel zu viele Sorgen, aber lieber zu viel als zu wenig – so bin ich geistig auf fast jede Situation vorbereitet! Oft überkommen mich Selbstzweifel. Gehe ich nicht viel zu naiv an diese ganze Sache heran? Aber mit Offenheit und Neugier sollte fast alles zu bewältigen sein. Ich erwarte einen Haufen an Erlebnissen in Form von Kulturschocks, wie zum Beispiel das Opferfest in Kathmandu, wo gerade Autos mit Tierblut beschmiert werden. Ich bin gefasst auf Einsamkeit, vielleicht Langeweile, Sehnsucht, weiß, das Montezumas Rache und Übelkeit sicher sind, ferner ein sich sich-fremd-fühlen sowie Stehklos. Am Flughafen von Abu Dhabi lausche ich arabischen Anweisungen. Neben mir ein Mann in arabischer Kutte, komplett in Weiß und barfuß. Das macht mich jetzt schon neugierig! Ich will die Welt erkunden, tolle Menschen kennenlernen, Paul Herrmann – meinen Schutzengel – vor Denkmälern fotografieren, auf einem Hügel den „Into-the-Wild Schrei" loslassen und Leben verändern, auch das meine. Für diverse Hilfsprojekte stehen mir 2.900 Euro an Spenden zur Verfügung, die ich bei meinen Einsätzen in Nepal und Kambodscha hoffentlich gut anlegen kann. Und für mich: Mehr Spontaneität, Genießen und Loslassen. Mehr aus mir herausgehen, Lebensfreude und nicht immer dem Erfolgsdruck ausgesetzt sein. Ganz gleich, welchen Ausgang diese Reise hat: Im Moment ist sie die Erfüllung meines Traums. Ich bin glücklich, aufgeregt, nervös und habe auch Angst. Ich hoffe, nichts bereuen zu müssen, aber eine Menge zu lernen, zu erfahren und wirklich über den Tellerrand zu gucken. Dass die positiven die negativen Erfahrungen überwiegen und ich – egal was auch passiert – hinter meiner Entscheidung, diese verrückte Reise mit achtzehn Jahren und alleine zu unternehmen, stehe. Abenteuer – du kannst kommen!

Als Aupair ins Ausland

Au-Pair-Box.com

NEPAL

Neues Motto: Heat it, peel it, or don't eat it!

4 Wochen
Meine Glücksfee macht mir ein erstes Geschenk: Im Flieger sitze ich neben Anita, einer BWL-Studentin aus Hamburg, die zufälligerweise ein Zimmer im gleichen Hotel wie ich gebucht hat. Ein perfekter Start – die Vorstellung, allein im Hotel in Kathmandu mit Heimweh zu sitzen, kann ich zum Glück streichen. Jedoch bin ich mir noch nicht sicher, was ich von den Nepalesen auf meinem Flug halten soll – sie scheinen unorganisiert, planlos und laut zu sein. Naja, Menschen dieser Sorte gibt es ja überall. Das altbewährte Motto meiner Großmutter mache ich jetzt zu meinem: Die ersten drei Tage wird nicht gemeckert!
Um ehrlich zu sein, weiß ich fast nichts von meinem ersten Reiseziel. Nepal, das ist klar, beherbergt den Mt. Everest. Nicht umsonst nennt man das Land den Wohnsitz der steinernen Götter: Die vielen Achttausender, die das Himalaya-Gebirge schmücken. Warum gerade dieser Eindruck von Nepal dominiert, zeigt der Flug nach Kathmandu. Oh ja, ich sehe es! Zunächst verwechsle ich die weißen Bergsitzen mit den schönen Schäfchenwolken, an denen wir schon die gesamte Zeit vorbeifliegen, doch dann macht mir meine Sitznachbarin klar: Das da ganz hinten sind Berge des Himalaya! Mit der Zeit tauchen immer mehr Riesen aus den Wolken aus; es sieht fast so aus, als würden die Bergspitzen einfach nur auf den Wolken fliegen. Ihre Höhe kann man sich kaum vorstellen – wir fliegen auf ca 10.000 m, und diese Berggipfel sollen nur knapp zwei Kilometer unter uns liegen? Unbegreiflich. Dann macht uns die nepalesische Unorganisiertheit noch ein Geschenk: Wir sind in der Warteschleife über dem Flughafen und unser Pilot dreht Runde um Runde, um uns immer wieder die großen weißen Ungeheuer zu zeigen. Auch der Blick nach unten lohnt: Es breitet sich eine grüne Hügellandschaft aus, durch die sich ein ziemlich schlammiger Fluss schlängelt. Vereinzelt schmücken kleine Häuser die Hügel. Der Eindruck einer riesigen Modelllandschaft wird bei der Landung verstärkt. Wir überfliegen ein Hochhäusermeer, ab und zu blinzeln ein paar Wellblechdächer durch, und schon drückt der Pilot kräftig auf die Bremse, damit wir nicht über die kurze Landebahn hinausschießen. Angenehm warme, aber feuchte Luft empfängt mich beim Verlassen des Flugzeugs, doch bevor ich wirklich nepalesischen Boden betreten können, ist noch eine Stunde bei der Visumvergabe auszuharren. Mein Rucksack hat es zum

Glück auch bis nach Kathmandu geschafft, so dass ich endlich den sicheren (Flug-)Hafen verlassen kann. Ich fühle mich wie in einem Bollywood-Film. Plattgedrückte Nasen säumen die Glasscheiben vor der Wartehalle. Kaum haben Anita und ich den Ausgang passiert, werden wir von einer Traube Taxifahrern, die uns alle liebend gerne bei der Hotelwahl behilflich wären, umringt. Ich bin ein wenig überwältigt von dem Chaos – glücklicherweise steht dort schon ein geduldiger Nepalese mit meinem Namen auf einem Schild, der mich zu meinem im Vorhinein engagierten Taxifahrer bringt. Ich muss aufpassen, nicht in lauter Menschen zu rennen, denn die wunderbare Szenerie lenkt ab: Die Sonne versinkt hinter den Hügeln und taucht das Tal in rotgelbes Licht.

Faszination Kathmandu

Der Schildhalter verfrachtet mich ins Taxi und steckt gleich darauf den Kopf durchs offene Fenster: „Trinkgeld! Small Euros!" Ist klar. Da ich keine Lust und keinen Nerv mehr auf rumdiskutieren habe, drücke ich ihm einen Euro in die Hand, den ich zum Glück als Wechselgeld von der Visumsvergabe habe. Schon geht die Fahrt los. Mein Anschnallgurt geht natürlich nicht, aber wozu auch? Regeln gelten hier eh nicht. Wieso sich auf Straßenverkehrszeichen verlassen, wenn man eine Hupe hat? Hier hat der Lautere, nicht unbedingt der Stärkere, Vorfahrt: Motor- und Fahrräder schlängeln sich durch den Verkehr, Menschen und Tiere laufen nach Lust und Laune über die Straße. Je nach Platz wird mehrspurig gefahren nach dem Motto „Wer zuerst kommt, mahlt zuerst" – und das alles auf der linken Seite! Jetzt muss ich mir das, was uns als Kindern so mühsam beigebracht wurde – erst links, dann rechts, dann wieder links gucken – flugs abgewöhnen, sonst hab ich nicht mehr viel von meiner Reise. Ich kurble mein Fenster weiter runter, um die Szenerie besser sehen zu können: Offene Stände, heruntergekommene Häuser, Gemüseläden, Fisch- und Fleischtheken. Auf einem Tisch, fein nebeneinander angeordnet, zwei säuberlich abgehäutete Ziegenköpfe, deren milchig-weiße Augen mich leer anstarren. Ein etwa sechsjähriges Mädchen lächelt mir eingequetscht zwischen Vater (vorne) und Mutter (hinten) von einem Mofa aus zu. Ein gleichaltriger Junge hört im heruntergekommenen Tante-Emma-Laden seines Vaters Michael Jackson. Eine Mutter bugsiert ihre zweijährige Tochter durch das Gewusel, die schwarzen Kajal und eine rote Tikka trägt. Ein buddhistischer Mönch in braunroter Robe schlängelt sich durch das Geschehen. Mit vor Anstrengung rotem Gesicht kämpfen sich Rikscha-Fahrer die Straße hoch. Rinder stehen verträumt vor Läden oder wühlen sich auf Essenssuche durch den Müll. Irgendwann muss ich mein Fenster schließen, weil ich vor Staub nicht mehr atmen kann. Streunende Hunde dominieren das Bild, und ich bin inmitten einer anderen Welt.

Mein Hotel bietet eine Oase der Ruhe vom Chaos Kathmandus. Unter den grünen Bäumen bekommt man von dem Verkehr gar nichts mehr mit. Abends im Hotel gehe ich mit Anita essen, dann sitze ich alleine in meinem Zimmer. Ich bin geplättet von den ganzen Eindrücken und weiß nicht recht, was ich mit den Asiaten anfangen soll. Hinter jeder Frage des Taxifahrers wittere ich einen Hinterhalt, einen Versuch, an mein Geld zu gelangen, mich irgendwie übers Ohr zu hauen. Angesteckt von Anitas Vorsicht wische ich alle Sachen im Bad mit Desinfektionsspray ab, sprühe mich sorgfältig mit Mückenspray ein und putze mir mit Trinkwasser die Zähne. Zum Glück gibt es in meinem Zimmer zwei Betten. Ich lege die eine dünne Matratze unter die andere noch dünnere und falle in einen tiefen Schlaf.

Am nächsten Morgen nimmt mich ein Hotelmitarbeiter kurzerhand auf seinem Mofa mit in die Stadt. An seine Schultern geklammert brausen wir durch das Chaos – ich fühle mich unglaublich frei und fast schon einheimisch. Weit gefehlt – als ich im Straßenwirrwarr von Kathmandu „Mitte" rausgelassen werde, schlägt die Orientierungslosigkeit voll zu. Straßennamen finden die Nepalesen offenbar überflüssig, und je nach Stadtkarte, die man zu fassen bekommt, ändern sich die Straßenverläufe. Nach viel Reden mit Händen und Füßen finde ich dann das Reisebüro eines Sympathisanten von „Hands with Hands", der Organisation, mit der ich hier in Nepal arbeite.

Schnupperkurs in Nepali

Dipendra bucht mir einen Flug nach Pokhara, wo das Kinderheim ist, und organisiert einen Nepali-Kurs für mich: Ein exzellentes Beispiel von nepalesischem Frontal-Unterricht, der mir alleine in dem kleinen, staubigen und alten Klassenzimmer nicht viel mehr bringt als mein Handbuch „Nepali für Anfänger". Ich setze mich gegen die ersten Abzockversuche durch und übergehe standhaft die Annäherungsversuche meines zweiundzwanzigjährigen Tourguides, der mir vertraulich zuflüstert, dass er gerne eine Ausländerin heiraten würde. In dem hinduistischen Tempel Pashupatinath, den ich mir zuerst angucke, muss ich mich angewidert von den Leichen abwenden, die im Fluss gewaschen werden. Immer noch überfordert von den Eindrucken kriege ich nicht viel mehr von Kathmandu als heruntergekommenen Häuser, fremd aussehenden Menschen sowie dem unendlichen Gewusel mit.

Nächstentags hänge ich mich einfach dreist an Anitas Tour dran. Ausnahmsweise spricht der Führer mal ein verständliches Englisch. Wir fahren auf der einzigen Straße Nepals, wo angeblich internationale Vorschriften eingehalten werden, vorbei an Bussen mit Menschen obenauf und den Slums von Kathmandu, deren Einwohnerzahl sich binnen fünfzehn Jahren von 20.000 auf einige Millionen vervielfacht hat. Die Reisebücher sowie auch die Verwaltung kommen bei den Menschenmassen mit den Zahlen einfach nicht hinterher. Das Durchschnittstageseinkommen liegt bei 1,50€, arrangierte Heiraten sind üblich, eine Familie hat durchschnittlich sieben Kinder.

Mönchgesänge begleiten unsere Tour durch die alten Tempelstätten und Stupas von Patan. Genau die Art von Exotik, die ich erhofft hatte. Abends vor meinem Flug nach Pokhara kommt die erste Panikattacke: Gewitterwarnung im Himalaya. Erst zwei Wochen zuvor war ein Flugzeug am Mt. Everest zerschellt. So weit weg von zu Hause bin ich schnell aus dem Gleichgewicht zu bringen. Zum Glück gibt es Internet und Skype: Ein beruhigendes Telefonat mit meinen Eltern, dann bin ich bereit.

Am nächsten Morgen strahlender Sonnenschein. All die Aufregung umsonst. Mein Taxifahrer ist der erste, der sich anschnallt. Wieder interessante Einblicke in das nepalesische Leben: Essen wird auf dem Boden liegend feilgeboten; Menschen knicken unter der Last, die sie mit einem um die Stirn gebundenen Riemen schleppen, fast ein; die Wellblechdächer werden mit Steinen und Dreck beschwert, damit sie nicht weg fliegen. Im Vergleich mit diesen essentiellen Problemen wirken unsere daheim teils lächerlich.

Der Flughafen für Inlandreisen ist ein weiteres Abenteuer: Mechanische Waagen, keine richtigen Anzeigetafeln und eine Sicherheitskontrolle, die ihren Namen nicht verdient hat. Ich hätte mein Schweizer Taschenmesser gar nicht erst in mein aufgegebenes Gepäck packen müssen. Tausend Touristen hocken fest, denn einer der gefährlichsten Flughäfen der Welt, das „Tor zum Mt. Everest", ist aus Wettergründen geschlossen. Aber ich darf fliegen, vorbei an den traumhaften Wolken und den faszinierenden, immer weiter reichenden Bergen von Nepal.

Mein neues Zuhause

Erleichterung, als Sarada (die Heimleiterin) trotz anderthalb Stunden Verspätung und ohne Anzeigetafel, welcher Flug wann von wo kommt, mich vor dem Flughafengebäude in Empfang nimmt. In einem typisch nepalesischen Sari schließt sie mich in ihre weit ausgebreiteten Arme und ihr kehliges Lachen, das ich für immer in Erinnerung behalten werde, erklingt. Ich fühle mich sofort wohl. Jetzt wird's spannend: Ich folge ihr in einem Taxi, während sie per Mofa an den vielen heruntergekommenen Häusern Pokharas vorbei knattert. Bei jedem Haus frage ich mich – ist das das Heim? Oder das? Und dann verharren wir vor einem halb türkis gestrichenen Steinhaus mit einer großen, mit Glassplittern gespickten Mauer. Angekommen.

Während ich mich durch den für große Europäer viel zu kleinen Eingang zwänge, starren mich schon die ersten neugierigen Gesichter an. Sarad, Saradas Sohn, kommt aus dem Haus gesprungen und textet mich in schwer verständlichem Nepali-Englisch zu, während die anderen Kinder mir auf meinem Weg zum Zimmer neugierig folgen. Großes Plus des Zimmers: ein PC mit eigenwilli-

gem Internet. Großes Minus: Ich bin nicht allein. Das Wellblechdach schließt nicht richtig, also benutzen Vögel mein Bett als große Toilette und es zieht. Wen ich später noch kennenlernen werde? Meine zimmereigenen Mäuse!
Wirklich Zeit zum Erkunden gibt es nicht. Ich schnappe mir die Tafeln Schokolade, ursprünglich für schwere Zeiten gedacht, und schon finde ich mich umringt von lauter schreienden, gleich aussehenden Kleinkindern mit riesigen, bittenden Augen. Die zwei großen Tafeln sind im Nu verputzt. Bei den vielen sich vordrängelnden Hopsern muss ich aufpassen, die Heimmütter nicht zu übersehen, die sich bescheiden zurückhalten. Jedes Kind sagt nach Erhalten der Schokolade seinen Namen – behalten tue ich keinen. Restlos überfordert geht es schon zum nächsten Programmpunkt. Die Kinder meditieren auf Strohmatten, die auf den Steinboden vom Vorbau gelegt werden, eingeleitet von einem Gesang-Geschrei der kleineren Kinder, die absolut nicht stillsitzen wollen. Ein besonders hartnäckiges Mädchen setzt sich sofort auf meinen Schoß und spielt mit meiner Uhr. Sarada zeigt stolz, wie toll ihre Kinder die Nationalhymne singen können, dann bin ich dran: ein deutsches Kinderlied, bitte! Vor lauter Stress fällt mir außer „Alle meine Entchen" nichts ein. Der erste Test ist bestanden und Magenknurren stellt sich ein. Leicht verlegen stelle ich mich hinter die Kinderschar, die ungeduldig in die Küche lugen, aber heute bin ich Ehrengast und bekomme als Erste serviert: Ein großer Haufen Reis aus einem riesigen Reiskochtopf, dann ein Schälchen mit Linsensuppe und ein Häufchen unidentifizierbares Gemüse. „Dal bhat", meine Hauptnahrung für die nächsten Wochen. Mir ist das viel zu scharf, doch die Kinder schlingen ihr Essen mit den Händen nur so hinunter. Panik: Etwas übriglassen kann ich auf keinen Fall! Die Kinder lecken ihre Teller blitzblank und die Kochtöpfe sind ausnahmslos leer. So esse ich mit brennendem Mund am Schluss einfach ein Häufchen Reis als Geschmacksneutralisierer, dann kommt die nächste Verunsicherung: Das Abspülen, anscheinend per Hand und unter kaltem Wasser. Die hygienischen Bedingungen hier überfordern mich, weil ich das alles nicht einzuschätzen kann, aber welche Wahl habe ich schon? Da hilft mir auch der Tipp vom Tropenarzt „Heat it, peel it or don't eat it" nicht weiter.

Ein Lob der Handwerkskunst

Müde von den vielen Eindrücken stelle ich die tausend Blumensträuße, die mir die Mädchen gepflückt haben, auf meinen Schreibtisch und liege hellwach im Bett. Lauter neue Geräusche: die Büffel geben ein dumpfes Brummen von sich, die Kühe muhen, alles ist so anders. Schlaflos marschiere ich hinunter in das eigentümliche „Badezimmer" mit Stehklo und einem einfachen Wasserhahn wie im Garten als Waschbecken. Ich bin müde und will schnell wieder in mein warmes Bett. Schwungvoll drehe ich den Wasserhahn auf – und reiße ihn aus der Wand! Panisch versuche ich, den Teil, den ich jetzt in der Hand halte, wieder in die Wand zu stopfen, aber ein wohl unentbehrliches Kleinteil hat sich grade im Stehklo verabschiedet. Statt das Wasser zu stoppen, sprühe ich alles über mich. Klatschnass will ich nicht einfach den Wassertank seinem Schicksal überlassen, Wasser ist wie alles andere hier kostbar. So renne ich laut rufend, während alle anderen schon schlafen, durch das dunkle Kinderheim – wo zum Teufeln schlafen denn die Mütter? Und da kommt meine Rettung, lacht mich freundlich aus, zeigt ihre starken Nepali-Muskeln und repariert den Wasserhahn. Er tropft jetzt nur noch leicht. Peinlich berührt entschuldige ich mich tausendmal, aber meine Retterin Bishnu scheint nicht sauer zu sein und lacht mich mit ihren gütigen Augen an.

Zwar kann ich jetzt immer noch nicht schlafen, aber ich ziehe mir trockene Sachen an und wache argwöhnisch auf die Geräusche der Nacht. Hunde bellen, fremdartige Vögel zwitschern, die Büffel stöhnen. Das Bett ist zu kurz, meine Füße ragen raus, und ich schlafe auf einem Holzbrett mit zwei Decken als Matratze. Frühmorgens dämmere ich weg, bis irgendwann das das Telefon in meinem Zimmer laut und irritierend klingelt. Gedämpft durch meine Ohrstöpsel dringt das Rufen der Mütter: Mein erster Tag beginnt.

Müde torkele ich die Treppe hinunter, wo die Kinder schon neugierig auf mich warten. Zum Aufwachen gibt es eine Tasse Milchtee, dann nehmen mich ein paar Mädchen unter ihre Fittiche. Mein erstes Projekt: Namen lernen. Jedes Kind wird zu mir gezerrt und sagt artig Namen und Alter, das ich dann in einem Schulheft notiere, zusammen mit ein paar Notizen zu dem Aussehen des jeweiligen Kindes. Mission impossible: Hinter fast jedem Kind steht „sieht tibetisch aus, kurze Haare, frech". Dann zaubere ich einen weiteren Trumpf hervor, ein paar Spielzeuge – das ruft großes Geschrei hervor, jeder will zuerst und alle denken sich neue Spiele aus, die sie natürlich mit mir spielen wollen. Ich würde mich gerne vervielfachen!

Zum Frühstück um zehn Uhr gibt's Reis mit Spinat, danach eine Bollywood-Session. Am Computer zeigen mir die Mädchen ihre größten Bollywood-Lieblinge; als ich dann Til Schweiger und Brad Pitt zeige, sind sie wenig begeistert. Angali ist nicht schüchtern, ihre Meinung zu sagen: „They are not nice!" Ich helfe bei den Hausaufgaben, dem Wäscheaufhängen und Geschirrspülen, in der Hocke und mit den bloßen Händen auf dem Innenhof. Mein Rücken macht sich bemerkbar, da ich offensichtlich zum neuen Lieblingsturngerät der Kinder mutiert bin. Meine Kreativität im Spiele erfinden wird auf eine neue Probe gestellt. Ich merke, dass ich im Haushalt überhaupt keine große Hilfe bin. Die Mütter kommen neun Monate des Jahres ohne Freiwillige klar, da bewirke ich jetzt keinen großen Unterschied. Aber die Kinder lieben es, eine Person zu haben, die nur dazu da ist, ihnen Aufmerksamkeit zu schenken.

„Miss, only one plaay!"

Dieser sehnsuchtsvolle Ruf erschallt fast jedes Mal, wenn ich morgens im Halbschlaf die Treppe hinab wanke. Es ist halb sieben morgens, die Kinder sind natürlich schon hellwach, und ich klatsche mir erst mal ein bisschen kaltes Wasser vom Wasserhahn im Innenhof ins Gesicht, um schnell einsatzfähig zu werden. Zunächst gibt's jedoch ein Glas Wasser und danach eine Tasse schwarzen Tee mit Milch und anderen Gewürzen, richtig lecker! Dann geht mein Tag los. Rücksichtnehmen ist hier eher fehl am Platz, schließlich bin ich in einem Waisenhaus. Da lernt man schon früh das Motto „Der Stärkere gewinnt". Man merkt deutlich, welche Kinder sich bereits länger im Kinderheim aufhalten und welche erst seit kurzem: Die, die am forderndsten und lautesten sind, leben meist schon seit jungen Jahren hier. So zum Beispiel Safal, „the little monkey". Sobald er kann, klammert er sich an einem fest, umkrallt einem den Hals, so dass man fast keine Luft mehr bekommt, oder zieht einen an den Ohren. Liebe tut weh! Auch die anderen Kinder hängen sich mit Vorliebe an meine Beine oder Arme oder zerren mich an ebendiesen in verschiedene Richtungen, weil sie mir unbedingt etwas zeigen oder mit mir spielen wollen. Dabei immer der Ruf: „Miss, come here!" Wer dabei am lautesten schreit oder am stärksten zieht, hat meist gewonnen. Die perfekte Strategie gegen Langeweile!

Dann gibt es aber auch wieder ruhige Phasen, in denen die Kinder stur und ausdauernd vor dem Fernseher hocken und sich Bollywood-Filme und Musikvideos angucken. Schade, dass es der Fernseher bis Nepal geschafft hat – mit den Filmen kann ich wirklich gar nichts anfangen, und so ist das für mich eine Auszeit.

Zeit auf Nepali

Ich lerne, die Dinge gemächlich angehen zu lassen. Zeit spielt hier überhaupt keine Rolle, eine Uhr ist überflüssig. Wie bei uns im Mittelalter: Wenn der Hahn kräht, steht man auf. Wenn die Sonne untergeht, ruft das Bett. Man lebt in den Tag hinein und durch ihn hindurch. Am Dienstag war ich zum Beispiel mit Kira, der Mitbegründerin von „Hands with Hands", bei Sarada eingeladen. Wir wollten uns ein Stück Land anzugucken, dass Sarada gerne kaufen würde. Kira wollte mich um zehn Uhr abholen, hat mich aber vorgewarnt, dass sie eventuell ein wenig später kommen werde, was auch prompt der Fall war. Und bei Sarada ging es natürlich nicht so wie bei uns, nämlich los aufs Ziel und schnurstracks Richtung Land zur Inaugenscheinnahme, sondern erst mal hieß es, sich hinzusetzen, Tee zu trinken und gemütlich zu frühstücken. Insgesamt hat sich durch diese Lebensart der Ausflug, der bei uns vielleicht eine Stunde gedauert hätte, über knapp vier Stunden erstreckt.

Das Heim beherbergt fünfundzwanzig Kinder, das Jüngste grade mal fünf Monate, das älteste fünfzehn Jahre alt. Die meisten sind dort untergebracht, weil ihre Eltern sie nicht ernähren können oder misshandeln, aber auch drastischere Fälle sind bekannt. Sakar ist das Ergebnis einer Vergewaltigung, ein Opfer von Inzest: Großvater und Enkelin. Aus Scham vor der Schmach des Dorfes wurde er in einem Käfig im Keller gehalten, bis er entdeckt und ins Heim gebracht wurde. Hier bemerkte man eine Kugel, die sich in seiner Magengegend gebildet hatte. Eine Operation barg die Lösung zu diesem Rätsel: Ein Klumpen Dreck hatte sich in seinem Magen gebildet, da er offensichtlich nicht genug zu Essen bekommen und daher aus seinem Käfig heraus den Dreck um sich herum aufgesammelt und in sich hineingestopft hatte.

Einige der Kinder gehören zu den Heimmüttern, die von ihren Männern verlassen oder misshandelt wurden. Anstelle eines Entgelts erhalten sie kostenlosen Unterhalt und Essen im Kinderheim. Sie arbeiten von vier Uhr morgens bis mindestens acht Uhr abends und beschweren sich kein einziges Mal. Oft komme ich mir einfach nur unnütz und unglaublich verwöhnt vor, wenn ich bei den Kindern sitze und mit ihnen spiele, während eine der Mütter an mir vorbeihetzt.

Nach knapp zwei Wochen wird das Leben hier zum Alltag, auch wenn mich die nepalesische Kultur immer wieder befremdet. Der Tag beginnt, wie überall in Nepal, mit dem Sonnenaufgang und endet mit dem Sonnenuntergang. Die älteren Jungs helfen beim Melken der Kühe, der Versorgung der Büffel und beim Stall ausmisten. Ein Teil der Fladen wird zu Kompost, der andere zu Biogas umgewandelt – wobei Sagar, der Älteste, den Mist mit der bloßen Hand umrührt. Zwei- bis dreimal am täglich gibt es hier „Dal Bhat", Reis mit Linsen und verschiedenem, scharf gewürztem Gemüse aus dem heimeigenen Garten. Das Spülen mit den Händen irritiert mich gar nicht mehr, meine anfängliche Unsicherheit wegen der hygienischen Bedingungen ist verflogen. Die Kinder haben im Moment Ferien und verbringen ihre Freizeit mit Spielen und meinem Nepali-Unterricht. Ich lerne langsam mehr; immerhin kann ich jetzt schon sagen „Ich verstehe nicht". Die Menschen sind größtenteils sehr offen, direkt und nett. So hat mir eine Freundin von Sarada eine Stunde, nachdem sie mich kennengelernt hatte, wobei wir nur über Lächeln kommuniziert hatten, gesagt, dass sie mich mag. Die kleinen Freuden des Alltags!

Wäschewaschen für Anfänger

Ich wasche meine Wäsche per Hand, was mich beim ersten Mal ganze zwei schweißtriefende Stunden gekostet hat. Zuerst einmal erklärt mir eine der Mütter, was genau zu tun ist: Erst einweichen, dann einseifen und schrubben, dann mehrmals ausspülen. Das Einweichen ist einfach, auch das Einseifen macht anfangs Spaß, auch wenn ich mir nicht sicher bin, ob ich nicht eher den Boden, auf dem ich wasche, anstatt meine Wäsche sauber mache. Doch das Ausspülen ist das Schwierige! Die Seife will einfach nicht raus (vielleicht habe ich auch einfach zu viel genommen), und das Auswringen und Auswaschen nimmt kein Ende. Langsam sammelt sich jedoch ein beachtlicher Haufen fertiger weißer Wäsche auf dem Abtropfbottich an, bis ich auf einmal einen erschrockenen Schrei höre: „MISS!!!" Aber da ist es schon zu spät, meine Wäsche ist umgekippt und alles auf den Boden gefallen – oder sollte ich sagen, in den Dreck? Also auf in die zweite Runde, denn es ist kaum was von der (fertigen) Wäsche zu retten. Den Teil, der dennoch sauber geworden ist, nimmt Asha zum Aufhänge mit nach oben, aber natürlich fällt ihr auch hier viel runter, auch alles weiß. Also darf ich etwa ein Drittel meiner Wäsche nochmals waschen und bin hinterher im doppelten Sinne „done".

Bollywood-technisch werde ich auch gut eingewiesen und übe fast täglich den typischen nepalesischen Tanz. Immer griffbereit sind eine Rolle Klopapier, eine Taschenlampe und Desinfektionsmittel. Beim Überqueren der Straße lasse ich mich von Hupen, auf der Straße umher stehenden Kühen und um mich herum sausenden Mofas nicht stören; beim Handeln entferne ich mich, ohne mit der Wimper zu zucken, wenn mir der Preis nicht gefällt. Ich hocke im Schneidersitz mit angewinkelten Armen in der Mitte von Kindern, die mir ein „Ommmm" ins Ohr brüllen, und grüße alle Leute lässig mit einem „Namaste", gefolgt von der typischen Armfaltbewegung mit Kopfnicken. Wenn ich rede, lasse ich die unwichtigen Teile des Satzes weg, all das, was zu Missverständnissen führen könnte: „Would you like to eat?" wird zu „You eat?". Das Einzige, woran ich mich nicht wirklich gewöhnen kann, ist die nepalesische Art, „Ja" zu sagen: Das leichte Kopfwiegen irritiert mich immer wieder. Auch die Freiluftdusche ist weniger für die „riesigen" Europäer gebaut: Während ich mich unter dem kalten Wasser wasche, ragt mein Kopf heraus, zur Belustigung aller auf der Straße vorbeilaufenden Nepalesen. Was soll's! Dafür genieße ich beim Zähneputzen abends auf dem Dach einen fantastischen Sternenhimmel.

Was mich überrascht, ist das Spiele-Repertoire der Kinder. „Der Plumpssack geht um" hat seine eigene nepalische Version, die Klatsch-Spiele sind hier schon alt, und „Schweinchen in der Mitte" hat es auch schon um den Globus geschafft. Das Einzige, womit ich punkten konnte und immer noch kann, ist „Hoppe, Hoppe Reiter" und „Taxi-Fangen". Kartenspiele unterrichten ist dagegen eine ziemliche Tortur: Zehn auf Nepali durcheinander schreienden, sich um die Karten kloppenden und miteinander streitenden Kindern – mitunter vier Jahre alt! – „Mau-Mau" beizubringen, kostet mich eine Menge Nerven. Es hat sich aber gelohnt – nachdem feststand, dass ich die Karten aufbewahren und keiner von ihnen dieses Privileg bekommen würde, wollen sie immer wieder spielen. Die Kinder freuen sich übrigens unglaublich über jede noch so winzige Kleinigkeit; selbst als „nur" Obst verteilt wurde, kam wirklich jedes Kind stolz mit dem Apfel in der Hand und einem strahlenden Lächeln im Gesicht aus der Küche gerannt.

Perspektivwechsel

Ich fange an, die Kultur der Nepalesen mit anderen Augen wahrzunehmen. Während ich am Anfang arrangierte Heiraten völlig abstoßen fand, muss ich zugeben, dass Sarada äußerst glücklich in ihrer ist. Sie erzählt mir, dass die Eltern in Nepal möglichst passende Partner für ihre Kinder suchen. Ob hierbei wirklich eher Charakter statt Geld eine Rolle spielt, kann ich nicht sagen. Aber langsam fange ich an zu denken, dass solche Heiraten nicht immer unter einem schlechten Stern stehen müssen.

Insgesamt gehe ich mit dem Motto „It's not better, it's not worse, it's just different" durch die Welt. Einige nicht wegzudenkende Störfaktoren bleiben jedoch. Noch vor fünfzehn Jahren hatten unverheiratete Frauen kein Recht auf die Staatsbürgerschaft. Die Selbstständigkeit, die sich Frauen in unserer Gesellschaft im Zuge der Industrialisierung langsam erkämpft haben – auch wenn man die vollkommene Emanzipation auch bei uns in Frage stellen könnte – blieb hier einfach auf der Strecke. Immer wieder frage ich mich, woran das liegt, dass die Männer ihre patriarchalische Stellung so konsequent und konstant behalten. Ein Grund könnte die mangelnde Bildung sein: Die Leute werden hier schlichtweg dumm gehalten. Auf die Idee, dass man unfair behandelt werden könnte, kommen die wenigsten in der Gesellschaft, auch unter den Frauen nicht. Sie haben sich schlicht an die Lebensumstände gewöhnt.

Eines Tages verschwindet Saraswati, eine meiner Lieblinge, spurlos. Ich mache mich auf die Suche. Ein paar der anderen Mädchen führen mich zur Scheune, wo Saraswati auf einer dünnen Decke, blass und mit roten Ringen unter den Augen, auf dem Stroh liegt. Sie hat zum ersten Mal ihre Periode bekommen, muss von den Jungen getrennt werden und darf streng genommen weder berührt noch besucht werden. Zum Glück lockert Sarada die Regeln ein wenig, sodass Saraswati zumindest in dem Zimmer mit den Mädchen übernachten darf. In entlegenen Dörfern in Nepal aber sterben immer wieder Frauen während ihrer Periode oder kurz nach der Entbindung, weil sie zu früh beginnen zu arbeiten oder nicht genug zu essen. Eine Frau darf während ihrer Periode nämlich nicht kochen.

In solchen Momenten, in denen ich die nepalesische Kultur weder verstehe noch respektiere, fehlt es mir sehr, keinen westlichen Ansprechpartner zu haben. Natürlich ist Sarada sehr offen, ich kann mit ihr über vielesreden (wenn sie mich denn versteht), aber eine westliche Sichtweise hat sie natürlich nicht. Zum Glück ist Kira Kay, die Begründerin der Organisation, während meines Aufenthaltes insgesamt zehn Tagen zu Besuch.

Kira ist eine genauso faszinierende Person wie Sarada. Aus Australien kommend, lebt sie im Moment zufälligerweise in Berlin und arbeitet als Psychologin, fliegt aber jedes Jahr für zwei bis drei Monate nach Nepal, um dort ihre verschiedenen Projekte zu beaufsichtigen. Eines davon ist eine Krankenstation, die ich an einem Tag mit ihr besuche.

Ein Schock. Hoffentlich werde ich hier nicht ernsthaft krank! Die Behandlungsräume sind verschmutzt, die Liegen schmal und klein und die Ausstattung insgesamt mehr als dürftig. Während unseres Besuchs wird eine Frau mit Ohrenbeschwerden vom Arzt behandelt. Er bittet sie, sich zum Fenster zu wenden, denn eine Lampe gibt es hier nicht.

Kira erklärt mir alles, was man über Nepal wissen muss, erzählt mir von Dingen, von denen ich noch nie gehört hatte, und zeigt mir Orte, die ich sonst nie gesehen hätte.

Laptopbestückte Bergkämme

So unternehmen wir einen kleinen Ausflug nach Kalika, ein Dörfchen in den Bergen. Wir verlassen Pokhara per Taxi – immer wieder ein Erlebnis. Straßen sehen aus wie Einbahnstraßen, da die Autos einfach auf der Seite fahren, auf der es ihnen gerade passt. Schlaglöcher und riesige Kieselsteine säumen die Straßen, die oft am Rand jäh abfallen, sodass man froh ist, nicht kurz zuvor noch etwas gegessen zu haben. Es wird gehupt, als gäbe es kein Morgen mehr. Schwarze Abgaswolken der „local busses", auf denen zusätzlich zu dem Gepäck auf dem Dach noch Menschen sitzen, verpesten die Luft. Irgendwann kommt unser Taxi zu einem quietschenden Halt. Ab jetzt geht's zu Fuß über einen dreckigen, schmalen und steilen Pfad zwanzig Minuten zum Dorf.

In Kalika gibt es die hier typischen Lehmhäuser en masse. Eigentlich gefallen sie mir außerordentlich gut – in einem Lehmorange getüncht, mit Reisstroh gedeckt passen sie perfekt in die Landschaft; selbst die Küche besteht nur aus Erde. Wider Erwarten ist alles peinlichst sauber, da die Nepalesen zwei- bis dreimal Mal täglich ihre Bude mit Reisigbesen fegen. Von Kalika aus geht es weiter zu einem 1500 Meter hoch gelegenen Bergkamm mit einer kleinen Hütte – Hotel wäre übertrieben – für Touristen. Die Antenne nebenan versorgt alle umliegenden Dörfer mit Internet, so dass man nicht selten Nepalesen mit Laptop erblickt, die hier, auf einem Berg mitten im Himalaya, im Freien ihre E-Mails abrufen. Der Wasserzugang liegt 15 Minuten zu Fuß entfernt.

Ein paar Wolken versperren die Sicht, aber gegen Abend klärt der Himmel auf. Und was für eine Aussicht: Die sinkende Sonne taucht die weißen Gipfel des 7.000-8.000 Meter hoch gelegenen Annapurna-Gebietes in ein rosa Licht, während das Dorf in den Schatten der umliegenden Berge abtaucht. Ich bin überwältigt von der Gewalt und Schönheit der Natur, meinen vielen, tollen und unbeschreiblichen Erlebnissen hier und der Tatsache, meinen Traum verwirklichen zu können. Hoch oben auf 1.500 Metern Höhe erlebe ich den tollsten Sonnenuntergang meines Lebens und weiß nicht wohin mit meinem Glück.

Kira und ich übernachten in einer einfachen Hütte mit ebendieser phänomenalen Aussicht. Um 5.45 Uhr klingelt der Wecker zum Sonnenaufgang. Diesmal eine

Enttäuschung: Es nieselt, ist bewölkt, lausig kalt, und in der Ferne sieht man Schnee fallen. Später wagt sich doch noch die Sonne heraus und zaubert einen Regenbogen auf die Berge. Ich bin entzückt.

Ausflug nach Manakamana

Jedes Jahr bringt Kira etwas Geld mit, um mit den Kindern einen Ausflug zu veranstalten. Also reißt mich um fünf Uhr der Wecker aus dem Schlaf. Die anderen sind schon seit Stunden auf den Beinen. Los geht's nach Manakamana in Gandaki.
Bereits die erste Stunde stellt mich auf eine Geduds- und Nervenprobe, denn Angali, das Mädchen neben mir, muss mich unbedingt auf jedes einzelne „No Parking"-Schild und noch viel mehr aufmerksam machen. Doch dann geht's los mit „If you're happy and you know it clap your hands" und „I see something that you don't see", und die Fahrt im Schulbus über die Holperpiste nach Gandaki ist nicht mehr ganz so langwierig. Die Huckel katapultieren uns hoch aus unseren Sitzen, ein paar Kinder übergeben sich, aber ich kann auch die Landschaft genießen: Durch die Hügel zieht sich ein türkisfarbener Fluss, Reisfelder wechseln einander ab, und so fahren wir durch so manches Dörfchen. Ein Auto hat es allerdings aus der Kurve gerissen, so dass es auf der Seite am Straßenrand zum Liegen gekommen ist. In gewagten Überholmanövern und unter fortwährendem Gehupe passieren wir riesige Laster und Busse mit Menschen obenauf. Wir bewältigen die knapp 50 km in drei Stunden, brauchen also doch ein wenig länger als auf der weltberühmten deutschen Autobahn.

Leckere Bergziegen

In Gandaki führt die einzige Seilbahn Nepals zu einer der großen hinduistischen Pilgerstätten auf rund 1100 m Höhe. Was mich zuerst überrascht, stößt mich dann doch ab: Viele Hindus führen eine Ziege an der Leine mit. Man ahnt es: Dies ist kein gemütlicher Spaziergang wie mit einem Hund, die Ziege dient als Opfergabe. Eigens dazu gibt es auch drei „Ziegengondeln".

An der Endstation angekommen, müssen wir erstmal endlose Gassen voller Souvenirläden durchqueren, lauter blitzender Schrott, wobei die Kinder mich dezent darauf aufmerksam machen, welches der Spielzeuge sie gerne hätten. Bevor ich mir den Tempel, zu dem die Straße führt, richtig angucken kann, suchen wir schon das Ende der Riesenschlange von Leuten, die den Tempel besuchen wollen. Das liegt einige Stufen und knapp zwei Stunden Wartezeit entfernt. Als ich mich schon frage, ob sich diese Quälerei für diesen kleinen Tempel überhaupt lohnt, werde ich schon in seinen Bann gezogen. Ein gewichtiger Mann mit Trillerpfeife achtet penibel darauf, dass die Lücken in der Schlange zum Tempel möglichst rasch geschlossen werden und alle brav hintereinander stehen. Kurz vor dem Tempel sind vier Nischen mit Abbildungen der Götter, in die man kleine Opfergaben – vorzugsweise Blumen – legt, betet und sich etwas wünscht. Geht dieser Wunsch in Erfüllung, heißt es wieder ab zum Tempel und sich bedanken!

Dann mache auch ich endlich die ersten Schritte im Rundgang um den Tempel. Weihrauch von den umliegenden Kerzen hüllt mich ein, barfuss trete ich auf Reiskörner und glitschig gewordene Blüten und Glockenläuten empfängt mich. Ich lasse mich anstecken und läute an den vielen Glocken, die voll behängt mit Schnüren sind – ebenfalls Darbietungen. Meine Ohren klingeln noch, als wir an den nächsten Götterbildern vorbei schleichen. Die ganze Prozession bewegt sich äußerst langsam voran, verteilt hier ein paar Blumen, hängt dort ein paar Schnüre auf. Die Ziegen weigern sich oft mitzukommen, als wüssten sie schon, was sie erwartet. Alles ist farbenfroh, laut, und die Luft ist von den ganzen Kerzen verrußt. Zum eigentlichen Tempel habe ich leider keinen Zutritt, denn das Innere ist Hindus vorbehalten. Am Ende des Ganges rät Kira mir, nicht nach rechts zu gucken, aber der Boden unter mir wird verräterisch nass und glitschig und ich kann mir schon denken, was da neben mir passiert.

Was ist der Grund für diese Opfer? Warum müssen Tiere in allen möglichen Religionen sterben, um Götter gnädig zu stimmen, Sühne zu leisten, zu danken? Da ist der Hinduismus leider keine Ausnahme.

Dann bin ich draußen. Gebetsflaggen wehen im Wind, Hindus entzünden das Öl in den Kerzenbehältern, die Gläubigen läuten fröhlich an den Glocken. Immer noch fasziniert lasse ich mir ein Tikka auf die Stirn malen – ich kriege den Segen der Götter, und das für nur fünfzig Rupien! Jetzt gehöre ich endlich vom Aussehen dazu, wenn man mal von der Hautfarbe absieht. Gleich darauf folgt die Fotosession. Müde geworden beginnen die Kleinkinder zu quengeln, ein Zeichen dafür, dass es Zeit zum Aufbruch ist. Ein kurzer Halt zum Essen zeigt mir deutlich, dass es der Umweltschutz noch nicht in das Himalaya-Gebirge geschafft hat: Alle lassen Plastikbecher und Pappteller einfach liegen. Pflichtbewusst sammle ich zumindest die Plastikbecher wieder auf, nur um sie daraufhin den Abhang herunterschmeißen zu müssen, weil es keine Mülltüte gibt. Autsch!

Auf dem Rückweg fahren wir wieder durch Pokhara zum etwas außerhalb gelegenen Kinderheim. Viel Zeit verbringe ich hier in der Stadtmitte nicht, denn dazu ist es mir einfach zu touristisch. Am Ufer des Sees kann man wunderbare tibetische und nepalesische Souvenirs kaufen, sollte sich aber vor den Wanderausrüstungs-Imitaten hüten. Von kleinen Ruderbooten aus bestaunen die Touristen die umliegende Berglandschaft. Pokhara hat schon eine einmalige Lage! Zusätzlich liegt hier auch das Zentrum der „Gurkhas", einer angesehenen Spezialeinheit der Britischen Armee. Hierauf sind die Nepalesen besonders stolz: Die Gurkhas, die das anspruchsvolle Auswahlverfahren überstanden haben – unter anderem vier Kilometer einen Berg mit Steinen auf dem Rücken hoch rennen – sind besonders hart im Nehmen.

Tihar

In Nepal scheint fast jeder dritte Tag Feiertag zu sein – ein religiöser natürlich – und so fahren Sarada und ich in meiner dritten Woche in die Stadt, um Lichterketten und Kerzen zu besorgen. Laute indische Musik dröhnt aus den Lautsprechern des Taxis, die unglücklicherweise genau hinter mir angebracht sind. Ich lehne mich vor, damit meine Ohren überleben, wobei der Fahrtwind mir Abgase und Regentropfen ins Gesicht bläst. An meinem Auge ziehen kleine Slums, offene Straßenläden, Busse und Pulks von Motorrädern, sowohl heruntergekommene als auch äußerst farbenfrohe und karierte Häuser, Militärakademien, überladenen Strommasten, Straßenverkäufer und üppig beleuchtete Häuser vorbei. Im Vorbeifahren sehe ich, wie der Strom abermals ausfällt, und die Verkäufer ihre Waren provisorisch im Schein ihrer Taschenlampen anpreisen. Beim Verkehr geht's wie immer drunter und drüber. Die Menschen tragen farbenfrohe Kleidung, und das Taxi weicht unbekümmert den zahlreichen Schlaglöchern aus. Ich genieße es in vollen Zügen!

Am Waisenhaus eine freudestrahlende, aufgeregte Begrüßung. Angali umarmt mich erst mal, froh und aufgedreht, weil wir endlich Lichter für das Darshain-Fest anbringen. Als die Lichterkette hängt, springen die Kleinen kreischend, tanzend und singend umher; alle freuen sich und lassen sich von der Aufregung anstecken. Ich freue mich jetzt schon auf Freitag, den höchsten Tag des Darshain-Festes.

Fünf ganze Tage lang ehren wir, was das Zeug hält. Die Hunde, die Kühe, die Lichtergötter und am Freitag die Brüder.

Den ganzen Donnerstag über laufen Vorbereitungen, angefangen vom Sammeln von Blüten über das Backen von Nepali Doughnuts bis hin zum vollständigen Dekoration des Hauses mit Kerzen. Aus Reisstrohsträngen und Blüten flechten die Mütter Schmuck fürs Haus. Mit den Kindern fädle ich Blütenketten für das Tihar-Fest am nächsten Tag.

Dieses Fest kann man nicht übersehen. Alle Häuser sind hell erleuchtet, die ganze Nacht über läuft Musik und Menschen tanzen und klatschen. Abends besuchen wir eine kleine Tanzveranstaltung am Ort, wo kleine Mädchen Verrenkungen mit Handgelenken und Hüften vollziehen. Welcome to Bollywood.

Segen ohne Ende

Der Freitag beginnt früh. Um halb sieben morgens machen wir uns auf den Weg zu einem Omshanti-Tempel. Ich habe mir erklären lassen, dass es sich hierbei um einen speziellen Abzweig des Hinduismus aus Indien handle. Man glaubt an einen „universellen Gott", wobei „Shanti" für Frieden steht.

Ich betrete also diese Messe mit lauter im Schneidersitz hockender Menschen in weißen Gewändern. Die „Priesterin" (mir fällt kein besseres Wort dazu ein) sitzt vorne an ihrem Pult und redet ruhig auf Nepali – für mich nur ein Wirrwarr aus Lauten. Über ihr leuchtet eine rote Kugel, als Symbol für die Tikka, und hinter ihr erstrahlt der Lehrer dieser Überzeugung. Zusammen mit allen Menschen im Raum schneidet sie einen Kuchen an, bevor die Meditation beginnt. Dann geht die eigentliche Zeremonie los: Die Männer treten einer nach dem anderen vor, bekommen die Tikka aufgemalt und Blumenketten umgehängt. Als hervorstechende Weiße im Raum werden Kira und ich als erste Frauen dieser Ehre zuteil; nun haben wir auch eine schmale „Ampel" auf unserer Stirn. Alle sind unglaublich nett, zuvorkommend und texten mich auf Nepali zu – ich verstehe natürlich kein Wort. Draußen bekomme ich noch einen kleinen „Segenteller" mit Nüssen, Banane und Kuchen. Mein Segensspruch lautet: „Remove the darkness of the mind and the world will be illuminated." Aha.

Wieder am Kinderheim angekommen, stellen wir die Essensteller für unser Tihar-Fest zusammen. Auch der Hof wird vorbereitet: In die Mitte malt Asha eine rote Swastika, das Zeichen von Shiva, dem Gott der Zerstörung und damit dem Neuanfang. Auf das rote Zeichen stellt sie eine Karaffe voller Wasser, eine Schüssel voller Blumen, einen Topf mit Reis, bedeckt mit einem Bananenblatt, einem Gabentablett und einige Früchte. Dann tragen wir die fünfundzwanzig Gabenteller hinunter. Sofort entbrennt ein Streit: Teller werden hin- und hergeschoben, jeder sucht sich den Besten aus und wird dann von einem anderen zurückgewiesen.

Endlich beginnt die Zeremonie: Alle Mädchen laufen im Kreis um die Jungen herum und träufeln dabei Wasser vor sich her. Danach reihen sich die Mädchen nacheinander um einen der Jungen. Zuerst werden die Haare und die Ohren mit Wasser gewaschen, danach wird Öl auf den Kopf geträufelt. Dann halten einige den Kopf fest, während Asha, das älteste Mädchen, mit einer Palette verschiedener Farben die Tikka auf die Stirn malt. Besonders den Kleinen ist das überhaupt nicht geheuer! Doch als Asha die Blumenkette umlegt, sie füttert und schließlich den Teller überreicht, ist das alles sofort vergessen.

Das Fest soll symbolisieren, wie sich Brüder und Schwestern umeinander kümmern sollen, denn an sich geben auch die Brüder nach Überreichen der Gaben den Frauen ein wenig Geld. Das ist hier im Kinderheim jedoch schwierig;

die Mütter verteilen ganz zu Anfang ein paar Rupien, damit die Jungs wenigstens ein bisschen „zurückgeben" können. Für Kira und mich dauert die ganze Feier nicht sehr lange, denn für uns geht es bald auf zum nächsten Tihar-Fest: Ishman, einer der Sponsoren des Heims, hat uns zu seiner Familienfeier eingeladen. Das ist eine Besonderheit, denn jetzt lernen wir die Festlichkeiten von einer anderen Kaste kennen! Anders als in Indien treten hier die Kastenunterschiede weniger deutlich zutage, aber die Traditionen wechseln trotzdem leicht. Von einem Chetri- bzw. Brahminfest geht es nun also auf zu dem Tihar der Newari, der Geschäftsleute. Das merkt man schon beim Einsteigen in das Auto – es ist groß und sauber, und Ishman und sein Sohn schnallen sich sogar an.

In Ishmans Küche wird einem sofort klar, dass die Feier hier anders ablaufen wird. Auf dem Boden sind Reismuster aufgeschüttet, einige Sterne, Kreise, aber auch ein paar Herzen sind dabei. Die Männer nehmen am Rand der Küche Platz und die Zeremonie beginnt. Zuerst segnen die Frauen die Gaben an die Götter, danach die Reissymbole, und dann die Männer. Alles sieht ziemlich kompliziert aus und folgt strengen Regeln. Auf einem kleinen Tablett sind die Utensilien zur Segnung angeordnet; verschiedene Farben, Öle und Töpfchen mit anderen Gaben. Nachdem die Männer eine Tikka auf die Stirn bekommen haben, wird Joghurt an den Schläfen angebracht – das steht für eine gute Gehirnleistung! Dann werden aus einer Schüssel Blumen und Nüsse auf die traditionellen Nepali-Hüte geschüttet – endlich weiß ich, warum sie so geformt sind, denn so sind es nämlich wunderbare Auffangbehälter! Danach berühren die Schwestern die Knie, Schultern und den Kopf des Bruders erst mit den Händen, dann mit dem Safe-Schlüssel. So soll sichergestellt werden, dass weiter Geld fließt. Als nächsten Schritt bekommt jeder Mann erst drei Blumenketten, dann eine Kette aus Reispflanzen – zu Ende sehen sie für mich aus wie Paradiesvögel. Zum Schluss ein Gabenteller voller Süßigkeiten für jeden Bruder, von jeder Schwester einen. Besonders bei Ishman mit seinen vier Schwestern dauert die Prozedur lange. Nach über einer Stunde Zeremonie werden Kira und ich vorsichtig aus der Küche geleitet, denn jetzt geht das Familienfest los. Wir bekommen eine schmackhafte Mahlzeit – die zarteste Ziege, die ich je gegessen habe – und dann geht es wieder nach Hause.

Ich habe Pokhara noch nie so leer erlebt. Alle Geschäfte sind geschlossen, kaum jemand ist auf der Straße, und die Männer, die man zu Gesicht bekommt, ähneln einander wegen der Tikka und Ketten zum Verwechseln.

Kira verabschiedet sich heute; sie besucht jetzt weitere Projekte. Ich lasse den Tag ruhig mit den Mädchen ausklingen. Dabei stelle ich ziemliche Fortschritte fest: Erstmal habe ich das Gefühl, dass die älteren Kinder sich in meiner Gegenwart jetzt viel wohler fühlen, aber auch mein Verständnis des Nepali-Englisch verbessert sich, denn schließlich kann ich sogar mit ihnen „Stille Post" spielen!

Rubina hat dabei einen süßen Stille-Post-Spruch: „I like Isabella very much." Es kommt zwar am Ende falsch raus, freut mich aber trotzdem ungemein.

Das Leben ist nicht fair.

Sanam weint, keiner tröstet ihn. Er hat nämlich keine Eltern mehr. Oder wenn er welche hätte, können sie ihn nicht ernähren. Oder sie haben ihn geschlagen. Oder er wird sonst wie misshandelt.

Diese Gedanken schießen mir durch den Kopf, während ich ihn auf meinem Schoß halte. Es ist einfach nicht fair. Diese Kinder haben niemandem etwas angetan, doch das Schicksal hat ihnen etwas angetan. Sie haben keine Eltern, die tröstend auf eine Wunde pusten würden, wenn sie sich das Knie aufgeschrammt haben, die bei den Hausaufgaben helfen könnten, die sie mit einem Gute-Nacht-Kuss zu Bett brächten.

Letztlich muss ihre Lage nicht bedeuten, dass sie ein schlechteres Leben als die anderen Kinder in Nepal hätten. Vielleicht haben sie sogar ein besseres – ein Dach über dem Kopf, täglich zwei warme Mahlzeiten, viele Geschwister und eine liebende Mutter, die aber nicht immer gleichzeitig für alle da sein kann. Das härtet ab – aber muss das jetzt schon sein? Müssen Kinder in diesem Alter schon auf sich selbst gestellt sein? Das ist doch das Schöne am Kindsein, dass einem die Sorgen und Ängste abgenommen werden.

Meine Beziehung zu den Kindern wird immer enger, das habe ich deutlich gespürt. Besonders die Kleinen streiten um meine Aufmerksamkeit und einen Platz auf meinem Schoß, aber auch die Älteren besuchen mich in meinem Zimmer und gucken, was ich mache, womit ich mich beschäftige. Heute nach der Meditationsrunde habe ich zum Beispiel eine ausgedehnte Kitzelpartie mit Bushan und Shrijana gehabt. Meine anfängliche körperliche Zurückhaltung im Hinblick auf Läuse oder Krankheiten ist geschwunden. Shristi knabbert liebend gerne an mir rum oder gibt mir einen Eskimo-Kuss. Sushila und Sharmila hängen sich in regelmäßigen Abständen an mich dran, und selbst Sabi und Sushil, die älteren Jungs, fangen an, sich mit mir zu unterhalten. Obwohl 80% der Namen hier mit dem Buchstaben „s" anfangen und sich alle höchst ähnlich sehen, behalte ich die Namen allmählich. Ich bringe Asha und Kusum Deutsch bei und sie mir im Gegenzug nepalesische Lieder, wobei ich mich als ziemlich unfähig erweise. Bushan, mein Sorgenkind, kommt wie von selbst auf mich zu und bittet um Hilfe bei seinen Hausaufgaben. Weil die älteren Kindern den Jüngeren die Hausaufgaben mehr oder weniger vorsagen, hat er, obwohl er in die zweiten Klasse geht, den Unterschied zwischen Plus und Minus noch nicht verstanden, geschweige denn die einfachsten Rechnungen damit. Aber ich habe ihn soweit, dass er zweistellige Zahlen fehlerfrei addieren und subtrahieren kann. Ich merke, dass ich richtig

„angekommen" und nicht mehr nur als Gast akzeptiert bin, denn die Mutter fordern mich auch zur Mithilfe auf. Ich bin ein Teil des Teams geworden.
Solche kleinen Dinge machen mein Leben hier lebenswert, trotz aller Unannehmlichkeiten. Ich habe keine richtige Privatsphäre, da mein Zimmer auch als Vorratskammer für das gesamte Essen dient und alle einfach rein- und rausspazieren. Die Mäuse, die sich nachts laut quiekend durch mein Zimmer jagen und über mein Bett huschen, stören mich wirklich. Und immer wieder ist es eine Überwindung, bei fünfzehn Grad Celsius draußen unter die Dusche zu steigen. Immer wieder fällt abends der Strom aus und der PC ist so virenzerfressen, dass ich das Internet nicht benutzen kann. Das und die Maus, die sich durch das Mauskabel geknabbert hat, hindern mich daran, mich nach zwei Wochen bei meinen Eltern zu melden. Auch eine SMS schafft es nicht aus den Bergen heraus. Schließlich öffne ich eine besorgte E-Mail meiner Mutter: „Gib mal bitte ein Lebenszeichen von dir!"

Oft bemerke ich, dass mir das Internet nicht die Befriedigung gibt, die ich mir erhoffe. Freunde leben ihr eigenes Leben, schreiben weniger oft als erhofft und verstehen mich nicht. In solchen Momenten zwinge ich mich dazu, auch abends nach unten zu den ganzen Menschen zu gehen, die sich unterhalten, ohne dass ich auch nur ein Wort verstehe, und mich weiter anzustrengen, mich in das nepalesische Leben einzugliedern. Meine allabendliche Freizeit, die ich sonst allein mit Lesen verbracht habe, tausche ich immer wieder mit etwas Überwindung gegen die kleine Anstrengung aus, mich hier einzugliedern. Und immer wieder werde ich belohnt! Das beste Mittel gegen Heimweh ist doch immer wieder Ablenkung.

Nach dem Tihar beginnt auch für die Kinder das wieder „richtige Leben". Die Schuhe sind geputzt, die Falten im Rock geglättet, das Hemd ist gebügelt, die Schleife ins Haar gepinnt. Das kann nur eins bedeuten: Es geht wieder zurück in die Schule! Die Aufregung ist groß. Alle verlangen noch nach einem Anspitzer, Radiergummi oder einem Bleistift, doch um halb zehn sind sie alle weg. Unglaublich: Es herrscht Ruhe! Ich kann mir erst gar nicht vorstellen, wie ich die Zeit ohne die Kinder rumkriegen soll, aber es geht dann doch erstaunlich gut. Nach einer Stunde Abwasch fahre ich mit Sarada zum Einkaufen in die Stadt. Ich mag diese Frau so sehr; sie sagt, heute sei ein „lovely day" gewesen, da ich mit ihr Einkaufen gefahren sei wie mit einer Freundin.

Ausflug in den Himalaya

Damit mir in der kinderfreien Zeit nicht zu langweilig wird, habe ich eine kleine Wanderung im Annapurna-Gebiet geplant.

Einen Tag vor dem Trek werde ich krank, was ich natürlich zeitlich gut hinbekommen habe. Zum Glück nur eine Erkältung, aber die wird auf der Wanderung natürlich nicht besser. Gleichzeitig verschlechtert sich das Wetter, und ich laufe vier Tage lang (bis auf den Anfang vom ersten Tag) meist durch Nebel, Wolken und Nieselregen. Ärgerlich, weil ich so nur einen flüchtigen Blick auf die hohen Berge erhaschen kann, aber der Nebel hat auch etwas ungemein Mystisches und Fotogenes an sich. Fotogen ist die Landschaft allenthalben. Wir passieren Wasserfälle, durchwandern kahle Rhododendron-Wälder, den Dschungel ... Immer ist etwas Neues zu sehen.

Die Hütten sind in Ordnung, aber karg ausgestattet. Kein Wunder, denn eine Übernachtung kostet auch nur ca 1,20€. Dafür gibt es auch keine Heizung. Als wir auf ca 2900 Metern übernachten und ich in meinem zehn Grad kalten Zimmer zu frösteln beginne, denke ich wehmütig an die Skihütten in den Alpen: Heizung, Sauna, Wärmflasche. Und eine warme Dusche obendrein! Aber die Lodges zwingen einen, die Zeit in den Gemeinschaftsräumen zu verbringen, wo ich viele äußerst interessante Menschen kennenlerne. Ein paar davon sind gute medizinische Berater und geben mir obendrauf noch ein paar Reisetipps für meine nächsten Ziele.

Ich werde zum Meister der Improvisation: Da ich mein eigenes Gepäck schleppe, habe ich so wenig wie möglich eingepackt. Teils sind die Handtücher aber auch einfach zu ekelig zum Benutzen: So wird ein altes T-Shirt zum Handtuch, Socken zu Handschuhen und Plastiktüten zu Duschlatschen. Weiterer Tipp: Die Klamotten für den nächsten Morgen mit ins Bett nehmen, sonst sind sie morgens klamm und kalt.

Der Höhepunkt der Wanderung sollte der Sonnenaufgang von Poon Hill aus sein; also um um fünf Uhr raus aus den Federn – vergebens. Nichts außer Nebel. Wir machen uns nicht mal an den Aufstieg.

Insgesamt lege ich 68 km und 2400 Höhenmeter zurück. Babu, mein Guide, ist ein äußerst angenehmer, aber auch schneller Begleiter. Ich kann mich nicht ganz entscheiden, ob ich wandern mag oder nicht – wahrscheinlich schon, aber das Wetter hat so einiges vermiest. Auf jeden Fall ist die Heimkehr ins Kinderheim ein tolles Nachhausekommen – ich habe alle schon vermisst!

Umso trauriger stimmt es mich, dass ich bald schon wieder losziehen muss. Vielleicht auch nicht schlecht – raus aus dieser Bazillenparty. Aber wieder einmal habe ich das Gefühl, wirklich gebraucht zu werden. Ein paar mehr tröstende Arme schaden hier sicherlich nicht.

Abschied

Anfang November wird's langsam kalt. Die Kinder tragen zwar alle eine Mütze, spazieren aber größtenteils in Flip-Flops rum – ob mit oder ohne Socken. In meinem Zimmer zieht's durch die Ritzen zwischen dem meine Füße trotz warmen Schlafsacks vereist.
    Wellblechdach und der Wand. Morgens sind die Fenster beschlagen und meine Füße trotz warmen Schlafsacks vereist.
Nach einer Freiluftdusche bei rund 16 Grad Celsius – höchst erfrischend! – machen Sarada und ich uns an meinem vorletzten Tag auf den Weg, um meine Spenden sinnvoll einzusetzen. Endlich bewegt sich was! Wir kaufen Medizin, Hygieneartikel, Spielzeug, Schulhefte, Messer und Putzzeugs, das Geld wird also gut angelegt. Der Volleyball wird gleich eingesetzt, aber ich mache Sushila für einige Minuten zum unglücklichsten Mädchen der Welt: Sie bekommt beim Geschenke verteilen keinen Ball ab. Sie will mich nicht mal ansehen, nur mit Mühe überrede ich sie, zu mir auf den Arm zu kommen. Mein Herz blutet, mein Gehirn rattert nach einer Lösung, aber in meinem Zimmer oben habe ich noch nicht mal mehr Schokolade. Ich nehme sie mit hoch, um vielleicht Schmuck oder etwas in der Art als Ersatz zu finden, und prompt verliebt sie sich in ein Spider-Man Stifteetui. Damit kann ich leben, und sie offenbar auch sehr gut: Endlich erstrahlt ihr Gesicht wieder, das Mädchen mit der dreckigsten Kinderlache, die ich kenne. Und auch Bishnu, mit der ich immer mit den stumpfen und kaputten Messern das Gemüse geschnitten habe, freut sich. Die ansonsten zurückhaltende 23-Jährige lächelt scheu, als ich ihr das neue Messer überreiche, und schließt mich in ihre Arme – Körpernähe, die in Nepal äußerst unüblich ist. Ein wahres Dankeschön, auch ohne Worte.

Mein letzter Tag im Kinderheim empfängt mich um sechs Uhr morgens mit strahlendem Sonnenschein. Ich mache mich auf den Weg, um ein letztes Mal mit den Kindern zu spielen und Zeit mit ihnen zu verbringen. Safal und Sushila setzen sich auf meinen Schoß, dann überhäufen mich Saraswati, Angali und Sunita mit Briefen, selbstgemachten Puppen und Armreifen.
    Beim Frühstück bzw. Mittagessen muss ich an mich halten, um nicht loszuweinen: Angali und Sunita sagen beide, wie traurig sie seien, dass ich sie verlassen würde; Muna besteht darauf, dass ich am Sonntag wiederkommen solle, und alle fragen, wann ich wiederkehren würde und dass ich dann das nächste Mal ein Jahr bleiben sollte. Sushil spielt noch mit ein paar anderen Jungs Volleyball – toll, dass das Geschenk so gut angekommen ist! Doch auch das alles hat ein Ende, und bald machen sich alle auf den Weg zur Schule. Den restlichen Vormittag verbringe ich im Internetcafe. Um ein Uhr werde ich nervös, weil Sarada immer noch nicht fertig ist, denn der Flug geht um drei. Eine andere Heimmutter will mir noch einen Abschiedstee machen, ich werde noch nervöser – vertraue aber dann doch darauf, dass die Nepalesen das zeitlich schon irgendwie schaffen. Oh-

ne Tee mache ich mich auf den Weg, dafür habe ich aber eine Tikka und eine Blumenkette (eine „Mala") bekommen. Zack wird alles auf den Roller geladen, ich klemme meinen Riesenrucksack zwischen mich und Sarada, und ein letztes Mal ziehen wir durch Pokhara. Es ist seltsam, denn ich merke, wie ich so manche Ecken wiedererkenne – der Weg, der mir anfangs fremd war, ist auf einmal vertraut. Auch vom Flughafen genießt man einen tollen Blick auf die umliegenden Berge. Ich verspreche Sarada, dass ich sie nie vergessen werde. Wie könnte ich auch! Mit feuchten Augen verabschieden wir uns herzlich, und hier sitze ich, eine Dreiviertelstunde vor Abflug. Noch nicht mal das Check-In hat begonnen.

Ziellos und ungeduldig wandere ich durch den Mini-Flughafen. Mit jedem Schritt klimpern meine unzähligen Armreifen leise, meine weite Nepali-Hose umstreift meine Beine, und die rote Reis-Tikka kitzelt leicht auf meiner Stirn. Zum perfekten Outfit fehlen nur noch die Flip-Flops! Prompt werde ich für einige Minuten zum Anziehungspunkt des Flughafens. Lauter Chinesen kommen auf mich zu und schießen Fotos von und mit mir. Einer kehrt immer wieder zurück und zeigt seinen Mitreisenden begeistert meinen blitzenden Armschmuck.

Zwei Stunden zu spät dürfen wir den kleinen Flieger besteigen. Ich ergattere einen Sitzplatz auf der linken Seite, am Notausgang, also mit relativ klarem Fenster. Langsam versinkt die Sonne, wirft letzte rote Strahlen auf den Himalaya, der sich in Nepal über 800 Kilometer erstreckt!
Ich kehre Pokhara den Rücken zu, erhasche einen letzten Blick auf den Fishtail-Berg, den ich sonst immer von meinem Fenster aus sehen konnte. Tausend überwältigende Gefühle und Erinnerungen, Gedanken und Erlebnisse durchströmen mich. Ich bin überglücklich und gleichzeitig traurig. Hergekommen bin ich als Deutsche, zurückgeflogen zumindest als Teil-Nepalesin. Es war eine unglaublich intensive, spannende und einfach tolle Zeit. Sarada und die Kinder werde ich nie vergessen! Ich bin zutiefst dankbar für das, was ich erleben durfte.

Namaste, Nepal

Ich kann kaum glauben, dass es Mitte November ist und ich schon wieder zurück in Kathmandu bin. Ich sitze auf einem Hügel, etwas abseits von Swayambhunath, unter einem Dach von Gebetsfahnen. Ein Affe hat sich gerade zu mir auf die Bank gesellt und hofft auf ein paar Leckereien. Alles ist ruhig und friedlich, vereinzelt laufen ein paar Nepalesen vorbei. Aus weiter Ferne hört man das Hupen, das Bellen von Hunden und den Verkehrslärm Kathmandus; hier das Gekreische von Affen und Raben. Die Großstadt erwacht allmählich.

Früh mache ich mich auf den Weg zum Monkey-Temple, laut Hotelmitarbeiter einmal links, dann nochmal links und dann einfach der Straße folgen. Von wegen! Ich wurschtle mich durch ein Gewirr von Straßen, husche durch kleine Seitengässchen, deren Bewohner mich verwundert betrachten. Zwischendurch erhasche ich einen Blick auf Buddhas allsehende Augen, aber die ganze Zeit begleitet mich diese Musik: Ein mystisches Brummen und Klingen. Soldaten ziehen in voller Montur im Leichttrab an mir vorbei, bis sich endlich der Hügel mit dem ältesten Stupa Nepals vor mir erstreckt. Ich erklimme die 231 Stufen zusammen mit vielen Affen, streunenden Hunden und Nepalesen. Schulmädchen strömen mir entgegen, finden mich genauso fremd, komisch und interessant wie ich sie; nur habe ich niemanden zum Anstupsen. Wegen der frühen Stunde bin ich fast die einzige Touristin. Ich gerate in Trauben von betenden Buddhisten und stehe bei ihrem rituellen Rundgang im Uhrzeigersinn um den Stupa im Weg. Ich fühle mich ziemlich fehl am Platz, lausche aber fasziniert dem Gemurmel der Betenden und dem Klingeln von Glocken. Leider habe ich keinen Führer, der mir alles erklären könnte, dafür aber mehr Ruhe und Zeit, die zahllosen Pagoden und kleinen Tempelanlagen zu durchstreifen und die Atmosphäre zu genießen. Gerade durfte ich Affenexkremente von meinem Kameraobjektiv wischen, aber hey, that's all part of the fun!

Wieder zurück am Tempel mit dem unaussprechlichen Namen ist der Gebetsrummel schon passé. Vom 1407 Meter hoch gelegenen Stupa ist die Smog-Glocke über der Stadt gut erkennbar. Kurz zurück zum Hotel, Frühstücken und ein Taxi zum nächsten Ziel organisiert: Bodnath mit dem Boudha-Stupa. Der Taxi-Fahrer fragt mit Hinblick auf meine roten Armreifen sofort, ob ich verheiratet sei. Bin ich zwar nicht, aber wenn die roten Armbänder das anderen Nepalesen signalisieren, ist das sicher nicht übel! Der ausgeprägte Geschäftssinn der Nepalesen macht mir immer weniger aus; ich kann ihn abwimmeln, mir noch mehr von Kathmandu zu zeigen, aber morgen zum Flughafen bringen darf er mich gerne. Nachdem wir uns auch ausführlich über seine Familie unterhalten haben, begleitet er mich nun zum größten Stupa Nepals. Sieht dem anderen ziemlich ähnlich, liegt allerdings nicht auf einem Berg, sondern ist stattdessen umkränzt von tausenden tibetischen Souvenirläden. An diesem Stupa steigt Weihrauch in die Luft. Emsige Nepalesen mühen sich ab, die Wände weiß zu halten. Ein kurzer Rundgang, dann ist mein Tagesziel erreicht und ich lasse mich zurück zu meiner kleinen Hotel-Oase kutschieren.

Vom Garten im Hotel Vajra dringt der Lärm von der nahegelegenen Schule herüber. Die Kinder singen dieselben Lieder und spielen dieselben Spiele wie „meine" Kinder, und sofort frage ich mich, was sie wohl grade machen. Traurig denke ich daran, dass meine Zeit in Nepal jetzt schon vorbei ist. Aber ich hatte auch viel Glück, während der Ferien im Kinderheim zu sein; die paar Tage Schulzeit haben mir deutlich gezeigt, dass mir sonst viel Langeweile bevorgestanden hätte.

Am meisten beeindruckt hat mich in Nepal die grenzenlose Nettigkeit und Herzlichkeit der Nepali. Kaum ein Gesicht, das mich nicht neugierig angestrahlt hätte. Trotz der schwierigen Lebensbedingungen sehen so viele Menschen so unglaublich glücklich aus trotz der Schwierigkeiten, mit denen dieses Land zu kämpfen hat. Viel davon ist dem Bürgerkrieg zuzuschreiben, der erst 2006 ein Ende fand. Bis zu dieser Zeit hatte der König trotz der Einführung einer konstitutionellen Monarchie in den neunziger Jahren weitreichende Befugnisse und versäumte es, notwendige Änderungen vorzunehmen. Ab 1996 lehnte sich die kommunistische Partei Nepals gegen die Monarchie und das hinduistische Kastensystem auf. Der Bürgerkrieg führte zu einer großen Angst in der Bevölkerung, da auch viele Kinder in den Dörfern verschleppt und zum Kämpfen gezwungen wurden. Circa 13.000 Menschen sind ums Leben gekommen. 2002 löste König Gyanendra die Regierung auf und regierte ab 2005 in dem von ihm verhängten Ausnahmezustand faktisch alleine. Erst, nachdem der internationale und nationale Druck durch einen Generalstreik größer wurde, setzte der damalige König 2006 erneut eine Übergangsregierung ein, welche die Rechte des Königs beschnitt und das Ende des Bürgerkriegs herbeiführte. 2008 wurde dann eine Republik ausgerufen, doch noch immer ist es der verfassungsgebenden Versammlung nicht gelungen, eine Verfassung zu verabschieden. Somit bleibt die politische Lage in Nepal instabil.

Der zehn Jahre andauernden Bürgerkrieg hat die wirtschaftliche Entwicklung Nepals stark beeinträchtigt. Das Land basiert hauptsächlich auf Landwirtschaft und Tourismus. Immer noch werden viele Mädchen verschleppt und in Indien zur Prostitution gezwungen. Besonders in den ländlichen Gegenden herrscht große Armut. Durch die große Korruption versickert viel ausländische Hilfe im Sand. Das durchschnittliche Einkommen liegt bei circa $700, also circa 2,50€ am Tag. Kaum vorstellbar. Damit gehört Nepal zu den zwanzig ärmsten Ländern der Welt.

Die 30 Millionen Einwohner leben auf einer Fläche von zwei Mal Bayern. Die Bevölkerung hat sich seit 1980 somit verdoppelt. Das Durchschnittsalter liegt bei 21, die Lebenserwartung bei 66 Jahren. Mehr als die Hälfte der Bevölkerung sind Analphabeten. 80% der Bevölkerung sind Hindus, 10% Buddhisten und rund 4% Muslime. Es gibt hundert verschiedene ethnische Gruppen und Kasten und man zählt 124 Sprachen und Dialekte. Die Infrastruktur ist aufgrund der schwierigen geographischen Bedingungen ungenügend, auch die medizinische Versorgung ist in den ländlichen Gegenden unzureichend. Besonders Frauen werden immer noch diskriminiert. Doch all diese Andersartigkeit hat mich unglaublich fasziniert. Es ist beeindruckend zu sehen, wie sich Menschen in den widrigen Umständen des Himalaya-Gebirges ansiedeln und dort ein Leben aufbauen. Es ist beeindruckend zu sehen, wie lebensfroh die Nepalesen trotz der Schwierigkeiten in ihrem Land zu sein scheinen. Und besonders beeindruckt haben mich Sarada und Kira, die mit ihrem großen Optimismus und Tatendrang versuchen, etwas Positives in diesem Land zu bewirken.

Morgen mache ich mich auf den Weg zu meiner vielleicht größten Herausforderung. Ich habe mich schon mit vielen Menschen unterhalten, die Kambodscha schwer zu verarbeiten fanden: Prostitution ist an der Tagesordnung, und wohin man guckt, trifft man auf Verwundete aus der Kriegszeit. Phnom-Penh-Besucher, die sich mit der Geschichte des Landes befassen wollen, müssen sich mit dem „Genocide Museum" auseinandersetzen und die „Battlefields" besuchen. Trotz der entsetzlichen jüngeren Vergangenheit sollen die Menschen außerordentlich nett, offen und freundlich sein und die Landschaft dazu traumhaft. Ich erwarte keine ähnlich intensive Zeit wie in Nepal, da ich in einer Schule und nicht in einem Kinderheim arbeiten werde. Das heißt, dass ich nicht den ganzen Tag von Einheimischen umgeben sein werde. Im Gegenteil: In der Schule sind drei andere deutsche Fsj-ler, auf die ich mich schon sehr freue. Vielleicht könnte ich aber eine ähnlich intensive Zeit wie hier in Nepal auch gar nicht verarbeiten. Wie auch immer: Ich bin neugierig und gespannt, was die nächsten vier Wochen an Überraschungen und Erlebnissen auf Lager haben!

Unbekanntes Vietnam

Hondas, Hühner, Heiligtümer, Wasserpuppen, Nudelsuppen

Eine interessante Begegnung mit Vietnam entlang einer Pauschalreise, wie sie die meisten Besucher erleben werden. Dazu auch eine kultur und zeitgeschichtliche Reise.

ISBN 978-3-86040-181-1
€ 16,90

interconnections-verlag.de

KAMBODSCHA

Bammel vor Kambodscha

4 Wochen
Drei Stunden lang fliege ich am unbeschreiblichen Himalaya-Gebirge vorbei. Dann wird es flacher, und die Landschaft wird von vielen Gewässern durchzogen. Bei der Landung in Bangkok fühle ich mich fast wie zu Hause. Alles sehr europäisch! Es gibt funktionierende Anzeigetafeln, Laufbänder, alles ist sauber, ordentlich und verfliest. Außerhalb des Flughafens dann der nächste Schock: Die Autos blinken, wenn sie überholen, sie bleiben auf ihrer Spur, sie hupen nicht. Die Straßen haben keine Schlaglöcher. Eine Nacht habe ich hier und knapp zwei Stunden zum Power-Sightseeing, dann setze ich mich in den nächsten Flieger nach Phnom Penh.
So kurz vor der Landung in Kambodscha wird es mir dann doch mulmig. Aus Erzählungen hört Kambodscha sich wüster an als Nepal: Malaria und Minen, riesige Klassengrößen und schlagende Lehrer. Ein Haufen Taschendiebe, hohe Kriminalität, mehr Korruption. Wie werde ich mit der schrecklichen Geschichte des Landes klarkommen? Und ist es mir mit nur ein paar Stunden Unterricht nicht viel zu langweilig nach dem Vollzeitjob im Kinderheim? Soweit ich mich erinnern kann, lande ich mit deutlich mehr Herzklopfen als zuvor. Aber natürlich habe ich mir mal wieder zu sehr den Kopf zerbrochen. Emilie, eine Amerikanerin, die ich am Gate in Bangkok getroffen hatte, und ich warten geduldig auf unser Gepäck und machen uns dann auf den Weg nach draußen. Das erste, was mir hier auffällt? Die Freundlichkeit der Khmer.

Phnom Penh im Ausnahmezustand

Außerhalb des Flughafens wartet schon Thorn auf mich, mein Tuk-Tuk-Fahrer für die nächsten Tage. Strahlend begrüßt er mich und stellt sich vor: „Name like a ross!" Like a ross? Wie ein Pferd? Nein, aaah Rose!! Dorne!! Jetzt hab ich es verstanden und lache mit. Er hievt meinen Rucksack aufs Tuk-Tuk, sichtlich erstaunt über das Gewicht, und los geht es durch die untergehende Sonne in die Stadt. Der Verkehr hier ist nicht halb so wild wie in Nepal, auch wenn die Autos manchmal hupen und sich unzählige Motorräder durchschlängeln. Und sie halten tatsächlich an den Ampeln! Westlich aussehende Läden ziehen an mir vorüber –

selbst die Apotheken sehen ordentlich aus. Da soll Malaria mal versuchen, bei mir zu landen!! Ich sage gedanklich den Kampf an.

Nach einer halbstündigen Fahrt komme ich vor meinem wunderschönen, kleinen Hotel an und werde von Freundlichkeit fast überfallen. Drei Mitarbeiter bieten mir nacheinander ihre Dienste an: kalte Handtücher, Orangensaft und ein Stuhl, fragen mich nach Namen, Alter und Reise ... Ich weiß gar nicht, wem ich zuerst antworten soll. Schließlich werde ich zu meinem Zimmer geführt, das durch Sauberkeit und Modernität besticht – ich fühle mich sofort wohl. Einziges Manko: kein Restaurant im Hotel – also noch mal raus ins inzwischen dunkle Phnom Penh!

Die netten Hotelmitarbeiterinnen, ungefähr in meinem Alter, überschlagen sich vor Tipps und Hinweisen, ein Restaurant zu finden, warnen mich aber – heute Abend soll in Phnom Penh ein starkes Gedränge herrschen. Naja, sage ich mir, das kann ja nicht zu schwer sein – ein paar Mal abbiegen und dann bin ich schon in der Touristengegend. Zum Glück habe ich Thorn, der mich mehr oder weniger vor mir selbst rettet und mich mit dem Tuk-Tuk zu einem Restaurant befördert, denn die Mädels hatten Recht: Es ist voll, proppenvoll. So viele Menschen! Dann fällt mir ein, dass heute Vollmond zwischen Oktober und November ist, das heißt der Mekong ändert seine Fließrichtung: Es ist Wasserfest! Die Menschen picknicken auf den Wiesen, stehen im Stau vor dem hell erleuchteten Royal Palace und feiern. Ich klammere mich an meinen Rucksack. Gelegentlich stehen wir mit dem Tuk-Tuk minutenlang auf derselben Stelle. Ich hätte mich auf jeden Fall verlaufen!

Im Restaurant wartet das nächste typisch Kambodschanische auf mich: Prostitution. An meinem Nachbartisch sitzen zwei alte, englische Knacker mit zwei jungen, kambodschanischen Mädchen, die übertrieben über die Witze der Männer lachen und Körperkontakt suchen ... abscheulich! Immer wieder muss ich zu ihnen rübergucken, denn die Mädchen tun mir unglaublich leid, aber dann kann ich mich zusammenreißen und versuche, Thorns Englisch zu verstehen. Die Kambodschaner sind fast noch schlechter zu verstehen als die Nepalesen, und das muss man erstmal schaffen!
Mein erstes Wochenende hier verbringe ich damit, Kambodscha kennenzulernen. Thorn umschwärmt mich – eine westliche Freundin zu haben, ist wohl die größte denkbare Errungenschaft. Aus den Geldautomaten quellen US-Dollar. Und die „Killing Fields" offenbaren die grausame Geschichte des Landes.

Rote Khmer

Am 17. April 1975 marschiert Pol Pot mit den Roten Khmer in Phnom Penh ein und zwangsevakuiert binnen dreier Tage alle großen Städte mit Verweis auf den

Vietnam-Krieg. Er will Kambodscha umkrempeln und ab dem „Year Zero", das er einläutet, sogenannten Steinzeitkommunismus betreiben. Die Menschen werden auf „kollektiven Bauernhöfen" ausgebeutet, müssen zwölf Stunden oder mehr am Tag gegen Hungerrationen schuften. Die gebildete Schicht wird systematisch ausgerottet, da Pol Pot, ehemaliger Lehrer, nach einem Bauernvolk strebt. Er verbietet Religion, Handel und Bildung; nur Kinder unter sechs Jahren dürfen bei ihren Eltern verweilen. Seine Armee besteht aus armen, perspektivlosen und ungebildeten Jungen – zu dieser Zeit leben 80% aller in Armut. Das Versprechen von einem besseren Leben zieht: Das „demokratische Kambodscha", angeführt von den kommunistischen Khmer Rouge, kann gegründet werden.

Schon das Tragen einer Brille, weiche Hände und das Sprechen einer Fremdsprache kann zum Verhängnis werden und somit zum Tod führen. Meist werden diese „potentiellen Feinde" zuerst in das Gefängnis S-21 in Phnom Penh geschickt, wo unter Folter falsche Geständnisse erpresst werden. Auch Freunde und Verwandte bleiben nicht verschont. In Lastwagen werden die Gefangenen aus dem Gefängnis zum „Killing Field" in Choeung Ek gebracht, mit verbundenen Augen und der Hoffnung, hier in die versprochenen neuen Siedlungen einziehen zu können. Doch die meisten ahnen, was ihnen bevorsteht. Die „Verbrechen gegen den Staat", die sie angeblich begangen hatten, fordern nun ihren Tribut. Zuerst verlässt ein Lastwagen alle zwei bis drei Wochen die Stadt, beladen mit 50-70 Leuten, doch ab 1978 verkehren täglich mehrere – bis zu dreihundert Menschen täglich treffen hier ein. Genau wird festgehalten, wer ankommt und nun in Reihen zu den Henkern, die an den Massengräbern warten, getrieben wird. Das Scheinwerferlicht strahlt grell gegen die Dunkelheit der Nacht an und laute kommunistische und revolutionäre Musik dröhnt aus Lautsprechern, um die Schreie der Gefangenen zu übertönen. Einer nach dem anderen muss sich vor die Gruben knien und auf den Tod warten; mit Hacken, Äxten, Schaufeln und anderen Werkzeugen schlagen die Henker auf die Verurteilten ein, bis sie zumindest halbtot sind. Dann werden sie in die Gruben gestoßen. Pistolenkugeln sind zu teuer. Die später über die Leichen gestreuten Chemikalien, stellen sicher, dass auch der Letzte stirbt und der Gestank gedämpft wird. Ungefähr 17.000 Häftlinge sterben hier. Als die Massengräber entdeckt werden, kleben an einem Baum noch Haare, Blutflecken und Überreste vom Gehirn. Beweise, dass selbst Babies nicht verschont werden: Sie werden mit dem Kopf gegen den Stamm geschlagen, bis sie tot sind. Die Mütter werden vor dem Tod vergewaltigt.

Das Pol-Pot-Regime besteht drei Jahre, acht Monate und 20 Tage. Am 7. Januar 1979, dem „Tag der Wut", wird es durch Überläufer aus den eigenen Reihen, Widerstandskämpfern und Vietnamesen aufgelöst. Insgesamt werden zwischen ein bis drei Millionen Menschen, knapp ein Viertel der gesamten Bevölkerung, Opfer des Schreckenregimes – die Zahlen sind äußerst umstritten. Über Kambodscha verstreut finden sich rund dreihundert dieser „Killing Fields". Unglaublicherweise konnten sich die führenden Köpfe der Khmer Rouge lange in den

Dschungeln Kambodschas verbergen. Obwohl Pol Pot's Macht offiziell 1979 gebrochen wurde, agierten die Roten Khmer weiterhin aus dem Dschungel heraus. Erst mit der Kapitulation der letzten Guerilla 1998/1999 wurde der Bürgerkrieg endgültig beendet. Pol Pot, „Bruder Nummer Eins", lebte selbst bis ins hohe Alter, hatte Enkel und starb in Freiheit. Seit 2004 gibt es nun Tribunale gegen andere Führungspersönlichkeiten, in Kambodscha übrigens eine hoch umstrittene Maßnahme. Viele wollen einfach nicht mehr an die Gräueltaten erinnert werden und würden es in Kauf nehmen, einige Führungspersönlichkeiten unbestraft davonkommen zu lassen.

Einer derjenigen, der sich vor einem speziell dafür errichteten Gericht behaupten muss, ist Kaing Guek Eav, auch bekannt als „Duch", der Leiter des Foltergefängnisses Tuol Sleng. Die Anklage: Kriegsverbrechen, Sklaverei, Folter und vorsätzlicher Mord – unter anderem. Im Juli 2010 wird er der Tötung an 14.000 Menschen schuldig gesprochen und zu 35 Jahren Haft verurteilt – im Endeffekt 19, weil er schon so lange sitzt. Er ist der einzige der fünf noch lebenden Vertreter des Pol Pot Regimes, der seine Taten gestanden und Reue gezeigt hat.

Einige Parolen Pol Pots haben sich mir tief ins Gedächtnis gebrannt: „Lieber versehentlich einen Unschuldigen töten, als versehentlich einen Feind am Leben zu lassen." Und über die Ermordung tausender Babies: „There is no gain in keeping them, and they might take revenge on you."
Immer noch kommen aus den Gruben, die vorher voller Leichen waren, Knochenreste und Zähne zum Vorschein. Zwischen den riesigen Löchern auf dem Grundstück sind noch Kleidungsfetzen zu sehen. Aus dem riesigen Gedenkstupa in der Mitte des Geländes starren mich mehr als 8.000 Schädel, säuberlich aufgereiht hinter Glas, an. Das Museum hat seinen Ruf als „groteske Touristenattraktion" verdient, denn am Rand einer der Gruben fordert es die Besucher tatsächlich dazu auf, nach Knochen und Zähnen Ausschau zu halten.

Bei Verlassen des Grundstücks fragt Thorn: „Are you scared?" „Scared" nicht, nein. Aber traurig. Und schockiert. Wie kann so etwas passieren? Wie kann man so etwas tun? Überall auf dieser Erde gibt oder gab es Völkermorde, wir bilden da keine Ausnahme. Leider. Letzte derartige Vorkommnisse in Jugoslawien, Mitte der Neunziger, in Europa!
Noch ein Halt, dann habe ich die schwere Kost geschafft. Am Eingang zum S-21, dem Foltergefängnis, strecken mir Krüppel ihre Arm- und Beinstümpfe entgegen oder zeigen auf ihre fehlende Gesichtshälfte. Innen sehe ich Fotostrecken von gefolterten Leichen und tausende Einzelporträts der Gefangenen, oft erst knapp 15 Jahre alt. Alte Eisenbetten stehen in den kahlen Räumen neben Folterwerkzeug, die ehemalige Schule wurde in einen Ort des Schreckens verwandelt. An den Reckstangen, die früher Sportübungen dienten, wurden die Gefangenen an den Händen, die am Rücken zusammengebunden wurden, aufgehängt, bis sie in Ohnmacht fielen; dann wurde der Kopf in kaltes, dreckiges Wasser gesteckt,

bis sie ihre „Taten" standen. Lange bleibe ich hier nicht: Es gibt nicht viel zu sehen, und über die Roten Khmer habe ich erstmal genug erfahren.

Gastfreundschaft

Der Rest meines ersten Wochenendes in Kambodscha verläuft unbehelligt von der schrecklichen Geschichte: Meine netten Hotelmitarbeiterinnen nehmen mich auf ihren Mofas mit auf eine kleine Spritztour durch Phnom Penh und laden mich zum Essen ein – gekochte Entenembryos auf der Promenade des Touristenviertels. Aber ich habe mir versprochen, (fast) alles zu probieren, so auch das. Die kleinen Federn und Knochen im Ei sind allerdings wirklich irritierend.

Am Sonntag verabschiede ich mich von dem Luxus und Thorn, mein Tuk-Tuk-Verehrer, bringt mich zum Zentrum von SCAO, meiner Organisation hier in Kambodscha. Wir fahren circa eine Dreiviertelstunde aus Phnom Penh raus und müssen immer wieder nach dem Weg fragen, da außerhalb von Phnom Penh Straßennamen eher ein Fremdwort sind, genauso wie gut asphaltierte Straßen. Nach jeder Biegung frage ich mich, ob hier wohl das Heim sein könnte, und betrachte neugierig die Umgebung. Endlich gelangen wir vor dem Kinderheim an. Es ist ein offenes Gebäude, das untere Stockwerk geht praktisch in den Hof über, im „Gemeinschaftsraum" sind Bücherregale und eine Art Bambus-Hängematten, und an der Wand hängen Fotos der Kinder.

Der Empfang verläuft ganz anders als in Nepal: Ich trete ein und werde von Mr. und Mrs. Samith begrüßt – nett, aber im Vergleich zu Sarada eher zurückhaltend. Die Kinder scheinen es überhaupt nicht mitzubekommen, dass jemand Neues da ist. Wir machen es uns auf ein paar Plastikstühlen bequem und bestreiten kurz Smalltalk, bevor Mrs. Samith mir eine Infobroschüre über SCAO und Freiwilligenarbeit in die Hand drückt. Ich merke, hier läuft das alles bedeutend professioneller und routinierter ab. Ein Freiwilliger ist hier keine Sensation. Es scheint aber auch ein ständiges Kommen und Gehen zu geben. Mr. Samith erzählt mir von den ganzen Freiwilligen, die augenblicklich mitarbeiten, sicher an die fünfzehn. Darauf darf ich mir kurze Biographien der Kinder, die, zusammen mit Fotos, an der Wand hängen, anschauen. Anders als in Pokhara wird die Tatsache, dass die Kinder teils Waisen sind, mit vollem Bewusstsein behandelt. Hier stehen detaillierte Informationen über die Familiengeschichten, während ich die Kinder in Nepal nicht darauf ansprechen sollte. Im Heim hier sind die wenigsten Vollwaisen; viele haben ein Elternteil an den Kampf gegen die Roten Khmer verloren, so dass die Eltern sie nicht mehr ernähren können. Einige Mitbewohner sind schon um die 20 Jahre alt und nutzen hier die Möglichkeit, ein Auskommen zu finden und dann in der Stadt eine Universitätsausbildung zu erhalten. Noch eine Neuigkeit: Es gibt Haustiere, eine Katze und einen Welpen! Das macht für mich den klaren Unterschied und zeigt deutlich, dass das Waisenhaus hier zwar

wenig Geld hat, aber mehr als in nepal. Dort haben die wenigsten Geld und Futter für Haustiere übrig.
Langsam trudeln die nächsten Freiwilligen ein. Wir essen zusammen zu Mittag: Reis mit Gemüse und Huhn, zusammen mit der hier allgegenwärtigen Sojasauce. Wir müssen die Regeln für Freiwillige unterschreiben und unsere Pässe zum Kopieren abgegeben – alles Formalitäten, die in Nepal völlig überflüssig waren. Oder es liegt daran, dass ein Deutscher Gründer der Organisation war?

Nächstes Zuhause

In der Dämmerung machen Franzi, eine andere Freiwillige, und ich uns in unserem voll beladenen Tuk-Tuk auf den Weg zur Schule, die vor kurzem von SCAO gebaut wurde. Euphorisch schmieden wir schon Pläne für die nächsten Wochen, während wir an überfluteten Reisfeldern vorbeisausen. Im Wasser spiegelt sich die rot untergehende Sonne und im Kontrast dazu schwarz die Palmenblätter. Wunder-, wunderschön! Schon wieder biegen wir von den asphaltierten Wegen auf eine Huckelpiste, ähnlich denen in Nepal, ab und sind plötzlich von beiden Seiten von Wasser umgeben. Eine frische, angenehme Brise empfängt uns. Noch einmal abgebogen und schon stehen wir vor dem hohen orangefarbenen Gebäude der neuen Schule. Der Lehrer und seine Frau begrüßen uns herzlich. Wir treten durch das hohe erste Klassenzimmer ein. Vor der Tafel wieder eine Bambusmatte – schlafen da etwa die beiden drauf? Dahinter führt links eine steile Treppe zu unserem Zimmer empor. Zwei Riesenbetten mit dicken Matratzen warten auf uns – ich kann meinen Augen kaum trauen. Wie kleine Kinder freuen wir uns über jeden Haken zum Handtuchaufhängen, das eigene, angrenzende Bad, die tatsächliche Dusche, die zwar über dem Waschbecken angebracht, aber immerhin innen liegt. Als erstes setzten wir uns aufgeregt und glücklich auf unsere Betten, bis die nächste Herausforderung folgt: Aufhängen der riesigen Moskitonetze! Nach dieser Feinstarbeit sieht unser Zimmer ganz anders aus, unsere Betten wie riesige Käfige, aber einmal darin, fühlt man sich wie in einem Himmelbett. Geckos huschen über die Wand, als ich das kleine Kleiderregal einräume, aber ich freue mich diebisch – endlich nicht mehr aus dem Rucksack leben! Auch das Bad kann mit Shampooflaschen, Zahnpasta und Klopapier bestückt werden, denn hier bleibe ich erstmal vier Wochen. Schön. Nur das Bett verlassen bzw. hineinzusteigen wird zu einer Überwindung, denn dann ist jedes mal wieder das Moskitonetz in die Ritzen zu stecken. Aber damit kann man dann gut leben.

Der Lehrer, dessen Namen ich nicht verstanden habe, tritt ein und murmelt etwas Unverständliches – Khmer? Nein, er sagt tatsächlich „Dinner time!". Ahhh! Nach dem vierten Mal kommt das auch bei mir an. Ausgehungert von den ganzen Eindrücken finden wir uns unten ein, wo leckeres Essen auf uns wartet: Reis mit Fisch, Hähnchen, Zwiebeln und Sojasauce. Spitze! So einen Berg Fleisch hab ich in den letzten Wochen nicht mehr gegessen! Und der Nachtisch ist schlicht ein Traum: Kalter Reis, in Bananenblättern um eine Banane gewickelt und in Kokosmilch gebadet, richtig kambodschanisch! Und danach noch ein paar fremde, süße Früchte. Bei Tisch ist es ziemlich still. Am Ende bleiben wir noch ein sitzen und unterhalten uns mit großen Pausen dazwischen, denn ich kann den Lehrer kaum verstehen, geschweige denn seine Frau, beherrscht sie doch nur wenige Worte Englisch.

Wir helfen etwas linkisch beim Tischabräumen. Danach führt uns der Lehrer aufs Dach. Wir sind wirklich mitten in einem fünfhundert-Seelen-Dorf gelandet, 22 km von der Stadtmitte Phnom Penhs entfernt, inzwischen in die Stadt eingegliedert. Von beiden Seiten umzingelt uns Wasser – auf einer Seite überflutete Reisfelder, auf der anderen ein See. Am weiten Horizont zucken Blitze, über uns blinken die Sterne. Es ist finster und ich bin schon neugierig, alles im Tageslicht in Augenschein nehmen zu können.

Dass heute mein Geburtstag ist und nichts Besonderes passiert, ist letztlich kein Drama. Woher sollten die ganzen Leute von meinem Geburtstag wissen oder sich groß darum kümmern? Es ist ein Tag wie jeder andere und dann doch wieder nicht, denn es passieren so viele schöne Dinge. Und für mich ist jeder Tag dieser Reise wie ein einziges Geburtstagsgeschenk.

Alles Roger in Kambodscha

Der erste Tag in der Schule beginnt früh. Franzi und ich stehen um halb 6 auf, um mit Imke, einer Fsj-lerin, nach Phnom Penh zu fahren. Doch ... sie verschläft. Auch nicht schlimm, wir schnappen uns unsere Kameras und schlendern durchs Dorf, während die Sonne hinter den Wolken aufsteigt. Die Hütten hier, teils auf Stelzen, sind unglaublich primitiv. Die Menschen frühstücken auf Tischen auf der Straße oder liegen in zwischen den Stelzen befestigten Hängematten. Abgemagerte, weiße Kühe streunen vor den Häusern. Kleine Boote, den venezianischen ähnlich, sind davor festgetäut. Ein paar Fischer sind schon auf dem Wasser. Franzi und ich sind beschäftigt, die ganzen Kinder und anderen Menschen zurückzugrüßen; egal, wo wir hingucken, winken uns die zahl- und zahnlosen Familienmitglieder zu.

Nach dem typischen Frühstück – Reis mit Zwiebeln und Ei – helfen Franzi und ich in der ersten Unterrichtsstunde von 1-2 Uhr. Die Kinder grüßen uns allesamt mit einem riesigen Lächeln, sind aber gleichzeitig äußerst schüchtern, gehemmt und zurückhaltend. Sechzig Kleinkinder hocken hier, teils drei bis vier in einer Bank, und brüllen die englischen Wörter nach, die Sovanred, der Lehrer, und später wir an die Tafel malen und schreiben. Weiter geht es mit einer ‚ABC-Klasse', hier wird die Aussprache geübt. Die Kinder hier sind schon älter; nach einer Stunde klappt das englische „g" im Wortzusammenhang einigermaßen. Die

Kinder sind süß, malen Bilder von uns, kommen immer wieder zu uns, um Lob für ihre Hefte zu ernten, und winken uns die ganze Zeit zu. Die meisten kambodschanischen Kinder sind unglaublich hübsch, mit großen, neugierigen Augen, kleinen Stupsnasen und vollen Lippen. Aber die Zähne sind ein Gräuel, schon bei den ganz Kleinen halb schwarz. Während des Unterrichts rennen die Kinder immer wieder zur Toilette, die Katze streicht durch den Raum oder der Hund wird gestreichelt. Mit den vollen Klassen und der Unaufmerksamkeit ist das Unterrichten anstrengend. Man muss wirklich seine ganze Energie aufwenden, um die Aufmerksamkeit der Kinder zu fesseln und den Unterricht lustig und spaßig zu gestalten – nicht selten bin ich danach fast heiser und fertig. Auch der Unterricht an sich stellt uns nicht selten vor eine große Herausforderung. Das Englischbuch ist sehr europäisch, die Menschen sind weiß, feiern ihren Geburtstag, fahren in Autos und leben in Häusern ohne Stelzen. Die Kinder können sich darunter oftmals gar nichts vorstellen. Auch die Frage, welche Vokabeln man den Kindern jetzt beibringen soll, ist äußerst schwierig: Etwa die Jahreszeiten, Frühling, Sommer, Herbst und Winter? Auch „Zahnbürste" und „Matratze" sind hier überflüssig; wenn ich ein für uns normales Zimmer mit Betten, Spiegeln und Kleiderschränken an die Tafel male, damit es beschriftet wird, gucken mich die Kinder oft verständnislos an. Die Hitze, das viele Nachdenken, die zahllosen Probleme ermüden. Oft ist es schon um 11 Uhr Zeit für ein kleines Nickerchen.

Hilfloses Improvisieren

Ich bewundere alle Lehrer hier für ihre Geduld – die Arbeit ist unglaublich zäh. Kambodschaner können das Englische einfach nicht aussprechen und zieren sich oft auch, es wenigstens zu versuchen. So habe ich unglaubliche zwanzig Minuten dazu gebraucht, eine Neunzehnjährige zu bewegen, das Wort „Barcelona" vorzulesen, ohne die Aussprache vorzugeben. Nervös reibt sie sich die ganze Zeit die feuchten Hände an der Hose ab und dreht sich verlegen lachend zu ihren Mitschülern um – eine Qual! Oftmals zählen die Klassen sechzig Schüler, alle Altersgruppen gemischt: Kleinkinder, Teenager, ja sogar Eltern. Die Englischausbildung in Kambodscha ist einfach nur unzureichend. Theoretisch geht jeder hier zur Schule und in den Englischunterricht. Morgens rattern die ganzen Ladungen von offenen „romos", mit Holzplanken bestückte Anhänger, die von Motorrädern gezogen und als öffentliche Busse fungieren, mit den ganzen Schülern über die Straßen, aber das Ganze hat wenig Erfolg. Viele besuchen erst gar nicht die Schule oder passen nicht auf. Auf dem Weg zur asphaltierten Hauptstraße passieren wir jedes Mal eine öffentliche Schule, wo sich die Kinder jedes Mal aus den Fenstern lehnen und uns zuwinken. Sie passen nicht auf, sie lernen nicht und wissen nicht, dass sie sich dadurch eine große Chance im Tourismussektor verbauen. Da greift SCAO ein. Acht Kilometer vor Phnom Penh haben sie das erste Waisenhaus und die erste Schule eröffnet, im letzten Jahr dann diese Schule in Samroang. Hier erhalten die Schüler die Möglichkeit, das Englisch, das sie in der Schule nicht lernen, aufzubessern und so einen Ausweg aus der Armut zu finden. Aber das ist ganz und gar nicht einfach. Ich merke, dass das Projekt noch jung ist.

An einem Tag im Unterricht bemerken Franzi und ich mit Schrecken, dass die Kinder hier oft gar nicht lesen können! Wir schreiben Wörter und malen die entsprechenden Bilder an die Tafel, aber die Kinder wiederholen einfach aufs Geratewohl das, was wir ihnen zuvor sagen. Das hier ist kein Lernen, das ist Auswendiglernen. Oft sitzen wir enttäuscht und müde beim Mittagessen und überlegen uns, wie diese schwierige Aufgabe zu bewerkstelligen sein könnte – Kindern Schreiben beizubringen.

Selbst die Kindergartengruppe ist anstrengend: Es sind einfach viel zu viele. Wir sind überfordert, wissen überhaupt nicht, was wir mit ihnen anstellen sollen! Generell fehlt im Unterricht die Struktur; es fehlt ein ständiger, guter Khmer-Englisch-Lehrer, die Freiwilligen werden nicht richtig eingeführt. So sind wir ziemlich auf uns allein gestellt. Keiner, der einem beibringt, wie man Kindern etwas wann und wie vermittelt, weder pädagogische noch didaktische Unterstützung. Zum Glück treffen wir uns ein Mal pro Woche mit dem deutschen Gründer der Organisation, um solche Probleme zu besprechen. Überhaupt stammt über die Hälfte der Mitarbeiter aus Deutschland: Sie sind überall!

Nach den Enttäuschungen und immer wiederkehrenden Rückschlägen klatschen Franzi und ich uns jedes Mal ab, wenn es wieder heißt: „Thank God it's Friday!" Flugs die Rucksäcke gepackt und ab per Romo nach Phnom Penh, vorbei an Reisfeldern und Palmen, Pagoden und Mönchen. Ich liebe Phnom Penh mit seinem ganz eigenen Charme: Überall verstecken sich alte Kolonialvillen oder moderne Neubauten genauso wie exquisite Shoppingmöglichkeiten, die Stadt ist im Kommen! Doch auch hier gibt es die typischen engen Straßen, die nur Cyclos und Motos passieren, die Reihen von gleich aussehenden Balkonen und die für Asien typisch überladenen Strommasten.

Gutgelaunt gibt es Frosch auf die Gabel bzw. auf den Finger, denn Frosch mit Gabel zu essen ist zu kompliziert. Als nächstes geht es in einen kambodschanischen Club. Ich fühle mich hier gar nicht wohl: Es läuft Elektromusik, aber auf dem Bildschirm schöne und romantische Videos der Tempelanlage von Siem Reap. Mit zum Publikum gehören äußerst alte weiße Knacker, die von für kambodschanische Verhältnisse spärlich bedeckten Kambodschanerinnen angetanzt werden und so tun, als fänden sie die Typen ganz toll. Bei jeder Kambodschanerin überlege ich mir, ob sie eine Prostituierte; bei jedem Khmer, ob er ein Zuhälter ist. Ich beobachte, wie ein Typ eine kambodschanische Frau an den Haaren wegzieht und fast eine Schlägerei mit ihr anfängt. Auch die Backpacker nerven mich nach einer Zeit. Es sind immer dieselben Fragen und dieselben Antworten, keiner sagt irgendwas Originelles. „Where are you from?" „For how long are you staying here?" „How do you like it?" So geht das in einer Tour wei-

ter. Viele von ihnen waren schon in tausend Städten, haben aber die Länder nicht wirklich gesehen. Sie waren in den Clubs, haben andere Europäer oder Amerikaner oder Australier getroffen, gefeiert, gesoffen, und sind dann weitergezogen. Und sie fühlen sich toll, weil sie angeblich schon so viel gesehen haben. Kultur? Interessiert sie einen Dreck. Mentalität der Leute? Geschichte? Sprache? Ist doch langweilig. Was Was soll das Ganze?
Es tut mir trotzdem richtig gut, von so vielen Gleichaltrigen umgeben zu sein; mir fällt auf, wie sehr mir das doch in Nepal gefehlt hat. Mit Imke und Franzi kann ich über die kulturellen Unterschiede reden, mich über den starken Aberglauben hier lustig machen und einfach mal dem durchaus auch mal anstrengenden asiatischen Leben entfliehen. Teils finde ich es aber auch schade, dass wir hier unsere kleine deutsche „Insel" haben. Schon früh merke ich, dass meine Erfahrung hier bei Weitem weniger intensiv werden wird als inmitten von Nepalesen in Pokhara.

Die spinnen, die Weißen!

Immer wieder wird mein Highlight in Samroang das Joggen: Die Landschaft ist schön, meine Musik gut, und am Abend, wenn die Hitze nachlässt, fühle ich mich wieder fit. Ich scheuche eine Kuhherde auf: Eine einzelne Kuh trabt furchtsam davon und verharrt dann auf der Straße. Ihr weißes Fell hebt sich kontrastreich vom Braun der Erde ab. Sie hat die Nüstern gebläht und die Augen ängstlich auf mich gerichtet. In Trippelschritten und großem Bogen trapse ich an ihr vorüber, aber sie prescht zurück zu den anderen. Endlich ist mal was los hier im Dorf! Überall gucken mich freundliche, neugierige Augen an; Menschen sehen von ihrem Essen auf, das sie auf der Straße einnehmen, um mir zuzugucken und mich zu grüßen. Manche Hunde knurren. Ich habe Angst, dass sie nach meinen Knöcheln schnappen, während ich den Schlaglöchern und Unebenheiten ausweiche. Langsam sinkt die Sonne, aber ich habe das Gefühl, ewig weiterlaufen zu können. Ein paar Jungs grüßen mich und traben neben mir her. Ich werde schneller, sie werden schneller, die Fahnen an den Stöcken, die sie in den Händen halten, flattern im Gegenwind. Meine Schuhe trommeln auf der Erde, meine Schritte werden immer länger und die Rufe und das Gelächter der Jungs immer leiser. Geschafft. Ich bin wieder an der Schule und dehne mich erstmal auf dem Präsentierteller Innenhof – betreten darf ich das Gebäude mit den Schuhen ja nicht.
Ich stelle mir vor, wie die Khmer in ihren Hütten sitzen und einer großen, blonden Weißen beim Rennen zugucken. Es muss höchst befremdlich wirken: Die meisten Khmer verdienen ihren Lebensunterhalt durch schwere, körperliche Arbeit. Und dann taucht da eine Verrückte im Dorf auf, die trotz der Hitze noch freiwillig ihre so kostbare Energie verbrennt?

Es ist schon komisch, wie sich Gesellschaften verändern. Eben solch ein Jogger wäre auch bei uns noch vor relativ kurzer Zeit, vielleicht vor einhundert Jahren, als Verrückter abgestempelt worden: Der Großteil des Volkes arbeitete auf dem Land. Wer dick war, war reich. Heute ist das Schönheitsideal schon fast abgemagert, während in Afrika und Asien Menschen verhungern. Heute sitzen wir nur in unseren Büros und an den Schreibtischen fest, müssen uns den körperlichen Ausgleich quasi erzwingen und in Sportstudios sogar erkaufen. Und dann ist „Braun das neue Weiß": Sonnenbräune als ersehntes Merkmal von Urlaub und Entspannung. In Asien will jeder weiß sein, so wie die „reichen" Westler, so wie unsere Könige vor dreihundert Jahren.

Immer wieder stolpern wir über Situationen, wo der Kulturunterschied von Europa bzw. westlichen Gesellschaften zu Kambodscha krass zutage tritt. Morgens wird unsere Portion Eis geliefert; ein Kühlschrank ist von der Anschaffung und vom Unterhalt viel, viel zu teuer, und daher kommt das Eis einfach in eine Kühlbox. Ein Tag lang hält das schon kalt. Sovanred, der Lehrer, kann über diese komische Maschine, den „Roboter", der Geschirr und Wäsche wäscht, nur ungläubig den Kopf schütteln. Unter Müllabfuhr kann er sich gar nichts vorstellen, und wozu braucht man denn bitte eine Mikrowelle? Während ich also auf dem gefliesten Steinboden hocke und mir die braun gefärbte Suppe von meinen verstaubten Sachen, die ich angestrengt versuche zu waschen, über die Füße rinnt, fällt mir auf, welchen Luxus wir daheim doch genießen – und wie wenig wir ihn wertschätzen.

Nicht nur ich und mein Verhalten sind den Khmer fremd, auch sie verwirren mich trotz ihrer freundlichen Art immer wieder. Ein Khmer würde einem lieber einen falschen Rat erteilen, als einzugestehen, dass er keine Ahnung hat. Nicht selten sitzen wir schon seit einer Dreiviertelstunde im Tuk-Tuk, bis sich einer von uns ein Herz fasst und den Fahrer fragt, ob er überhaupt eine Ahnung hat, wohin er uns hinkutschieren soll. Oft lautet die Antwort: Nein. Hätten wir nicht gefragt, wären wir wohl noch tagelang mit dem Tuk-Tuk durch die Stadt gefahren. Stattdessen konsultieren wir ein paar andere Tuk-Tuk-Fahrer, die eifrig Ratschläge erteilen und auf ihrer Karte nach der gesuchten Straße fahnden. Zwar sind die Straßen hier nummeriert und haben somit einen „Namen", aber die Nummern sind den verschiedenen Straßen zufällig zugeordnet worden, was die Suche immens erschwert. Immerhin besser als in Kathmandu: Da konnte kaum jemand eine Karte lesen, die ohnehin überflüssig waren. Wege werden ständig geändert, die kleineren Straßen gar nicht angezeigt, und die fünf Straßennamen, die es gibt, helfen einem auch nicht groß weiter. Trotz allem beweisen auch die Khmer einen ausgeprägten Geschäftssinn. Selbst beim Joggen wird man gefragt, ob man ein Tuk-Tuk oder Moto benötige. Das T-Shirt „No Tuk-Tuk today, tomorrow or the day after tomorrow!" gehört eigentlich zur Standardausrüstung.

Bettelei und böse Buben

Verzweiflung bestimmt hier das Leben. Ein Bettler streckt uns vom Straßenrand seinen Beinstumpf entgegen und starrt uns eindringlich an. Mir gefällt es nicht, wie sie ihre Verletzungen zur Schau stellen und in Geld ummünzen wollen; allerdings erhalten sie tatsächlich keinerlei Unterstützung vom Staat. Wäre ich in ihrer Lage, so würde ich wahrscheinlich ähnlich handeln. Wie immer der Zwiespalt mit dem Gewissen – von daheim bin ich es gewohnt, dass Bettler in fast allen Fällen eigentlich nicht betteln müssten, aber hier ist es etwas anderes. Auf der anderen Seite gefällt mir dieses „nach Mitleid heischen" nicht, auch wenn sie es definitiv verdient haben. Ständig bin ich hin- und hergerissen zwischen Mitleid und Schuld. Es ist nicht fair, es ist nicht fair. Es ist nicht fair, dass ich weiß und damit „reich" bin. Das Hautbleichmittel „Skin White", das hier liebend gerne gekauft wird, verschafft einem vielleicht eine Illusion von hellerer Haut, aber nicht das Geld. Morgens fahren LKW-Ladungen voller Fabrikarbeiter die National Road Nr. 5 entlang. Wie Vieh stehen sie ungesichert hinten auf der Ladenfläche. Ein Zeichen davon, wieviel hier ein Menschenleben wert ist. Und wenn ich mir überlege, dass meine digitale Spiegelreflexkamera bei manchen dem Gehalt mehrerer Jahre entspricht, könnte ich ihnen es nicht verübeln, wenn sie mir die Kamera tatsächlich klauen würden.

Überfallen werde ich hier jedoch nicht, jedenfalls nicht richtig. Einmal versengte Franzi sich an einem Motorradauspuff das Bein. Als ich mein Wasser raushole, um die Wunde zu kühlen, rennen ein paar kleine Kinder an und schnappen frech eine Wasserflasche aus meinem Rucksack, der lose zwischen meinen Füßen stand. Erst albere ich mit ihnen ein wenig herum und schneide Grimassen. Ein Junge füllt seine Flasche mit meinem Wasser auf und ich überlege, ob ich ihnen die Flasche nicht einfach überlassen soll, vor allem weil einer mir sein Spielzeugauto anbietet. Aber das geht aus erziehungstechnischen Gründen einfach nicht! Ich greife nach der Flasche, da spritzt er mir die Hälfte ins Gesicht, und die Kleinen attackieren mich regelrecht! Ich schnappe meine Flasche und mache mich auf den Rückweg. Da spüre ich schon kleine Fäuste auf meinem Hintern. Unglaublich, wie frech sie sind, und das mit vier Jahren!

Ansonsten verliebe ich mich in die Art der Khmer. Auf dem Romo haben wir Ehrenplätze, bekommen Reisnachtisch geschenkt und Fotos von den Kindern der Mitfahrer gezeigt. Einmal trocknet Imke ihre Wäsche auf dem hohen Dach der Schule und ihre Hose segelt hinunter auf die Straße des Nachbarn. Mit einem riesigen Lachen im Gesicht und ihrer Hose um den Kopf gebunden bringt ein Khmer sie freudestrahlend zurück. In den Straßenküchen isst man für $1 unglaublich gut, inmitten von Einheimischen, verstohlenem Kichern und neugierigen Blicken.

Ich bin beeindruckt, wie schnell sich Kambodscha von dieser schrecklichen Geschichte erholt zu haben scheint. Ich kann mir kaum vorstellen, dass hier vor erst 20 Jahren die ersten demokratischen Wahlen statt gefunden haben. Nachdem ein Viertel der Bevölkerung unter Pol Pot ausgelöscht wurde, wächst die Bevölkerung inzwischen stetig. Für viele Khmer in meinem Alter sind sechs oder sieben Geschwister Normalität. Inzwischen leben hier circa 14 Millionen Menschen; auch hier ist das Durchschnittsalter mit 23 Jahren unglaublich niedrig, wovon circa ein Viertel Analphabeten sind. Anders als Nepal ist Kambodscha hauptsächlich buddhistisch geprägt, und ich liebe diese orangenen Roben der Mönche, die immer wieder in der Menschenmenge auftauchen. Trotz dieses Völkermordes wurde das Lächeln in den Gesichtern der Menschen nicht ausgelöscht. Doch auch hier wird deutlich, dass es an keinem Land spurlos vorbei geht, wenn die gesamte intellektuelle Schicht ausgelöscht wird. Das Bildungsniveau ist sehr niedrig, und auch wenn die Arbeitslosenquote ziemlich gering sind, liegt das Durchschnittseinkommen nur bei circa 380€. Wie praktisch, dass wir uns unsere T-Shirts für einen Tageslohn von knapp einem Euro schneidern lassen können. Diese Armut springt einem in Kambodscha überall ins Gesicht: Die Bettler, die die Hand nach ein paar Riel ausstrecken, die Bauern, die sich auf den Feldern abmühen, die Arbeiter, die auf Lastwagen zu den Fabriken gekarrt werden, und die Mädchen und Frauen, die sich weißen Männern anbieten. Laut dem letzten „Trafficking in Persons Report" werden täglich 50.000 junge Frauen und Mädchen sexuell ausgebeutet. Die Schere zwischen Arm und Reich wächst weiter, doch trotzdem verehren die Khmer ihren König. Die mangelnde Infrastruktur und medizinische Versorgung sowie die weiterhin andauernde Gefahr durch Minen erschweren den Fortschritt des Landes zusätzlich. Nur 40% der Bevölkerung haben Zugang zu Wasser, nur 17% haben Zugang zu Wasser. Die Lebenserwartung liegt bei 54 Jahren. Auch hier gehört Korruption zum Alltag, wovon ich jedoch noch nicht so viel mitbekommen habe.

    Die Verständigung ist eine weitere Herausforderung, die zum Lachen reizt. An einem Tag versucht Franzi, uns in Phnom Penh Essen zu besorgen. Vorab: Wir wollen nur Reis mit Gemüse ordern. Zuerst bringt ihr der Restaurantbesitzer Tintenfisch, dann rohes Gemüse; dann will er ihr alles Fleisch verkaufen, hat angeblich keinen Reis (und das bei einem kambodschanischen Restaurant! unvorstellbar) und schneidet das Gemüse nicht klein. Zu guter Letzt will er Franzi noch Besteck verkaufen, doch die nimmt dann entnervt die Riesenportionen an Fleisch, Gemüse und inzwischen auch Reis – von einem Nachbarrestaurant dazugekauft – und macht sich von dannen.
Wir sind mitten in der Stadt; einen richtigen Platz zum Essen finden wir nicht. Da kommt ein Engel in Gestalt eines Parkplatzaufsehers: Er überlässt uns seinen Parkplatzaufsehertisch mit zwei Stühlen, zaubert aus seiner Schublade sogar noch Klopapier als Servietten und Plastiklöffel für uns hervor, und so sitzen wir jetzt vor einem Krankenhaus und werden von jedem Khmer an- und ausgelacht, der an uns vorbeiläuft. Die Menschen sind so unglaublich nett hier! Nur die Riesenstücke Fleisch können wir nicht mit den Löffeln verputzen und wechseln not-

gedrungen zu den Fingern als Werkzeug. So wird selbst ein Mittagessen unterhaltsam.

Ein Boot ist im Hafen sicher, aber dafür ist es nicht gebaut.

Voller Vorfreude auf unser Wochenende beobachten wir das Straßenleben, als es vor uns auf einmal laut scheppert. Funken und Menschen fliegen durch die Luft. Ein Motorrad hat beim Abbiegen ein anderes übersehen, so dass beide zusammengekracht sind. Alle gucken; mein Herz rast noch in Gedanken an den Unfall mit drei Toten, den Imke mitbekommen hatte, aber dieser hier scheint weniger schlimm gewesen zu sein: Alle erheben sich sofort, nur ein junger Mann hält sich das Bein. Eine Prellung, gebrochen?

Jetzt ist Franzi und mir weniger wohl beim Gedanken ans Motorradfahren. Aber unmotorisiert kann man hier keine Kambodscha-Entdeckungstouren machen, also setzen wir uns in den Bus, erleiden das Gedudel und die Schnulzen der Khmer-Musik und erreichen schließlich die Küste. Kep, der Krabbenort von Kambodscha, der nach der lobhudelnden Beschreibung im Lonely Planet doch enttäuscht, und das ruhige Kampot mit einem Hostel gleich am Fluss, durch dessen dünne Sperrholzwände man jedes Wort des Nachbarn versteht. Aber unser Restaurant, wo wir abends einkehren, bietet einen tollen Reisespruch: „Ein Boot ist im Hafen sicher, aber dafür ist es nicht gebaut."

Tourismus-Tücken

Am nächsten Morgen steigt die Sonne gemächlich auf und taucht alles in goldenes Licht. Ich strample mich unter meinem Laken und dem Moskitonetz hervor. Eine Kakerlake liegt neben unserem Doppelbett und zappelt verzweifelt, um wieder auf die Beine zu kommen, aber ich lasse sie strampeln. Wir frühstücken ausnahmsweise mal Brötchen mit Nutella. Dann stehen wir um acht Uhr an der Straße, um zu unserer gebuchten Tour abgeholt zu werden. Schon unangenehm, wenn man wirklich gar keine Absicherung für solche Touren hat! Das Auto ist verspätet, so dass ich ungeduldig die Reiseagentur anrufe, um sicherzustellen, auch wirklich abgeholt zu werden. Um Viertel nach hält ein Wagen, der Fahrer hüpft heraus und entschuldigt sich vielmals für die Verspätung. Macht ja nichts, ist ja nur eine Viertelstunde. Mit etwas Smalltalk steigen wir in das Gespräch ein: „Are you going to Koh Kong?" Nein, die thailändische Insel zu besuchen haben wir nicht vor und auch noch nicht gemacht. Nicht ungewöhnlich, dass die Leute hier fragen, wo man schon überall gewesen sei. Das Auto ist neu; der Fahrer spricht richtig gut Englisch. Ich bin überrascht. Was für eine vielversprechende Tour haben wir denn da gebucht? Er erzählt uns eine Menge Details über die Geschichte Kambodschas, und jetzt verstehe ich endlich auch die letzten Zusammenhänge. Die Geschichte des Fahrers erinnert an die des Mädchens aus dem Buch „First They Killed My Father": Sein Vater war Unterstützer des Lon Nol Regimes, was schließlich ihm und dem Großteil seiner Familie das Leben gekostet hat. Es ist unglaublich, wie der Fahrer frei heraus von der Ermordung seines Vaters, seiner Mutter, seiner Tante, seines Onkels, seiner Großeltern erzählt. Er selber musste, wie alle anderen, auf dem Feld arbeiten. Wahrscheinlich hat sich seine Familie früh getrennt, um die Verbindung zueinander zu kappen und so sein Leben zu retten.

Auf einmal bimmelt mein Handy, es ist die Frau der Reiseagentur: „Where are you?" Nun, ich bin doch schon im Auto! Ihr Englisch ist durch das Handy schwer verständlich. Mit einem mulmigen Gefühl reiche ich es an unseren Fahrer weiter, der meinen Verdacht bestätigt: Wir hocken im falschen Auto! Anstatt auf dem Weg zum Bokor Nationalpark geht's grade Richtung thailändische Grenze und zur Insel Koh Kong. So etwas ist weder ihm noch uns jemals untergekommen! Aufgeregt ruft er unseren Hostelbesitzer an, der ihm aufgetragen hatte, zwei Kunden abzuholen: „I miscollected the customers! I miscollected the customers!" Franzi und ich können nichts als über unsere Dummheit lachen. Lektion gelernt, künftig werden wir uns vor dem Einsteigen vergewissern, wohin es geht. Es hat einfach alles so gut gepasst! Ungefähr eine Stunde kreuzen wir durch die Gegend, bis er uns an der Gabelung zum Nationalpark raus lässt, wo schon der Minibus von der Tour auf uns wartet – zusammen mit rund einem Dutzend Touristen. Schlechten Gewissens schleichen wir uns rein und entschuldigen uns für die Verspätung, doch die Leute mussten nur zehn Minuten warten und sehen es gelassen. Viel mehr interessiert sie, wie man es bloß schafft, ins falsche Auto zu steigen. Das wüssten wir allerdings auch gern.

Wir passieren den Eingang zum Bokor Nationalpark. Unser neuer Guide haut seinen ersten guten Spruch raus: „Open your windows, I need the power!" Also Klimaanlage ausgeschaltet, denn jetzt geht es bergauf.

Der erste Programmpunkt ist eine einstündige Wanderung durch den Dschungel. Ich sollte besser sagen, den „Dschungel". Er erinnert mich eher an einen dicht gewachsenen Wald mit ein paar exotischen Bäumen zwischendrin, inklusive exotischer Tiergeräusche, aber ansonsten gibt's wenig zu erleben. Also rauf auf den Berg in der Hitze, ohne irgendein bemerkenswertes Viech zu erspähen, da alle dem Lärm von der Straße, die hier im Moment gebaut wird, entfliehen. Zur Entschädigung gibt's gute Geschichten von unserem Guide: Auf der Flucht vor den Rote Khmer und auch vor den Amerikanern hat er selber mehrere Jahre im Dschungel gelebt und war Zeuge einer Affenhochzeit. Sein Vater habe ihm auch einen Trick verraten, wie man gut an Honig komme: Bären kniffen beim Honigsammeln ihre Augen zu, um Bienenstiche zu vermeiden. Daher solle man sich einfach hinter einen Bären stellen und ihn in die Seite pieksen. Im

Glauben, es sei ein Artgenosse, gebe der erste dann angeblich den Honig weiter. Selbst unser Guide zweifelt an der Richtigkeit der Geschichte und hat es nicht probiert, sondern wartet unter dem Stamm, bis Honig herabtropft. Auch zur Rettung vor einem Bären hat er Tricks auf Lager. Einfach den Berg runter rennen und sich hinter einem Baum an die Seite stellen; Bären könnten nicht schnell bergab rennen, versuchten es dann wohl trotzdem und kugelten dann einfach an einem vorbei bis zum Tal. Noch eine interessante Geschichte: In dem Blut unseres Guides fließe Kobragift. Damit er nicht mehr krank werde, habe er ein wenig getrunken, müsse jetzt aber kräftig Sport treiben und rennen, da das Gift ihn sonst umbringe. Ob das alles wirklich so stimmt, ist fraglich. Aber unterhaltsam allemal.

Zwar ist die Wanderung langweilig, doch entlohnt der Gipfel uns mit einem schönen Blick auf die Küste und die umliegenden Inseln.

Minen und andere Gefahren

Weiter zur Bokor Hill Station, einem verlassenen französischen Dörfchen auf der Hügelspitze mit einem atemberaubenden Blick über den Dschungel und aufs Meer, und all das zwischen französischen Kolonialruinen. Leider wird alles hier renoviert. Die Regierung klatscht zwölfstöckige Hotels zwischen die Ruinen, eine Schande. Unser Guide breitet eine Picknickdecke aus, zaubert einen Topf voller Reis und verschiedenes Obst hervor und schon beginnt unser gemütliches Mittags-Picknick. Währenddessen erfahren wir mehr über die Geschichte Kambodschas. Er berichtet viel von seinem eigenen Leben. Im Bürgerkrieg ab 1969 ist sein Vater zu den Roten Khmer gewechselt, während er selber sich aus Furcht vor Angriffen der Amerikaner im Dschungel versteckt gehalten hatte. Als die Roten Khmer dann 1975 das pro-amerikanische Lol Not Regime besiegt haben, wurden er und seine ganze Familie festgenommen. Mit verbundenen Augen, an den Händen gefesselt, erlebt er mit, wie seine ganze Familie einer nach dem anderen mit Werkzeugen und Stöcken umgebracht wurde. Er selber sah nur eine Chance: Die Flucht. Kurz bevor es ihm an den Kragen geht, spurtet er los; verfolgt von nur einem Soldaten, da der andere den Rest bewacht. Aus finanziellen Gründen haben sie keine Pistolen, um ihre Opfer zu töten, und da er schnell rennen kann und sich im Dschungel bereits gut auskennt, kann er sich retten. Zuerst verstehe ich nicht, warum Pol Pot Leute aus seinen eigenen Reihen umbringen ließ, aber er hatte Angst vor einer Revolution dieser trainierten Soldaten und ließ in den letzten Jahren seiner Macht selbst hochrangige Offiziere umbringen – sie wussten zu viel.

Nach ein paar Jahren Versteckspiel läuft unser Guide dann zu den Vietnamesen über, um selber gegen die Khmer Rouge zu kämpfen, und wird dort ein hoher Offizier. Nach Kriegsende hilft er in UN-Truppen, das Land von Minen zu befreien.

Unser Führer erklärt, dass die Bevölkerung Kambodschas nach dem Ende der Schreckensherrschaft in vierzig Jahren von vier auf sechzehn Millionen Menschen gestiegen sei, davon sechs Millionen Zuwanderer aus Vietnam, und dass diese das „Blut der Khmer" verunreinigten. Er verteidigt ferner die Ermordung hoher Offiziere des Lon Nol Regimes und wertet ihre Tötung als weniger schlimm, da sie ja proamerikanisch gewesen seien (auch wenn er offensichtlich die Ermordung seiner eigenen Familie und die anderer Unschuldigen verurteilt).

Weiter beschwichtigt er uns, dass die Gegend hier minenfrei sei, berichtet dann aber, dass er in der Nähe des Hotels, das hier im Bau sei, zwei Minen entdeckt habe – und das auf einer Strecke, die er mit den Touren gefahren sei! Daran müssen Franzi und ich denken, als wir zusammen mit dem Rest der Gruppe zu den anderen Ruinen stapfen. Wer denkt schon daran, dass ein falscher Schritt den Tod bedeuten könnte, auch wenn der Boden harmlos aussieht? Wir trauen uns erst gar nicht, den Trampelfaden zu dem kleinen Hügel zu folgen, der erneut einen unglaublichen Ausblick beschert, folgen dann aber doch den anderen. Schließlich sind wir heilfroh, wieder asphaltierten Grund zu erreichen. Selbst bei riesigen Touristenattraktionen wie Angkor Wat soll man auf keinen Fall von den markierten Wegen abweichen – die Amerikaner und die Khmer Rouge haben so viele Minen verstreut, dass die Gefahr immer noch präsent ist.

Vollkommen müde von den Eindrücken und dem Gehörten freuen wir uns alle auf den nächsten Stopp: Ein Wasserfall! Dieser entpuppt sich jedoch als kleine Enttäuschung; zwar hoch und breit, führt er aber wenig Wasser und endet in einem Steinbett anstatt in einem kleinen Swimmingpool, wie erträumt. Das Wasser, das sich hier ansammelt, ist ekelig braun. Egal, ich habe mich darauf gefreut und will jetzt auch wenigstens unter einem Wasserfall duschen! Als einzige klettere ich zu dem Wasserfall. Überall glitschige Steine, sodass ich höllisch aufpassen muss, nicht auszurutschen. Doch erst einmal unter den ersten Strahlen, vergesse ich das alles: Ein tolles Gefühl. Wasser prasselt von zehn Metern Höhe auf mich herab; ich stehe hinter einem riesigen Vorhang aus Tropfen und Gischt, und mir ist es wurst, dass alle anderen zugucken. Nach und nach durchquere ich den Wasserfall, halte immer wieder meine Hände und mein Gesicht darunter, bis ich das Ende erreiche und wieder runterklettern muss. Ein Deutscher folgt mir auf die drei großen Felsen in der Mitte des dreckig-braunen Pools; er selber hat keine Badeklamotten mit, bereut dies aber zutiefst. Von den Felsen wollen wir ein letztes Mal den Blick auf den Wasserfall genießen. Jetzt sind leider meine Füße auch noch nass. Ich habe noch weniger Halt und muss noch stärker aufpassen. Ich strecke meinen Fuß aus, um zu dem nächsten Felsen zu klettern, als es auf einmal gluckert und ich in dem braunen Wasser verschwinde. Ausgerutscht! Ich hätte nicht gedacht, dass es hier so tief sein könnte. Prustend tauche ich wieder auf, lasse mich von dem anderen Landsmann herausziehen, denn ich finde an den steilen, glitschigen Felsen und in dem tiefen Wasser keinerlei Halt. Braun vor Matsch, mit brennenden Schienbeinen und Armen zurück zum Wasserfall und abgeduscht. Glück gehabt, denn außer ein paar Abschürfungen ist nichts passiert. Der Tag heute schießt aber den Vogel ab: Erst fahren wir fast nach Thailand, und dann falle ich quasi vom Wasserfall.

Ständiger Gewissensbiss

Tags darauf macht Franzi sich einen gemütlichen Vormittag, während ich mir die Höhlen Kampots angucken fahre. Das Tuk-Tuk biegt schnell von der großen Verkehrsstraße ab und durchquert auf einer roten, unbefestigten Straße kleine Dörfer. Hier spielt sich das typische Landleben ab: Weiße Ochsen ziehen Karren voller Zuckerrohr und Reisstroh; Frauen waschen Wäsche, ernten Gemüse oder kaufen Obst auf einem kleinen Markt; Kinder spielen oder erledigen mit dem Fahrrad Besorgungen. Kurz vor Erreichen der Höhle schließt einer dieser Fahrradfahrer, ein zwölfjähriger Junge im Schlafanzug, mit uns auf und versucht mit mir im Tuk-Tuk eine Unterhaltung in Gang zu bringen. Natürlich ist er auch derjenige, der mir hinterher die Höhle zeigen will, aber ich habe nichts dagegen. Es ist noch früh, und ich bin die einzige Touristin. Ganze fünf Kinder kommen mit auf meine Tour. Auf meine Frage, warum sie nicht in der Schule sind, antworten sie, ohne mit der Wimper zu zucken: „We go to school in the afternoon." Gegen meine Antwort „Ich glaube euch nicht" protestieren sie wenig nachdrücklich, so dass für mich die Sache klar ist. Die Kleinen sind zwischen acht und vierzehn Jahre alt und sprechen alle gut Englisch, oft auch ein paar Brocken Französisch und Deutsch. Sie versuchen, mir ein paar Worte auf Khmer beizubringen, aber ohne Aufschreiben geht das bei mir zum einen Ohr rein und zum anderen wieder raus. Nach Erklimmen der 203 Stufen zum Höhleneingang ein überwältigenden Ausblick auf die umliegenden Reisfelder und die Bokor-Berge. Im Inneren ein kleiner Hindu-Tempel, angeblich vor tausendfünfhundert Jahren errichtet. Eine Matratze liegt hier, der Schlafplatz des Ticket-Verkäufers? In der Finsternis leuchten mir zwei Jungs den Weg in die erste Höhle. Es ist dunkel, gespenstisch, eng und rutschig und nach ein paar Minuten Abstiegs habe ich als kleiner Angsthase die Nase voll. Obwohl meine Begleiter allesamt jünger sind als ich und mir versichern, dass ich doch fünf „Bodyguards" um mich herum hätte, will ich nicht tiefer. Von der zweiten Höhle, geräumiger, aber ebenso finster wie die zuvor, klettern wir auch in kleinere Nebenräume. Die Kinder sind süß und zuvorkommend, leuchten den Weg und zeigen mir, wohin ich treten soll; manchmal verstecken sie sich und wollen mich erschrecken, indem sie meine Füße packen und „Cobra!!" rufen. Schlangen gibt es hier nicht, dafür aber Haufen von Fledermäusen und eine riesige Spinne, die sie mir stolz zeigen. Diesmal rutsche ich beim Klettern nicht aus – ich habe ja auch feste Schuhe, die einen guten Halt finden, anstelle von meinen nassen, bloßen Fußsohlen gestern. Die Tour macht richtig Spaß. Auch die Kinder haben ihre Freude, spielen mit langen Seilen Tarzan, singen und lachen zusammen. Zu Ende der Tour schenke ich meinem Fahrrad-Kind vom Anfang ein wenig mehr als vom Reiseführer empfohlen, aber der große

Junge bittet um mehr. Ich lehne ab, aber auf der gesamten Rückfahrt und auch jetzt noch, plagt mich mein schlechtes Gewissen: Ich habe im Vergleich zu den Leuten hier unendlich viel Geld, während sie nichts besitzen. Für mich wäre es ein Leichtes gewesen, den Kindern ein bisschen mehr Geld zuzustecken. Aber wir sind auch keine Geldautomaten! Das Geld wäre wahrscheinlich eh nur bei den Eltern gelandet und hätte sie darin bestätigt, ihre Kinder nicht zur Schule zu schicken.
Das schlechte Gewissen bleibt. Es ist ein ständiger Begleiter in Asien.

Sie verstehen nicht, dass sie, wenn sie jetzt in ihre Bildung investieren, insgesamt viel mehr verdienen könnten, als wenn sie so früh anfangen zu arbeiten. Oder sie haben noch nicht mal das Geld, um ihr Kind, ohne dass es selber Geld verdient, zu ernähren.
Ein Junge fragt mich, was ich werden will – ich schäme mich schon fast für meinen Traum, bei der UN zu arbeiten. Er selber will Tuk-Tuk-Fahrer werden. Zwischen seiner und meiner Welt liegen, ja wirklich, Welten. Ich habe so viel mehr Möglichkeiten und Flexibilitäten, ich kenne Dinge und habe Orte gesehen, die er sich noch nicht mal vorstellen kann und vielleicht höchstens von Erzählungen kennt. Trotz allem winken besonders die Kinder mir kontinuierlich zu – reine Freundlichkeit der Menschen, Faszination über mein Aussehen oder Freude über das Geld, das ich in ihr Land bringe? Ich weiß es nicht und hoffe, es ist ersteres. Ich weiß aber auch, dass ich hier nie vollständig akzeptiert werden beziehungsweise mich nie vollständig akzeptiert fühlen könnte. Die Einfachheit, mit der ich mich in Frankreich, den USA oder Italien unter das Volk mische, ist hier gänzlich verschwunden. Meine Hautfarbe brandmarkt mich, trennt, stempelt mich ab als reich – Jemand, den jeder Khmer gern zum Freund hätte, aber auch jemand, der Geld und Möglichkeiten hätte, das Leid vieler hier lindern zu können und es trotzdem nicht tut. Bin ich egoistisch, wenn ich den Kindern nicht mehr Geld spendiere? Ich fühle mich als Geldautomat, überlege nach jeder Freundlichkeit eines Khmer, ob er sich dafür ein Trinkgeld erhofft, und kämpfe weiterhin um „Eingeborenenpreise" für mich. Nicht, weil es mir so sehr auf das Geld ankäme, sondern weil ich ein wenig als einer von ihnen anerkannt werden und nicht wegen meines Geldes ausgenutzt werden möchte. Eine schwierige Gratwanderung.

Nervenstrapazen

Im Bus zurück nach Phnom Penh läuft erst Khmer-Comedy; die grellen Stimmen sind selbst durch Ohrstöpsel nicht zu ertragen, so dass ich den Fahrer bitte, es doch leiser zu stellen. Die kitschigen Musiklieder lenken mich dann trotzdem ab: Sehnsuchtsvolle Blicke werden gewechselt, verliebte Pärchen setzten zusammen überglücklich Papierschiffchen auf ein geflutetes Reisfeld und gucken ihnen wie stolze Eltern beim Schwimmen zu; Menschen erblinden und sehen wieder, all

das schlecht gespielt und von grässlichen Klängen begleitet. Was Khmer wohl von deutschen (Musik-)Videos halten? Nach der strapaziösen Busfahrt, mit hungrigem Magen und der Großstadthitze nervt mich die Preisfeilscherei der Tuk-Tuk-Fahrer. Wir kennen doch die Preise, also warum immer noch diskutieren? Ich bin heilfroh, endlich auf dem Romo zu sitzen. Jetzt, nach der Kleinstadt merkt man nochmals deutlich den Unterschied zu Phnom Penh: Massen von Menschen, überfüllte Straßen, ein riesiges Gedränge und abgebrühte Tuk-Tuk-Fahrer. Dafür werden wir in Samroang mit der Nettigkeit auf dem Land belohnt: Wir haben normalerweise noch eine Viertelstunde Wegs von der Hauptstraße zur Schule, jedoch nimmt uns heute eine Kambodschanerin in ihrem Tuk-Tuk mit.
Es fühlt sich gut an, wieder „zu Hause" zu sein. Es ist schön, nach einer Tour wieder eine bekannte Anlaufstelle zu haben und von offenen Armen und mit einer leckeren Mahlzeit empfangen zu werden. In unserem Zimmer ruhen wir gemütlich auf unseren Betten, als Franzi einen fürchterlichen Schrei ausstößt: Ein Riesenkakerlake kriecht unter ihrem Kopfkissen hervor und platziert sich fett auf dem Vorhang! Das schmälert die Freude auf unsere Heimkehr. Mit zusammengebissenen Zähnen fange ich die Kakerlake mit einem Topf ein – mit so einem Vieh im Blickfeld kann man doch nicht einschlafen! – und setzte sie dann draußen ab. Puuh, erste Hürde des Abends geschafft. Aber Franzi will gar nicht wieder in ihr Bett. Wir googeln „Kakerlaken" – sie sind Einzelgänger. Hoffentlich war es keine Lady-Kakerlake, die ihre Eier irgendwo abgelegt hat!

Ausflug nach Kampuchea

Schon seit ein paar Tagen sitze ich an dem Buch „First they killed my Father", doch heute hat es mich so richtig erwischt und auf eine Reise in Kambodschas dunkle und junge Vergangenheit genommen – die Zeit des „Kampuchea".
Die Zeit der Roten Khmer ist unvorstellbar. Die Leute wurden zwangsvertrieben, mussten in kleinen Dörfern leben, wo sie 12-14 Stunden täglich auf dem Land geschuftet haben. Man sollte meinen, so viel landwirtschaftliche Arbeitskraft sollte für genügend Essen sorgen, doch der Reis wurde nach China verscherbelt, um neue Waffen zu besorgen. Von wegen „alle sind gleich" im Kommunismus. Während besonders die Zuwanderer aus den Städten immer dürrer und gespenstischer abmagerten, häufig an Unterernährung verzweifelten und starben, wurde Pol Pot an seinem unbekannten Aufenthaltsort immer fetter. Seine Soldaten genossen ein süßes Leben, hatten keinerlei Mangel an Lebensmitteln, nahmen sich die Mädchen, die sie wollten und brachten ab und zu ein paar arme Schlucker um.

Während ich auf dem Dach sitze und die traurige Geschichte dieses Mädchens lese, wird mir klar, wie viel man nicht weiß. Vor meiner Ankunft in Kambodscha hatte ich überhaupt keinen Schimmer, was hier vor so kurzer Zeit erst passiert war. Ich mag gar nicht daran denken, welch andere grundlegende und wissenswerte Dinge mir noch unbekannt sind. Ich stehe am Geländer und schaue über die Landschaft: Es ist unglaublich, wie rasch sich dieses Land erholt hat. Kein Wunder, dass das Bildungssystem hier so schlecht ist – vor rund 35 Jahren waren Schule und Bildung verboten! Nach den kinder- und männerlosen Jahren ab 1975 wundert es auch nicht, dass die Bevölkerungszahlen jetzt quasi explodieren und die Familien im Durchschnitt sechs Kinder haben. Ich blicke über die kleinen Hütten und frage mich, wie das Leben hier 1975 aussah. Gleichzeitig muss ich daran denken, dass meine Eltern das Pol Pot Regime als Kambodschaner wohl kaum überlebt hätten. Meine Mutter wäre in einem Arbeitslager von Teenagern an Unterernährung, Überarbeitung oder Krankheit gestorben. Und mein Vater, als gelehrter junger Mann und potentieller Revolutionär, rasch umgebracht worden – wenn er Glück gehabt hätte und nicht vorher in eines der Foltergefängnisse gesteckt worden wäre. Oder er hätte seine Herkunft verbergen können, erst auf dem Land Zwangsarbeit verrichten und später in der Armee andere Menschen umbringen müssen. Egal, wie man es dreht, das Leben für jedermann bleibt immer gleich schlecht. Die einzige Gruppe, der es vielleicht weniger übel erging, waren die ursprünglichen Dorfbewohner, die also schon vor dem Einmarsch der Roten Khmer hier ansässig waren und Landwirtschaft betrieben.

In den Bauerdörfern war sie höhergestellt als die Neuankömmlinge und bekam zum Beispiel auch mehr Nahrungsmittel. Doch alle älteren Menschen hier waren zu irgendeinem Teil in irgendeiner Form Opfer der Roten Khmer. Niemand blieb von dem Schreckensregime unberührt. Selbst die ehemaligen Dorfbewohner leideten: Sie müssen dabei zuschen, wie ihre Dörfer von ehemaligen Städtlern überflutet werden, die von Verzweiflung übermannt und verrückt werden.

Eintauchen in die Kultur

Ich traue mich kaum, andere Khmer nach der blutigen Vergangenheit zu befragen – langsam begreife ich die Verbrechen des damaligen Regimes. Doch Justus, der andere Fsj-ler hat wohl schon mit Sovanred darüber geredet. So nehme ich meinen Mut zusammen. Seine Eltern waren allerdings schon vorher Bauern und deswegen weniger betroffen gewesen; allerdings kann seine Mutter immer noch nicht lesen.

Beim Abendessen wird´s noch mal richtig interessant. Auch mit Vibal, der Übersetzer, unterhalte ich mich über die Roten Khmer. Er kennt sich gut aus. Sein eigener Vater war im Alter von 12 Jahren einen Monat lang im Gefängnis gewesen, weil er sich unerlaubterweise aus seinem Arbeitslager geschlichen hat-

te, um seine Eltern in einem anderen Dorf zu besuchen. Vibals Großvater trägt bis heute Narben auf dem Rücken, Überbleibsel von Schlägen, weil er angeblich nicht schwer genug gearbeitet habe. Die Menschen hatten nur vier Stunden Schlaf am Tag und waren den restlichen Tag mehr oder weniger bei der Reisernte und -aussaat eingesetzt! Ihre täglichen Hungerportionen würden mir kaum zum Frühstück reichen.
Wir quetschen Vibal weiter über Kambodscha aus und fragen ihn nach dem Beruf seiner Eltern – wie alle anderen sind auch sie Bauern. Daraufhin befragt Vibal Justus – seine Mutter ist Ärztin, sein Vater Architekt. Vibal ist erstmal erstaunt, dass seine Mutter Ärztin ist, und mir fällt erneut auf, welch privilegiertes Leben wir doch führen: So viele sind Akademiker!
Mit reichlich Stoff zum Nachdenken gehe ich ins Bett.

Am nächsten Morgen folgt ein weiterer Ausflug in die Kultur Kambodschas.
Um acht Uhr treffen Justus, Franzi und ich uns mit Vibal und marschieren zur Dorf-Pagode. Erstmal stehen wir ein verloren und ratlos im Innenhof, Vibal sichtlich nervös, weil er uns gerne alles gut zeigen würde. Schließlich erscheint ein alter Freund von ihm, der selber zehn Jahre in der Pagode gelebt hatte, und zeigt uns das Gelände. Wir erhalten eine kurze Audienz mit dem Ober-Mönch, dann demonstriert Vibal, wie man betet: Jeder entzündet vier Räucherstäbchen, wir falten die Hände und legen sie dann dreimal hintereinander auf den Boden, wünschen uns mit geschlossenen Augen und den Räucherstäbchen in den Händen etwas und stecken diese dann in einen Topf. Mal sehen, ob mich die Götter erhören!
Als nächstes zeigt uns unser Führer den Tempel für besondere Feste. Er erinnert an eine Kirche, mit den Wandbemalungen und dem Art Schrein, genau dort, wo bei uns der Altar wäre. Über allem wacht natürlich Buddha. Anstelle der Zehn Gebote, wie beispielsweise bei uns, ist dessen Leben an den Wänden dargestellt. Er wird nicht als einziger angebetet, sondern ist umringt von einem Haufen anderer Götter.
Vieles, was der Guide erzählt, war mir bekannt: Je nach dem Karma wird man als besserer Mensch oder als Tier geboren; man kann allerdings nicht das Geschlecht wechseln. Selbst im als so friedliebend und gerecht geltenden Buddhismus herrschen Unterdrückung und „Kleinhaltung" der Frauen?
Einige Fragen verstehen Vibal und sein Freud leider nicht, wieder sind wir „lost in translation". Interessant finde ich, dass viele Leute Mönche werden, einfach weil sie kein Geld haben, um bei ihrer Familie zu leben. Ähnlich verhält sich das mit den zahlreichen „Kinderheimen" hier: Die Kinder dort sind keine Waisen, aber ihre Eltern haben einfach nicht genug Mittel, um sie zu ernähren oder ihnen den Schulbesuch zu ermöglichen.
Die jüngsten Mönche hier sind fünfzehn Jahre alt, insgesamt dreiundvierzig. Sie stehen alle um drei Uhr morgens auf, beten dann zwei Stunden lang, bevor um sechs Uhr gefrühstückt wird. Die nächste und letzte Mahlzeit des Tages gibt

es schon um elf Uhr; danach bis zum Frühstück am Folgetag nichts mehr. Im Laufe des Tages waschen sie sich in einer Art Schwimmbecken beim „Friedhof", ansonsten verbringen sie ihre Freizeit mit Lernen, Arbeiten und Lesen. Das gesamte Dasein soll dazu dienen, gutes Karma anzusammeln und eine höhere Stufe zu erlangen. Theoretisch dürfen die Mönche auch an den Computer gehen oder Fernsehen gucken, aber nicht ohne Erlaubnis des „chief monk" die Pagode verlassen. Zudem dürfen sie keine Tiere töten, selbst Insekten nicht. Auf meine Frage, wie das denn gehen solle, sagt Vibal in seiner typisch kambodschanischen Art: „They have to walk carefully!" Und das letzte Verbot ist das, Frauen zu berühren. Soll das heißen, dass eine Frau unrein ist? Gerät durch eine Berührung das ganze Lebenswerk eines Mönchs zu Bruch?
Die Mönche sind ungewöhnlich schüchtern, lugen hinter Ecken hervor und immer, wenn ich sie frage, ob ich ein Foto machen darf, verschwinden sie lautlos.

Hinter dem Haupttempel liegt der Friedhof, wo nur besonders hochgestellte Mönche bestattet werden. Andere Verstorbene werden eingeäschert, die Knochen in die tempelartigen Gräber gelegt. Die hochgestellten Kollegen hingegen werden erst zwei bis drei Jahre nach ihrem Tod dem Feuer übergeben. Angeblich ist die Leiche eines Mönches, der immer alle Regeln befolgt hat, auch nach einigen Jahrzehnten immer noch nicht verwest.
Später spaziere ich erneut zur Pagode, um beim Mittagessen der Mönche zuzugucken. Es ist einfach magisch, wie der Vorbeter in dieser fremden Sprache Gebete murmelt und alle Mönche im Chor antworten. Vibals Freund, der uns durch die Pagode geführt hat, gebe ich eine kleine Dankesspende. Er erzählt mir von seinem Leben, unter anderem dass er mit zehn Jahren zur Pagode gekommen sei, weil seine Eltern zu arm waren, um ihn zu ernähren. Zehn Jahre später benutzt er die Pagode immer noch als „Obdachlosenheim". Wahnsinn, wenn man sich überlegt, dass ein ohnehin armes Volk Menschen, die – vermeintlich – ihr ganzes Leben der Religion widmen und keinen richtigen wirtschaftlichen Beitrag leisten, miternähren. Wie immer kann der Glaube Unglaubliches bewegen.
Vibal's Freund würde gerne studieren, habe aber kein Geld, um die Schule, die nach seiner Aussage $1 pro Tag kostet, zu bezahlen. Wenn ich daran denke, dass ich ihm fast sein gesamtes Studium mit dem Verkauf meiner Kamera finanzieren könnte, wird mir fast übel vor schlechtem Gewissen. So ist das immer hier in Kambodscha, zwiegespalten zwischen Schuld und Trotz, Vertrauen in die Menschen und Misstrauen, ob diese Geschichten tatsächlich so stimmen.

Heute gab es übrigens ganze fünf Mal Reis: Frühstück, Mittagessen, Nachtisch, Snack und Abendessen. Fantastisch!

ns in die Kultur // 57

Tempelalarm

An meinem vorletzten Wochenende folgt der Höhepunkt eines jeden Kambodscha-Besuches: Der Besuch der Tempelanlage „Angkor Wat".
Franzi und ich stapfen durch den Sonnenaufgang zur National Road Nr. 5, wo wir sofort ein Romo ergattern. Wir haben Glück – unseres ist leer und auf der Überholspur. Noch fixer als wir sind allerdings die Wagenladungen voller Fabrikarbeiter, die unsere Klamotten herstellen. Alle lächeln und winken uns zu. Nicht auszudenken, was bei einem Unfall passieren könnte, da alle ungesichert auf der nach hinten offenen Ladefläche stehen!

Durch unser schnelles Romo erhalten Franzi und ich die Gelegenheit, den Teil des Central Markets mit Lebensmitteln genauestens zu inspizieren. Es wird alles verwendet hier: Hühnerköpfe und -füße, Schweineschwänze und -beine, Innereien. Bei ein paar Ständen will man gar nicht so genau hingucken; das hier ist nichts für Menschen mit schwachem Magen. Hühner werden lebendig verkauft, Fische springen aus ihren Bottichen, kämpfen wild zuckend auf dem dreckigen Boden um ihr Überleben, Krebse krabbeln in ihren engen Gefängnissen aufgeregt hin und her. Da ist die Obst- und Gemüseabteilung schon besser, hier ist alles schon tot (außer vielleicht aus Sicht der Fruttarier). Riesige Stinkfrüchte reihen sich an Bananenstauden, reife und unreife Mangos, lauter fremde Früchte, deren Geschmack wir nicht kennen, oder bekannte Früchte, deren Namen wir vergessen haben. Wir decken uns mit unserer Tagesration an Mangos ein – Bananen kann ich nach der überaus bananenlastigen Rückfahrt aus Kampot immer noch nicht ertragen. Danach probieren wir uns bei einer Backwarenverkäuferin durchs Sortiment – hmmmmm! Es gibt sogar eine Art Berliner ohne Marmelade, aber die meisten Teilchen hier sind frittiert und ziemlich fettig. Nach diesem kulinarischen Nirwana ab in den Bus nach Battambang – zum Glück ist der Fernseher hier dezenter!

Gelegentlich hält der Bus mitten auf dem Weg an, um Leute aussteigen zu lassen – die Tuk-Tuk-Fahrer sind dann schon bereit und hasten neben dem Bus her, bis er zum Stehen kommt, um einen Kunden zu schnappen. So einer bringt uns dann letztlich auch zu unserem – haltet euch fest! – Hotel! Aber kostenlos, und da wollten wir eh hin, ein perfekter Kompromiss. Gerade angekommen, können wir uns nicht entscheiden, was besser ist – faul auf dem Bett zu liegen und ausruhen oder zu essen. Der knurrende Magen siegt, also auf zum Markt, der sich aber als Reinfall im Vergleich zu dem in Phnom Penh entpuppt. Hier werden wir gleich mehrere Male angebettelt, unter anderem von einem blinden Geigenspieler, der von einem süßen zehnjährigen Jungen rumgeführt wird. Ich kann das nicht mehr ertragen!
Gestärkt radeln wir durch das im Gegensatz zu Phnom Penh ruhige Battambang. Ein guter Übungseinstieg! Selbst Radfahren ist hier nicht ganz so einfach, weil man seine Augen und Ohren dauernd überall haben muss und Verkehrsregeln

sowie Ampeln unbekannt sind. Hier baut man einen Unfall, wenn man stehenbleibt und andere durchlässt – so etwas wird einfach nicht erwartet!

Hindu-Mutti und Bollywood-Barbie

Unsere Tour dauert allerdings nicht lange an, denn bald fällt uns ein Schild ins Auge: Nikon Photo Studio. War da nicht was im Lonely Planet? Und ja, hier kann man tatsächlich traditionelle Khmer Fotos machen! Die Chance lassen wir uns nicht entgehen. Kurz vor Ladenschluss schneien wir rein und müssen erstmal eine Viertelstunde auf unseren Make-Up-Artist und Photograph in einem warten: Ein kleiner Khmer, der Bruce Darnell Konkurrenz macht, einen Mundschutz trägt, kaum ein Wort Englisch spricht, ungeduldig und anspruchsvoll ist und dauernd mehr oder weniger wohlwollende komische Geräusche ausstößt. Eine Dreiviertelstunde, zehn Schichten Make-Up, zwei Paar falsche Wimpern und mehrere Missverständnisse später sind wir endlich fertig: Franzi, die Hindu-Mutti mit Wasserkrug, und ich, die Bollywood-Barbie, die Werbung für „SkinWhite", das Weißmachhautmittel hier, machen könnte. Wir können uns gar nicht angucken, ohne in Gelächter auszubrechen. A chance in a lifetime!? Unser Mr. Diva ist Perfektionist, justiert jede Kleidungsfalte, rückt an uns herum und drückt uns abwechselnd Wasserkrug, Kranz und falsche Blumen in die Hand. Dann ist der Ausflug nach Plasticworld auch schon vorbei und die falschen Wimpern werden abgerissen. Wir radeln halbgeschminkt zu unserem Hotel zurück, schon ganz gespannt auf die Fotos!
Das Abendessen stärkt uns: Der richtige Markt hat schon zu, also holen wir uns etwas von anderen Ständen und essen – aus Plastiktüten! Auch mal was Neues. Wir bitten eine Khmer, ein Foto von uns auf unserer Bank beim Essen zu schießen. Sie lädt uns dann gleich zu sich auf die Sitzmatte vor ihrem Laden ein. Sie ist eine der ersten dicken Kambodschaner, die ich zu Gesicht bekam, aber genauso herzlich und lieb wie die meisten hier. In arg holprigem Englisch erfahren wir, dass sie 39 Jahre alt sei. Beim Schätzen liegt man hier immer daneben, wir hätten ihr höchstens ein Alter von Mitte zwanzig zugetraut. Sie ist nicht verheiratet, in Kambodscha eine Schande. Kein Wunder also, dass sie abends alleine vor ihrem Laden sitzt und auf Gesellschaft hofft. Wir beschließen, ihr das Foto, das wir anschließend von ihr machen, auszudrucken und morgen zu bringen.

Um von Battambang nach Siem Reap, der Ort von Angkor Wat, zu gelangen, probieren wir eine andere Art der Fortbewegung aus: Das Boot. Auch hier, wie fast überall auf unseren Stationen, treffen wir Leute von vorherigen Unternehmungen wieder – völlig verrückt!
  Wir beobachten das Treiben auf dem Fluss. Es wimmelt nur so von Fischerbooten. Manche Khmer dümpeln auch in Bottichen und einer Art Töpfen auf dem Wasser herum, Frauen waschen Wäsche oder ihre Kinder. Wenn wir nicht

grad lesen, sehen wir von unserem Deck auch ab und zu „Floating Villages": Ganze Dörfer, deren Häuser und sogar Pagoden auf einer Art Floß errichtet sind und sanft im Wasser schaukeln.
    Von dieser sanften Bootsfahrt werden wir in Siem Reap aufgeweckt. Ein Schild mit den Worten „Isa Bila" verrät, wer unser Tuk-Tuk-Fahrer ist, und auf geht es in die Straßenschlacht. Von der Sonne ist mein Hirn schon leicht angematscht – jetzt wird es durch die vielen Schlaglöcher schmerzhaft gegen meine Schädeldecke geschüttelt. Wir sehen zu, wie ein Welpe unter die Räder eines Motorrads kommt und sich jaulend davonschleppt. In der Stadtmitte sind die Straßen zum Glück besser. Alles wirkt äußerst touristisch, aber es finden sich viele wunderbare kleine Souvenirläden oder -stände auf dem Markt. Das Wichtigste: Franzi und ich melden uns in einem der teuersten Hotels für den Halb-Marathon an und holen unser T-Shirt mit den restlichen Sachen ab. Oh Gott, so viele sportlich aussehende Menschen hier sind, und wir haben uns wirklich zum Marathon angemeldet? Eingeschüchtert treffen wir Imke am Hotel, die untröstlich ist: Sie hatte am Freitag einen Motorradunfall. Das Motorrad ist in Fischöl ausgerutscht und Imke war in kurzer Hose eine Strecke über den Boden geschlittert. Mit Krücken und Verband kann sie beim Halb-Marathon morgen natürlich nicht mitmachen. Trotzdem Glück im Unglück. Wenn Imke von den hygienischen Bedingungen in den Krankenhäusern erzählt, wohin sie nach dem Unfall verfrachtet wurde, kann sie froh sein, nur starke Aufschürfungen zu haben!
Nach rund vier bis fünf Stunden unruhigen, nervösen Schlafs, unterbrochen von mehrmaligen Anrufen meines Tuk-Tuk-Fahrers, reißt uns der Wecker um Viertel vor fünf aus den Marathon-Albträumen. Bald geht's los! Die Nüsse und Bananen, die ich mir als Frühstück zugelegt habe, kriege ich kaum runter – mir ist immer noch leicht schlecht vom Plastiktüten-Abendessen vor zwei Tagen. Zusammen mit einem Mexikaner, den Imke von den Joggingtreffs in Phnom Penh kennt, fahren wir nach Angkor Wat. Es ist so voll! Ein richtiger Stau an Tuk-Tuks, Fahrrädern und lauter ehrgeiziger Menschen.

Aufgeben gibt's nicht!

Rote Streifen durchziehen die Wolkendecke, als Franzi und ich uns vor dem Marathonstart gestresst auf die Suche nach einer Toilette machen. Natürlich ist hier eine riesige Schlange, und wir müssen rennen, um den Startschuss nicht zu verpassen – wir schaffen es gerade rechtzeitig! Wie geplant, starte ich langsam, und nach und nach ziehen die Leute an mir vorüber. Auch Franzi ist gleich weg. Mir egal: Mein einziges Ziel heute ist es, ohne zu Gehen den Halbmarathon zu überstehen. Schließlich beträgt die längste Strecke, die ich je gejoggt bin, zehn Kilometer! Und bei dieser Teilnehmerzahl bin ich zum Glück nie die Letzte.
    Schon nach drei Kilometern frage ich mich, wie ich den Rest überstehen soll. Wir laufen auf den Touristen-Zubringer-Straßen und sehen daher kaum eine Spur

von den Tempeln. Zum Glück lenkt mich eine Engländerin ab, die in Thailand ansässig ist, und mit der ich mich ein wenig austausche, während die ersten stinkenden und Abgas ausstoßenden Touristenbusse an uns vorbeirollen. Welch herrlichen Bedingungen!

Die nächsten paar Kilometer werden immer besser. Ich lasse die Engländerin hinter mir und lasse mich von den Khmer am Straßenrand anstacheln, die einen anfeuern – so gebe ich ganzen Reihen von strahlenden Kindern „high-fives" und komme beschwingt bei Kilometer Zehn an. Hier kommen als neuer Antrieb meine Kopfhörer ins Spiel: Durch meine Ohren fließt Energie in meine Beine, und da ich vorher noch nie die 10km-Grenze überschritten habe, bin ich jetzt guter Dinge, das Ganze bewältigen zu können. Die Hälfte habe ich ja jetzt hinter mir.

Pustekuchen! Wie befürchtet, kommt das Schwierigste nach rund vierzehn Kilometern. Hier können mich selbst die Mönche am Straßenrand, die mir ein „high five" geben (ich dachte, die dürfen keine Frauen berühren?! Hab ich die jetzt entweiht?!), nicht aufheitern. Es sind eineinhalb Stunden rum, die Ersten sind am Ziel. Jetzt noch eine Stunde laufen?

Die Leute am Straßenrand rufen „Come on, come on, come on! Hurry up!" Hurry up? Spinnen die? Eine Schnecke könnte mich grade überholen; ich bin froh, wenn ich überlebe! Wo bleiben bloß die Tempel zum Angucken und Ablenken? Aber ich sehe nur Straße, Straße, Straße und hohe Mauern, bewachsen mit Bäumen, hinter denen sich die Ruinen verbergen. Ab und zu gibt es dann doch was ganz Schönes zu sehen, doch in diesem Stadium kann ich das nicht mehr genießen. Jede neue Kilometermarke, die ich schaffe, ist ein Riesenerfolg. Aber: Ich gebe nicht auf. Und so muntert mich das Schild, das anzeigt, dass es nur noch drei Kilometer sind, so unglaublich auf, dass ich langsam wieder anziehen kann und nach und nach die Leute überhole. Beschwingt und euphorisch trabe ich die letzten Kilometer entlang und sprinte, begleitet von Anfeuerungsrufen und „Can't Stop" von den Red Hot Chili Peppers nach zwei Stunden und sechsundzwanzig Minuten ins Ziel. Keine gute Zeit, aber geschafft ist geschafft! Wahnsinn! Ich bin 21 Kilometer gelaufen! Ich bin zweieinhalb Stunden durchgejoggt! Ich hätte nie im Leben gedacht, dass ich das wirklich bewältigen könnte, et voilà. Geschafft. Und so fertig bin ich gar nicht. Zugegeben, meine Beine sind ziemlich schwammig, puddingartig, und ich würde mich schon gerne mal setzen, aber Puste habe ich noch.

Angkor What?!

Den restlichen Tag über schonen wir uns. Franzi und ich laufen steifbeinig umher und jammern bei jedem Schritt. Abends dann mit Lu, einer deutschsprechenden Chinesin, zum Old Market, um ein paar Andenken zu holen. Nach dem Essen und Billiard-Spielen geht's tanzen! Obwohl sich meine Oberschenkel melden, meine Knie weh tun und auch Franzi breitbeinig wie Quasimodo läuft, lassen wir uns von der guten Stimmung mitreißen. Die Leute tanzen auf den Tischen und Bänken vor dem Lokal; alle sind ausgelassen und genießen das Leben. Mit Einbruch der Dunkelheit kommen immer mehr kleine Kinder auf die Straße. Ich habe selten so etwas Groteskes gesehen. Vier- bis achtjährige Jungen und Mädchen, die unglaublich toll tanzen können – beeindruckend. Sie animieren die Menge, machen Tanzschritte vor, breiten gute Stimmung aus und verkaufen Rosen. Allmählich kippt das Bild, die Sache missfällt mir immer mehr. Es ist nachts, die Menschen werden betrunken, Prostituierte tummeln sich unter den Touristen, und die Kinder gehören ins Bett statt in diese schlechten Einflüsse.

Nach unserem erfolgreichen Abend in der Bar „Angkor What?" gucken wir uns jetzt tatsächlich Angkor Wat an. Heute steht der große Umrundungsweg auf dem Plan.

Imke ist vom Toreingang an von der Anlage überzeugt, doch ich bin noch skeptisch. Bis zum ersten richtigen Tempel. Es ist einfach magisch. Inmitten eines Waldes diese Ruine, tausende Jahre alt, von vergangenen Zeiten zeugend. Unglaublicherweise sind die meisten der kunstvollen Einkerbungen noch richtig gut erhalten! Die Tempel von Angkor Wat stammen aus der Herrschaft der Khmer vom 9. bis 12. Jahrhundert, der kulturellen Blütezeit Kambodschas. Kaum zu glauben, dass wir uns in Tempeln befinden, die vor tausend Jahren errichtet wurden. Wir gucken in jeden Raum, bestaunen jeden Stein und können uns gar nicht losreißen. Die Verzierungen und Details sind herrlich; nicht auszumalen, welch eine mühevolle Arbeit das war. Alleine die erste Tempelbesichtigung erstreckt sich über eineinhalb Stunden, und das bei 36 Grad.

Wir engagieren einen Führer, um endlich mal zu kapieren, was genau wir uns da angucken – der Lonely Planet ist keine große Hilfe. Doch ob der Guide so viel besser ist? Unterhaltsam ist er auf jeden Fall. Er sieht aus wie eine Khmer Version von Winnie Poo, fiedelt (auch beim Gehen!!) auf seiner traditionellen Geige namens Tro Ou, nennt Franzi durchgehend „angel", die mit ihrem neuen Hut alle Aufmerksamkeit auf sich zieht, und sagt uns, dass wir so schön seien, dass er uns am liebsten verschlucken würde. Aha. Obwohl angeblich ehemaliger Englischlehrer bleibt er uns doch teils unverständlich. Er sieht seine Hauptaufgabe darin, uns auf die verschiedenen Stellen aufmerksam zu machen, an denen Touristen schon Fotos gemacht haben, und falsche Informationen über Tomb Raider, der hier gedreht wurde, zu verbreiten (seit wann spielt Brad Pitt darin an Angelina Jolie's Seite?). Wenn wir ihn nicht verstehen, schreibt er die Wörter auf seine Hand – in kürzester Zeit ist diese vollgeschrieben, so dass er einfach über die alten Wörter schreibt. Seine Lieblingsgeschichten sind die, wo „Gangster" Arme und Köpfe diverser Statuen geklaut haben, um sie zu verkaufen. Auch weitere Informationen rattert er auch immer wieder runter. Selbst wenn seine Fiedelei nach kürzester Zeit nervt, so ist er trotzdem lustig, und ein paar interessante Einzelheiten kann er uns sogar auch geben.

Nach dem Mittagessen gucken wir uns meine beiden Favoriten an. Zuerst geht's zum Ta Prohm, den bekannten Tomb Raider Tempel. Er sieht aus wie vom Dschungel verschluckt, alles ist grün. Auf jedem Gebäude riesige Bäume mit Wurzeln, die die Steine umschlingen. Toll und voll. Noch schlimmer: Es gibt eigens für die Touristen angelegte Plattformen, um vor bestimmten Bäumen Fotos zu schießen – Franzi und ich sträuben uns demonstrativ. Dennoch verströmt der Tempel eine ganz besondere Atmosphäre, wirkt halbvergessen im Dschungel und malerisch.

Dann der Höhepunkt eines jeden Siem Reap Besuchs: Angkor Wat. Diesmal machen wir nicht kurz nach den Toren halt wie beim Marathon, sondern drängen uns mit vielen weiteren Besuchern ins Innere. Aber wir sind spät dran und dürfen nicht mehr auf die Türme. Viel Neues aufnehmen nach acht Stunden Besichtigung können wir eh nicht. Nur die Straßenküchen können mich wie immer aufwecken. Hier schlägt das „Herz Asiens", das wirkliche Leben, und mit ein wenig Obst als Geschenk können wir den Abend von ein paar kleinen Jungs auch aufheitern.

Zum Abschluss radeln wir an unserem letzten Tag nach Angkor Wat. Gefrühstückt wird wieder in einer Straßenküche: Wir sind die einzigen Weißen und werden von allen neugierig und lächelnd angeguckt.

Malaria-Alarm

Der Weg ist länger als von Tuk-Tuk-Fahrten gedacht: Dank fehlender Gangschaltung und niedrigem Sattel benötigen wir fast eine Stunde. Doch wir kommen zur perfekten Zeit beim Tempel Angkor Wat an: Zwölf Uhr, alle sind beim Mittagessen, alles leer! Gähnend leer. Uns strömen nur Menschenmassen entgegen, aber keiner folgt uns. Immer wieder muss ich einfach ein Foto von dem Tempel ohne Menschen davor schießen. Wir können unser Glück kaum fassen. Diesmal haben wir eine Menge Zeit mitgebracht, schlendern durch die verschiedenen Räume, gucken uns die Wandverzierungen an, genießen den Ausblick von den Türmen und vertilgen an einem der vier leeren Steinswimmingpools im Tempel eine Mango. Währenddessen werden meine Kopfschmerzen immer heftiger, mir wird immer heißer, und ich werde immer schwächer. Wie soll man bitte bei dieser Hitze feststellen, ob man Fieber hat oder nicht? Franzi hat sich in den Tempel hier verliebt und hört ihre Musik, aber ich kann die Augen kaum offenhalten und mache erstmal ein Nickerchen auf meinem Rucksack. Danach geht's schon bedeutend besser, aber ich habe fast keine Kraft, aufzustehen. Jetzt muss eine Abkühlung her.

Als hätte der Himmel mich erhört, fängt es an zu tröpfeln. Doch ich kann mich nicht in das Café hier setzen, wo man bei der Klimaanlage zu frösteln beginnt. Mir graut es schon vor der Rückfahrt auf dem Fahrrad. Warum müssen wir an dem Tag, an dem es mich so erwischt hat, ausgerechnet Fahrrad fahren? Im

Oma-Tempo schleichen wir zurück zum Hotel, wo abwechselnd Fieber und Schüttelfrost einsetzen, dies zusammen mit plötzlich auftretenden starken Kopfschmerzen. Das hört sich verdächtig nach Malaria an. Aufgelöst rufe ich meine Eltern an und suche um Rat. Der Rezeptionist behauptet, früher Arzt gewesen zu sein – in seinem früheren Leben vielleicht? – und will eine Aspirintablette opfern, aber ich nehme lieber eine von meinen. Und dann zur Sicherheit noch eine Malarone, das übliche Malariamedikament. Ich lege mich in ein abgedunkeltes Hotelzimmer. Franzi kümmert sich rührend um mich und bringt mir Essen, als Imke reingeschneit kommt und mit mir sofort zum Krankenhaus will. Geht nicht, wir wollten heute Nacht mit einem Taxi zurück nach Phnom Penh fahren. Ich kann mich nicht entscheiden, ob mir heiß oder kalt ist, packe mich dick ein und quetsche mich zu Franzi und einer Israelin auf die Rückbank.

Nach ein paar Stunden Fahrt eine kurze Pause mitten in der Pampa. Es ist stockfinster, der Taxi-Fahrer spricht kein Englisch, ich habe Fieber und sowieso wirkt alles surreal. Wir stehen kurz um das Auto herum, als ein Motorrad mit drei Khmer heranrollt, eine Runde dreht und dann quietschend bei Imke stehenbleibt. Die wollen die wahrscheinlich mal wieder anquatschen; ich denke mir nichts dabei, bis der Taxi-Fahrer panisch ins Auto springt und mich mit dringlicher Stimme hereinruft. Überrascht folge ich seiner Aufforderung; er gibt Gas, zieht Imke, die mit ihrem Bein sehr langsam ist, rein, die Israeli steigt auch ein, nur Franzi schlendert noch halb verschlafen umher. Jetzt sind wir alle nervös, schreien sie an, doch bitte einzusteigen – trotz allem verstehe ich gar nichts mehr! Der Taxifahrer braust von den drei Khmer davon, ist außer sich, atmet schwer und kann sich kaum beruhigen. Durch Zeichensprache und ein paar Brocken Englisch können wir uns zusammenreimen, dass die Khmer ihn angeblich zusammenschlagen und uns ausrauben wollten, wenn nicht schlimmer. Das kann ich mir gar nicht vorstellen, die Situation wirkte erst so harmlos! Die Israelin fängt mit Szenarien an, dass die Khmer jetzt ihre Kumpels anrufen, damit die uns abfangen, aber ich kann mir schwer vorstellen, dass die Kriminalität hier so durchorganisiert ist.

Kambodscha bei Nacht

Langsam geht´s mir besser. Ich beobachte die dunkle Straße; kein Zeichen eines erneuten Überfalls. Wir sehen aber, wie ein Khmer einen anderen mit einer Art Peitsche jagt. Manchmal torkeln betrunkene Kambodschaner am Straßenrand entlang. Es ist eine surreale Situation: Wir überholen in knappen Überholmanövern bis zum Anschlag gefüllte LKWs oder ausgebaute VW-Busse voller ungesicherter Baumstämme und Reissäcken. Unser junger Fahrer spielt am Lenkrad und benutzt pausenlos abwechselnd Blinker, Hupe und Lichthupe. Oft werden wir von den Scheinwerfern der entgegenkommenden Autos oder Lastwagen geblendet, denn Abblenden ist hier unbekannt. Dann kriechen wir langsam vorwärts, weil man wirklich gar nichts mehr außer Licht sieht. Imke und die Israelin machen sich bald einen Spaß daraus, die Hup-Blink-Sprache zu entziffern – einmal Lichthupe ist Hallo, zweimal ist wie geht's. Manche sind äußerst gesprächig und lichthupen sich vier- bis fünfmal zu.

Eigentlich sollte der Fahrer uns zu unserer Schule an der National Road Nr. 5 kutschieren, ganz in der Nähe der Road Nr. 6, die wir grade befahren. Doch – er kennt sie nicht! Hier gibt es circa acht „Autobahnen", aber alles, was er kennt, ist die National Road Nr. 6. Als Imke ihm die Route erklären will, schüttelt er nur den Kopf: „Siem Reap – Phnom Penh. Phnom Penh – Siem Reap. Siem Reap – Phnom Penh." Mehr ist unbekannt. Aus dieser Richtung sind wir noch nie gekommen. Wir finden zwar irgendeinen Teil der National Road Nr. 5, aber nicht den Abschnitt zu unserer Schule. Wohl oder übel sind Franzi und ich gezwungen, noch eine Nacht im Guesthouse zu übernachten. Um drei Uhr, nach fast siebenstündiger Fahrt, fallen wir todmüde und froh, endlich heile angekommen zu sein, ins Bett.

Am nächsten Tag geht es mir schon um einiges besser. Ich glaube nicht mehr, dass die Malaria mich erwischt hat. Andererseits kann ich kaum glauben, dass man aus purer Erschöpfung Schüttelfrost und Fieber bekommt, sodass ich auf Nummer Sicher gehen und einen Bluttest im Krankenhaus machen lassen will. Franzi begleitet mich zum Glück.

Das größte Krankenhaus von Phnom Penh sieht sehr ordentlich aus. Ein kleiner Tannenbaum steht in der Ecke, zusammen mit einem Weihnachtsmann auf Plastikschnee. Ich werde gründlich untersucht. Als die Krankenschwester die Einstichstelle vor dem Blutabnehmen mit einem Desinfektionstuch reinigt, wird das Tuch richtig braun – so viel Staub hier!

Das erste Ergebnis: Ich habe viel zu wenig weiße Blutkörperchen. Erste Prognose: Dengue-Fieber! Oh nein, das muss jetzt nicht sein! Erstaunlicherweise lasse ich mich nicht aus der Ruhe bringen. Also los zum Nachweis des erforderliche zweiten Bluttests und gleich die Erleichterung: Der Mangel an weißen Blutkörperchen rührt vom Aspirin her, nicht vom Dengue-Fieber.

Erfolg

Zum letzten Mal geht es heute zum Unterrichten. Die ständigen Überlegungen, wie man den Unterricht besser gestalten könnte, und auch meine Spenden haben Erfolg gebracht. Die Kindergartenklasse ist jetzt wirklich eine Kindergartenklasse: Jeden Tag springen 68 Kinder zum ersten Mal in ihrem Leben Springseil, werfen sich gegenseitig mit Bällen ab, durchforsten die verschiedenen Bilderbücher und malen 2D-Stelzenhäuser mit den vielen neuen Buntstiften. Zeit, um die

Sorgen ihrer Eltern nicht mit anzusehen. Zeit, um von der Straße wegzukommen. Zeit, Kind zu sein.

Von einem Teil meiner im Vorhinein gesammelten Spenden habe ich versucht, neue Englisch-Bücher zu finden, die Asien-gerecht sind. Ein Ding der Unmöglichkeit, dafür habe ich aber ein paar kambodschanische Märchenbücher auf Englisch gefunden, damit vielleicht bald mal ein paar Kinder Bücher ausleihen und tatsächlich lesen lernen können.

Nach reichlichen Überlegungen unterziehen wir die verschiedenen Klassen einem Lesetest, mit höchst ernüchternden Ergebnissen. Oftmals können vielleicht zehn Prozent der Kinder gerade annähernd lesen. Diese stecken wir dann zusammen in eine Klasse, die AABC (Advanced ABC), um Vokabeln und Grammatik zu pauken. Die Kinder, die lesen lernen müssen, sind in der ABC Klasse. Und dann gibt es noch die „New Headway"-Klasse mit den Fortgeschrittenen, die mit dem sehr europäischen Englischbuch arbeiten müssen.

Es tut gut zu merken, wie die eigenen Ideen tatsächlich angenommen und umgesetzt werden. Dies ist der Vorteil, wenn man einer Organisation angehört, die ein neues Projekt beginnt. Ich habe das Gefühl, dass die Kinder so viel eher Fortschritte machen. Gelegentlich klappt das Lesen schon ansatzweise, aber wenn ich sie bitte, verschiedene Buchstaben den Lauten nach zu Wörtern zusammenzufügen, dann doch wieder nicht. Ich sage „sit", sie fügen die Buchstaben (sie haben die Auswahl aus s und h; a, o, u und i; t und b) zu „hob" zusammen. Komplett falsch. Das wird noch eine Arbeit! Aber das kriege ich dann alles nicht mehr mit.

Ich bin wirklich traurig zu gehen. Zwar ist hier im Moment alles anders – Imke ist nicht da, dafür sechzehn Singapurer – aber mit Franzi, Vibal, Da, Sovandred und Mr. Dean, den restlichen Hausbewohnern, ist es auch lustig! Auch die anderen wirken wirklich traurig, dass ich meinen Weg fortsetze. Alle begleiten mich zu meinem Tuk-Tuk, das mich in die Stadt bringt, und ich werfe ein letztes Mal ein Blick auf unser Dorf, die Leute darin, die mir alle zuwinken, unsere Pagode und die überfluteten Reisfelder auf der linken Seite, die immer deutlicher zum Vorschein kommen. Ich könnte mir nicht vorstellen, hier zwölf Monate zu bleiben, aber zwei bis drei dürften es schon sein. Vor allem, weil ich in den vier Wochen wirklich viel umhergereist bin und wenig vom Alltag hatte.

Es geht durch den dichten Nachmittagsverkehr, den Staub und vorbei an den Slums zum Okay Guesthouse. Ich suche mit Justus, Franzi und Imke das „Tamarind" auf, ein Restaurant, in dem ich schon vorher einmal alleine und einmal mit Franzi gegessen hatte. Doch heute fällt mir erst richtig auf, wie teuer ein Gericht ist – die meisten ganze $5! – und wir alle haben mehr oder weniger Pech mit unserem Essen. Justus bestellt einen Banana-Milkshake ohne Zitrone, bekommt einen mit; ich hake nachdrücklich nach, ob mein Essen scharf sei, und bekomme daher ein scharfes. Am besten sagt man beim Bestellen nichts, was die Bedienung verwirren könnte; sonst bekommt man gerade das, was man nicht wollte. Dafür ist die Atmosphäre schön. Wir sitzen unter dem bewölkten Sternenhimmel auf der Dachterrasse und reden über die diverse lustigen Ereignisse hier. Es wird langsam kühl, so um die 25 Grad. Da muss man die lange Hosen und den dünnen Pullover schon mal langsam auspacken.

Ich hole mein Gepäck vom Hostel und schon heißt es Abschiednehmen von Franzi. Sofort bekomme ich feuchte Augen. Es ist unglaublich, wie eng man nach nur einem Monat miteinander befreundet sein kann. Zum Glück wohnen wir nicht weit auseinander und können uns in einem Dreivierteljahr vielleicht schon besuchen! Durch den Vorhang vom Tuk-Tuk sehe ich sie winkend verschwinden, es geht um eine Biegung und dann das letzte Mal durch Phnom Penh.

Neue Heimat

Die Straßen, die ich am Anfang so voller Neugierde in mir aufgesogen habe, sind mir jetzt bekannt. Hier war ich, dort hab ich das und das gekauft... Die ganzen außergewöhnlichen Details, die einem am Anfang ins Auge springen, verschwimmen, werden normal und fallen nicht mehr auf. Mit einem Schmunzeln muss ich daran denken, wie überrascht ich war, dass die Autos in ihren Spuren geblieben sind. Kambodscha ist mir inzwischen so vertraut geworden, der Umgang mit den Tuk-Tuk-Fahrern so normal („I give you two Dollars!" – „One?!" – „No." – „Okay!"), das ständige Grüßen und Winken oder Abwimmeln der Moto-Fahrer, die Straßenküchen, Essensstände, die voll beladenen Motorräder, Lastwagen, Busse; das Lächeln, die Hautfarbe, die Begrüßung „Saksobei" – „Seisabox", die Mönche, es scheint mir, so ziemlich alles. Das Land, in dem es kein Wort für „Danke" und „Tschüss" gibt, wo die Menschen nur lächeln und improvisieren, wo sie nur können.

Doch ich muss auch zugeben, dass ich Kambodscha in einiger Hinsicht gehörig unterschätzt habe – trotz der scheinbaren Freundlichkeit ist es nicht so ohne. Der jetzige Premierminister ist wohl so korrupt wie kein anderer Politiker hier und hält sich wie ein Diktator an der Macht. Der Verkehr ist besonders auf Motorrädern verrückt und kann verdammt gefährlich werden. Bewaffnete Überfälle auf Touristen sind leider auch nicht ungewöhnlich – wie naiv wir waren, nachts mit einem Taxi nach Phnom Penh zu fahren! Die Menschen betteln, klauen, überfallen. Es gibt noch Minen; die Armut und Verzweiflung lässt sich nicht einschätzen. Noch vor zehn, zwanzig Jahren brachen immer wieder Kämpfe zwischen rivalisierenden Parteien aus, der Bürgerkrieg fand erst 1991 offiziell ein Ende, die gebildete Schicht ist durch die Roten Khmer fast vollständig ausgelöscht worden. Das Land muss sich erst allmählich von dem Genozid und der Verwüstung erholen und stabilisieren.

Überraschenderweise hat trotzdem alles gut geklappt – jede Veranstaltung, die wir gebucht hatten, auch ohne eine Bestätigung, wurde eingehalten. Stets wurden wir rechtzeitig abgeholt, wenn auch nicht immer vom richtigen Auto. Trotz allem habe ich mich nachts ziemlich sicher gefühlt. Die Freundlichkeit der

Menschen ist schier entwaffnend; es tut so gut, das hektische, fordernde Europa hinter sich zu lassen. Die Landschaft ist flach, ein Kontrastprogramm zu Nepal, aber auf ihre Weise faszinierend. Die Tempel von Angkor Wat sind unglaublich. Das Essen ist spitze. Die Straßenküchen lassen einen wie ein Khmer fühlen. Die Sprache ist völlig unverständlich. Alles klappt hier auf seine Art, auch ohne Regeln, dafür mit viel Handeln.

Wenn ich jetzt die „normalen" Rucksackreisenden kennenlerne, kann ich mir so eine Art von Reisen gar nicht mehr vorstellen. Ja, man lernt von den Tuk-Tuk-Fahrern und Guides einiges über das Leben und die Geschichte hier, aber es kann die allabendlichen Gespräche über Waschmaschinen, Geister und Zukunftspläne mit Khmer nicht ersetzen. Es tut auch einfach so unglaublich gut, nach einer langen Reise mit offenen Armen, einem Lachen und einer helfenden Hand empfangen zu werden und erstmal ein paar Tage in seinem „Zuhause" auszuruhen, ganz abgesehen von dem Unterricht hier, der mir zu Ende hin immer mehr Freude bereitet hat. Und das Beste: Ich habe mitgewirkt, die Schulstruktur mit verändert, vielleicht sogar verbessert, und den Kindern tatsächlich etwas beigebracht. Auch wenn es vielleicht nur ein Tropfen auf dem heißen Stein war.

Heute gab es übrigens ganze fünf Mal Reis: Frühstück, Mittagessen, Nachtisch, Snack und Abendessen. Fantastisch!

Papua Neuguinea - Leben im Regenwald

Todeszauber, Busencheck, beheizte Klaviere und eine christliche Ohrfeige

Nachbarland Australiens sozusagen, aber weitgehen unbekannt. Hier schilderte eine Frau ihr Leben im Dschungel auf einer Missionstation.

ISBN 978-3-86040-138-5
€ 15,90

VIETNAM

Ankunft!

4 Wochen

Das Leben ist anders hier in Vietnam. Es fühlt sich an, als würde ich nach und nach das Niveau steigern – hier sind die Straßen „noch" sauberer als in Kambodscha, die Autos fahren „noch" ordentlicher. Ich vermisse die Tuk-Tuks. So nah am Flughafen von Saigon ist mir fast alles einen Deut zu ordentlich und zu westlich; selbst die Schrift hier kann man lesen, weil die Buchstaben lateinisch sind und nur hier und da ein paar ungewohnte Akzente das Schriftbild verschönern.

An Vietnam habe ich überhaupt keine Erwartungen und auch kaum Vorstellungen über dieses Land. Nicht nur für meine Eltern bedeutet es Urlaub, auch für mich: Ich brauche ein paar Tage, um zur Ruhe zu kommen, meine Eindrücke zu verarbeiten und Kraft für Neues zu sammeln. Ich bin noch nie so unvorbereitet in ein Land gereist – vielleicht war es in Nepal genauso, nur da hab ich mich nicht so gefühlt.

Die Leute hier sind anders als in Kambodscha. Zwar auch nett, aber was mir fehlt ist die ständige Interaktion: Sie lächeln nicht die ganze Zeit, grüßen mich kaum oder interagieren auch sonst nicht mit mir – abgesehen von ein paar Moto-Fahrern. Auch das Geld hier ist noch schrecklicher als in Kambodscha. Ich laufe mit riesigen Scheinen rum, denn ein Dollar sind umgerechnet rund 21.000 Vietnam-Dong. Da wird die Umrechnung noch komplizierter!

Per hakenbewehrtem Stahlseil wird mein Gepäck in der Mitte der Hoteltreppe hochgezogen, zu meinem Schrecken bis in den letzten, sicher siebten, Stock. Kein Aufzug. Meine Wanderschuhe musste ich – wie in allen Hotels in Asien – unten lassen. Erstmal unter die Dusche und dann wieder mit knurrendem Magen raus, Wasser und etwas Gebäck holen. Aber dann reicht es mir auch. Ich hab keine Kraft mehr heute und schließlich in einer Woche noch genug Zeit, die Stadt hier kennenzulernen.

Grade hatte ich mich in Kambodscha so gut eingelebt, kenne einige Teile von Phnom Penh wie meine Westentasche, und schon muss ich mich wieder umgewöhnen.

Doch immerhin das Obst kommt mir bekannt vor, genauso wie das Gebäck. Nur die Ratten, die am Marktstand am Obst knabbern, sind neu.

Eine schlaflose Nacht später ist es endlich soweit, heute sehe ich meine Eltern wieder! Anflüge von Aufregung überkommen mich: Ich bin schon gespannt, wie

wir uns verstehen, wie sie mich und meinen „neuen" Stil finden, ob ich mich überhaupt verändert habe.
Durch das Verkehrschaos geht's unter viel Aufregung zum Flughafen. In meinem Kopf male ich mir Szenarien aus, wie ich meine Eltern am Gate wieder in die Arme schließe, als wir endlich da sind, ich den Rucksack aufsetze und mich auf den Weg zum Einchecken mache. Überraschend läuft auf einmal meine Mutter auf mich zu. Mein Vater sitzt auf einer Wartebank und verzehrt einen Apfel. Einen frischen, deutschen Apfel, ungeschält!

Ich hätte meine Eltern gar nicht hier vor dem Flughafen erwartet, aber hier sind sie auf einmal – Freudentränen fließen. Wir checken ein, warten auf den Flug und tauschen erste Neuigkeiten aus. Sofort ist alles wieder wie beim Alten. Ich merke, was ich vermisst habe, was mich genervt hat und vor allem: Dass ich inzwischen auch alles ohne Eltern regeln könnte.

Da, wo der Pfeffer wächst...

... ist es traumhaft schön!

Eine entspannte Woche verbringe ich auf Phu Quoc, einer vietnamesischen Insel im Golf von Thailand vor der Küste Kambodschas.
Die Insel ist paradiesisch. Wir übernachten in einem schönen Hotel im Kolonialstil gleich am Meer und können eine Woche lang einfach ausspannen. Etwas Eingewöhnungszeit brauchen wir allerdings alle – ich, weil ich plötzlich zu den Menschen, mit denen ich mich unterhalte, hoch – statt runtergucken muss; meine Eltern, die sich erst an die „asiatischen Bedingungen" gewöhnen müssen. Mir fallen der Dreck und das Heruntergekommene, Schäbige, gar nicht mehr auf, aber meine Mutter kommt auf dem Weg zum Hotel aus dem „Wahnsinn" sagen nicht mehr heraus. Schwierig, mir vorzustellen, wie es ist, das alles mit „europäischen Augen" zu sehen. Ich habe Problemchen, wieder mit Messer und Gabel zu essen: In welcher Hand hält man noch mal was, und wie schneidet und wie zur Hölle isst man damit? Europäisch geht es weiter: Meine Mutter hat mir welche von meinen Klamotten mitgebracht! Endlich mal nicht immer nur dasselbe anziehen. Und das Frühstücksbüffet erfüllt alle Sehnsüchte: Es gibt Käse. Und Schoko-Croissants. Ich bin wunschlos glücklich. Aber auch jetzt schon stellen meine Mutter und ich fest, welch Probleme ich wahrscheinlich in Amerika haben werde: Der Überfluss, der Luxus, die Ignoranz.

Und ein leises Heimweh, eine Sehnsucht, nach Kambodscha bleibt. Wo bleibt das versprochene exzellente vietnamesische Essen? Auch die entwaffnende Freundlichkeit der Khmer fehlt hier einfach, ganz zu schweigen von den Menschen, die ich in Phnom Penh hinter mir gelassen habe.

An einem Abend gehen wir in einem Straßenrestaurant essen, wo ich einen richtigen Glücksmoment habe. Ein kleiner Junge läuft umher und verkauft irgendwelche Tickets. Ich schlage meiner Mutter vor, ihm doch unser Baguette anzubieten. Sie hält ihm den Teller hin. Unsicher und zögerlich nimmt er das Brot entgegen, langsam breitet sich ein Lächeln auf seinem Gesicht auf, bis es erhellt ist und er sich strahlend von dannen stiehlt, bevor wir es uns anders überlegen und ihm das Baguette wieder wegnehmen. Schon diese kleine Geste hat ihm den Abend gerettet und mich äußerst glücklich gemacht.

Die Tage vergehen hier wie im Flug, auch wenn wir gar nicht viel unternehmen: Schlafen. Baden. Essen. Schwimmen. Sonnenbaden. Fast von einem Sonnenschirm erschlagen werden. Spazieren gehen. Baden. Essen. Schlafen.

Durchs Verkehrschaos

Einmal mieten wir mieten Fahrräder vom Hotel. Erst geht es über eine richtig gut asphaltierte Straße, die zu einer Schotterpiste mutiert und sich schließlich in eine rote Staubstrecke verwandelt. Rechts ein traumhafter Blick – Palmen, weißer Sandstrand und türkisblaues Meer, gesprenkelt von ein paar Wellblechhütten. Links weitere dieser Häuser, mal ein wenig Dschungel, mal ein wenig See. Dann mieten wir uns zwei Motorroller, um über die Insel zu brausen. Die Navigation wird auch hier zur Herausforderung: Nirgends Schilder, die Karte ist ungenau, und auf einmal finden wir uns mitten auf einem riesigen Markt wieder. Mofas schlängeln sich durch das Gedränge, Frauen mit Reishut warten geduldig auf Kundschaft, andere nehmen ihr Schicksal selber in die Hand und sprechen vor allem Weiße an. Gänse und Hühner, auf einem Käfig angebunden, erwarten geduldig ihr Schicksal. Das Fleisch wird zum Teil auf Pappe auf dem Boden verkauft, lebendige Fische zappeln in ihren Gefäßen und kämpfen in dem flachen Wasser um ihr Leben. Nichts für Tierschützer.
Trotzdem ist hier ein Stopp, um alles genau zu betrachten, zwingend notwendig: Wie auch in Kambodscha schlägt das Herz Asiens auf dem Markt.

Weiter geht's über Huckelpiste, rote Erde oder Schotter, vorbei auch an den Propagandalautsprechern und Parteigebäuden, aus denen Musik erschallt, an dem verdreckten Hafen, den kleinen Läden, die sich auf Kochherde oder Ventilatoren spezialisiert haben. Hier und da nehmen wir mal eine Abzweigung, nur um festzustellen, in einer Sackgasse gelandet zu sein. Nur James Bond brächte es fertig, mit seinem Motorrad über diese Stege zu springen und so den Wasserzulauf zu überqueren.
Endlich nähern wir uns dem Meer. Obstpicknick an einem kleinen Restaurant am Strand und eine ergebnislose Suche zur Nordspitze der Insel. Jeder schickt uns in eine andere Richtung, wenn sie uns verstehen oder glauben, uns verstanden zu haben. Straßenschilder führen an Orte, die auf unserer Karte fehlen. Ohnehin

sieht alles gleich aus. Nur ein Ort, an dem wir kurz halten, sticht besonders durch seine „Dreckigkeit" ins Auge, hier holt meine Mutter sich erstmal einen Kulturschock. Mir fällt das alles schon gar nicht mehr so auf.
Mein Vater bringt mir das Rollerfahren bei. Auf dem Hinweg knattere ich vorsichtig mit gemütlichen 20 km/h eine gut asphaltierte Straße entlang, doch zurück gebe ich richtig Gas: Mit 60 km/h braust die Landschaft an mir vorbei, der Wind bläst mir frisch ins Gesicht. Rollerfahren macht wirklich Spaß. Doch man muss ständig auf das Unvorhersehbare vorbereitet sein: Ein Hund, der mitten auf der Straße liegt; eine Kuh, die von meinem beständigen Hupen unbeirrt gemächlich die Straße überquert; Schwarzfahrer, die mal eben meine Spur mitbenutzen möchten; eine Frau, die auf ihrem Fahrrad sperrige Bambusstangen befördert; riesige Busse oder große Autos, die sich gleichzeitig vor und hinter mir vorbeischieben. Die Liste ist endlos, doch ich kann mich sogar durch den dörflichen Straßenverkehr schlängeln, ohne einen Unfall zu bauen.

An einem anderen Tag fahren wir zu einem der angepriesenen Strände hier. Die Suche nach dem Weg ist eine Herausforderung – auf den verschiedenen Karten kommen Straßen neu hinzu oder verändern ihren Verlauf. Wo sind wir denn nur? Die „asphaltierte" Straße besteht zu großen Teilen aus Schutt, Sand oder roter Erde. Doch die Strapazen des Weges werden wirklich belohnt: Der Strand ist wunderschön, mit wunderbar festem, weißen Sand, türkisblauem Meer und einzelnen Palmen. Das Beste: Die Insel ist vom Fremdenverkehr noch ziemlich unbeleckt, so dass hier auch weniger Gedränge und touristisches Treiben herrschen. Mein Vater und ich spielen mit ein paar Jungen Fußball am Strand, von denen einer sogar ein BVB-Trikot trägt. So klein ist die Welt!
Bedauernd verlassen wir am Montag die Insel und fliegen zurück nach Ho-Chi-Minh-Stadt.

Millionenstadt

Meinen ersten Eindruck, dass der Verkehr hier in Saigon langweilig ist, muss ich zurücknehmen. Es ist völlig verrückt. Eine Straßeüberquerung wird lebensgefährlich – wer stehenbleibt, verliert. Unendliche Massen an Motorrädern schlängeln sich durch den dichten Verkehr; mit Kindern vorne, hinten, in der Mitte; auf Korbstühlen hinter das Lenkrad geklemmt, mit Mundschutz, Nikolausmantel oder Sonnenbrille. Zu zweit, zu dritt, zu viert, zu fünft.
  Saigon beeindruckt mit seinen unglaublichen Gegensätzen. Während eine Frau vor Louis Vitton bettelt, bauen sich vietnamesische Mädchen vor dem Schaufenster auf, ihr Elend ignorierend, um ein Foto zu schießen. Die typisch asiatischen Straßenrestaurants stehen vor edlen westlichen Lokalen; vor der herrschaftlichen Oper sitzen Krüppel und hoffen auf ein paar Dong; in den Läden blitzt weihnachtliches Dekor, doch bei genauem Hingucken erblickt man in der

einen oder anderen Ecke noch ein (chinesisches) Geisterhaus – einen kleinen Tempel oder Altar für die Geister, die durch den Bau des Geschäfts verdrängt wurden. Ein nagelneuer Mercedes steht neben Massen teils heruntergekommener Motorräder. Alles blinkt und blitzt, überall Menschen, die Autos und Motorräder hupen, es ist laut und voll. New-York-feeling. Die Mall ist ein Kühlschrank, während draußen tropische Temperaturen herrschen. In einen Parfümladen fragt mein Vater: „Do you have Chanel?" Die Antwort: „I don't know." Wie kann man das in einem Parfümladen nicht wissen?

Die Menschen hier kopieren den westlichen Lebensstil, machen fanatische Fotos von den Ladenfronten, laufen mit den neusten Handys, dem Statussymbol der Asiaten, umher, aber trotzdem ist alles nur Tünche. Überall sind Hotels; teils sogar gleichen Namens, denn ein Copyright existiert nicht. Wer Pech hat, wird vom Taxifahrer zum falschen Hotel gebracht und merkt es noch nicht einmal. Drinnen blitzen die Kronleuchter und der Marmor, im Untergeschoss sieht man dann den heruntergekommen Keller voller Müll. Alles nur Fassade. Aber eine faszinierende Fassade.

Und noch etwas äußerst Faszinierendes: Die Währung. Jedes Mal ziehen wir mehrere Millionen Dong von den Geldautomaten; 21.000 Dong sind ca $1. Mein Vater zahlt für ein Bier 25.000 Stipper. Da überlegt man sich jede Investition zweimal; besonders meine Mutter kommt mit den ganzen Nullen nicht klar und gibt schon mal versehentlich das Zehnfache des Beabsichtigten an Trinkgeld. „Die Rechnung ist ja wie eine Telefonnummer, mit Vorwahl aus Deutschland!" Wir sind uns einig: Drei Nullen könnte man wirklich mal kürzen, aber einen Vorteil gibt es: Wir sind alle Multi-Millionäre!

Kitsch, Karaoke, Aberglaube

Nach ein paar Tagen Hektik und Trubel von Saigon heißt es: Auf ins Mekong-Delta.

Das heißt erstmal zwei Stunden Autofahrt, raus aus der quirligen und rummeligen Stadt, rein ins ruhigere, aber auch durchaus auch rummelige Flachland. Hier wimmelt es auch nur so von Zweirädern, selbst wenn der Unterschied zu den abgetrennten, durchaus achtspurigen Motorradspuren in Saigon erheblich ist. Unser Guide ist mir gleich sympathisch. Als wir von unseren Eindrücken berichten und dass alle Vietnamesen so schlank seien, widerspricht er: „There are more and more happy Buddhas!"

Wir beginnen unsere Öko-Tour mit einer kleinen Fahrradtour über eine Insel. Unser Tourguide legt ein flottes Tempo vor. Wir hecheln über die Schotterpisten mit viel zu kleinen Fahrrädern hinterher, durch dichte Palmenwälder, Bananenstaudenalleen, vorbei an anderen vietnamesischen Radfahrern, die grunzende und quiekende Riesenschweine auf einem eigens dafür angefertigten Transporter hinterher ziehen, vorbei auch an knalligen Fotos von Hochzeitspärchen, die ihre frische Vermählung im Dorf bekanntgeben, und überraschenderweise immer wieder kleinen Kirchen. Dies ist leider der einzige Teil des heutigen Tages, den wir unbehelligt von anderen Touristen genießen können. Ab da geht es erst richtig los.

Touriprogramm

Nach dem Genuss von Honigtee, wo wir original vietnamesischer, also schrecklich quietschender Musik lauschen durften, zuckeln wir nun per Pferdefuhrwerk durch die Ortschaften – wie gefühlte tausend Touristen nach uns. Tierisch geht es weiter – ich bekomme eine Schlange um den Hals gelegt. Sie ist furchterregend muskulös. Ängstlich halte ich mir mit der einen Hand ihren Kopf so weit wie möglich von meinem weg. Ein eigenwilliges Tier, , so dass ich froh bin, als ihr Herrchen mich von ihr befreit. Mit der asiatischen Spielart einer venezianischen Gondel geht's weiter. Hier macht es nichts aus, wenn Gondeln aneinander krachen, solange sie nicht untergehen. Die Kokosnuss-Süßigkeitenfabrik haut keinen von uns vom Hocker, da der Beigeschmack von Durian, einer Stinkfrucht, herrührt. Genervt von den Massen an Touristen werden wir schließlich zu unserem Taxi geschifft, damit dann zum nächsten Ort, und endlich, endlich zu unserem Hotel.

Das Hotel ist klasse – mit Gecko-Notrufnummer und einem romantischen Boots-Taxiservice! Nach dem Abendessen geht es auf den Night Market mit billigem Schrott, wo die Händler zusammen mit den Polizisten vor Computerspielen hocken. Hochkonzentrierte Arbeit!

Pünktlich wie die deutsche Bahn steht unser Tourguide am nächsten Morgen auf der Matte. So schippern wir mit dem Schiff zum „Floating Market". Lauter Boote tummeln sich auf dem Mekong. An langen Masten baumelt jeweils ein Exemplar ihrer Ware auf, um anzuzeigen, was sie feilbieten. Ganze Bootsladungen voll von Ananas, Melonen, Kartoffeln ... Alles, was das Herz begehrt. Paarweise werfen sich Händler und Kunden ihre Ware zu; hier kaufen die Mittelhändler, die diese Ware dann auf dem Markt verhökern. Ein Haufen Touristen ist da, dennoch wirkt die ganze Szenerie noch authentisch und fasziniert.

Die anschließende Autofahrt gibt uns Zeit, die Gegend zu betrachten und unseren Führer über Vietnam auszuquetschen. Hier eine kleine Zusammenfassung der interessantesten Erkenntnisse:
Es sterben mehr Menschen durch herabfallende Kokosnüsse als durch Haiattacken. Das Rätsel, warum so viele einen Mundschutz tragen, wird auch gelöst: Zwar hilft es auch gegen die starke Verschmutzung hier, doch hauptsächlich dient er zur Erfüllung des Schönheitsideals: Weiße Haut. Auch deswegen sind viele Frauen auf den Motorrädern fast gänzlich verhüllt und tragen Handschuhe!

Traum in Wellblech

Vietnam zählt bei neunzig Millionen Einwohnern siebenundzwanzig Millionen Motorräder! Das durchschnittliche Jahresgehalt liegt bei zwei- bis dreitausend Dollar. Täglich sterben 25-35 Menschen in Unfällen. Im Jahr fallen zwei- bis dreitausend Menschen den leider noch zahlreich herumliegenden Bomben und Minen zum Opfer. Man schätzt, dass Vietnam rund 300 Jahre brauchen wird, um minen- und bombenfrei zu werden. Jeder Ort hat Heldendenkmäler und -friedhöfe aus dem Vietnam-Krieg. Riesige Militärakademien beherrschen oft das Straßenbild. Die öffentlichen Gebäude sind meist blitzblank und renoviert, die Wohnhäuser dagegen heruntergekommen. Oft fällt es schwer, sich vorzustellen, wie Menschen dort leben können. Hingegen sind wir auch an einigen luxuriösen Villen vorbeigekommen – in einem davon wohnte die Mutter des Generalsekretärs. Natürlich! Doch den Menschen macht das nichts aus, sie stören sich keineswegs daran, dass die hohen Parteimitglieder und Regierungsbeamten ein Leben in Saus und Braus führen, während sie fast nichts besitzen. Sie leben in einem „Traum aus Wellblech". Hier erkenne ich das kambodschanische – und auch nepalesische – Konzept wieder. Der Bildungsstand wird absichtlich niedrig gehalten, damit die Menschen das Herrschaftsmonopol einiger weniger Auserwählten nicht hinterfragen. Mit der Einstellung „Das wird schon alles so richtig sein" leben viele ihr Leben vor sich hin, in der Armut, in ihrer Langeweile.
Das Leben hier ist so wahnsinnig eintönig! Den ganzen Tag nur fischen, fischen, fischen. Oder Gemüse anbauen. Kein Wunder, dass in jedem Haus oder Zimmer, in das man nachts hereingucken kann, der Fernseher läuft. Der Bildungsstand scheint gleich Null zu sein – zwar herrscht Schulpflicht, doch sind auch Schulgebühren fällig. Wer sie sich nicht leisten kann, schickt seine Kinder folglich nicht zur Schule. Punkt, aus, Basta. Ansonsten müssen halt fünf Jahre Grundausbildung reichen.
Aus riesigen Lautsprechern dröhnen dreimal täglich die Nachrichten des nationalen Parteiradiosenders durch die Dörfer. Nachrichten? Dass ich nicht lache! Man darf sich nicht aussuchen, welche Informationen man gerne hätte und welche nicht, ob man sie überhaupt hören möchte oder nicht – hier werden einem die Informationen, falsch oder wahr, ohrengerecht geliefert. Praktisch, oder?

Betonung und andere Besonderheiten

Dann weiht unser Guide uns in die Kunst des Vietnamesischen ein. Fünf Mal das Wort „Ma", mal in tiefer, hoher, mittlerer, mal in wechselnder Tonlage – man sagt damit Pferd, Reissetzling, Mama, Geist, und aber. Ich höre überhaupt keinen Unterschied. Unter Vietnamesen gibt es wohl keine Missverständnisse, wohl aber, wenn Touristen versuchen Vietnamesisch zu sprechen – so hat schon so manch einer zum Taxifahrer gesagt: „Können Sie mich zum Penis fahren?"

Da lasse ich das Sprechen lieber. Ich kann meinen Mund eh nicht um die Laute formen und vergesse prompt alles außer „Danke", das sich anhört wie „Come On" auf Sächsisch.

Erlebnisreich geht es heute weiter mit der Krokodilfarm. 300.000 Tiere quetschen sich hier auf engstem Raum. Die vier bis siebenjährigen werden nach China und Europa verkauft, wo Fleisch oder Leder weiterverarbeitet werden. Ein Krokodil bringt ca 600€ ein. Es passiert wohl auch schon mal, dass die Echsen einander zur Fütterungszeit beim Streit um das Fressen umbringen.

Sowieso komme ich das eine oder andere Mal mit dem „Tierschutz" in Vietnam nicht klar. Verkäufer bieten Ratten und Eichhörnchen in engen Käfigen zum Verkauf an; am Straßenrand werden Würstchen aus Hunden verkauft; auch hier essen sie Gänseembryonen; es gibt Hahnenkämpfe, wobei den Hähnen Rasierklingen an die Füße gebunden werden – ein blutiger und oft tödlich endender Kampf.

Im Restaurant verzichten wir dann auf Krokodilfleisch, aber die unzähligen Kellner haben eh anderes vor. Wie ein Bienenschwarm umlagern sie uns und füllen unseren Tisch mit Tellern voller unbekannter Gerichte. Das Personalaufgebot ist unglaublich – die knapp zehn Kellner sitzen die meiste Zeit untätig herum, fingern an ihren Handys oder stehen nebeneinander und mit offenem Mund vor dem Fernseher – selbst die Zwanzigjährigen lachen hier lauthals über Tom & Jerry!

Der Fairness halber ist zuzugeben, dass es auch hoch gebildete und intelligente Vietnamesen gibt. Unser Guide ist ein gutes Beispiel hierfür, er beeindruckt uns mit umfassenden Kenntnissen: Er kennt die zehn ersten Verbände der Bundesliga, weiß, dass vor Angela Merkel Gerhard Schröder Bundeskanzler war, benennt Rösler richtigerweise als ehemaligen Gesundheitsminister und erzählt von der „Siesta"-Weltmeisterschaft in Spanien: Gewinner war ein junger Spanier, der von den zwanzig Minuten Wettbewerbszeit beeindruckende 17 1/2 Minuten im Tiefschlaf verbracht hat. Respekt! Mit Regimekritik hält er sich allerdings äußerst zurück. Kann ich ihm nicht verübeln – zu Hause werden wir darauf getrimmt, ständig alles und jeden, insbesondere die Regierung, zu hinterfragen und kritisieren. Hier steht jeder, der das wagen würde, mit einem Bein im Gefängnis. Da würde ich auch an mich halten.

Nach langer Fahrt sind wir sind froh, gegen Abend wieder ins Freie zu dürfen. Diesmal halten wir an einem Nationalpark voller Mangroven. Lauter Bäume stehen eng beieinander im Wasser, das vollkommen von grüner Grütze verdeckt ist. Lotusblümen und Seerosenblättern bieten den Vögeln eine gute Lauf- und Ruhebasis. Überall raschelt und zwitschert es, Flügel schlagen, das Paddel plätschert im Wasser. Die Sonne sinkt, die weißen Vogelschwärme heben sich gegen den sich verdunkelnden Himmel ab, in weiter Ferne das Gebirge zur Grenze nach Kambodscha. Meine „Heimat" – wie sehr geht mein Herz auf, immer dann, wenn wir eine kambodschanische Pagode mit Khmer Inschrift passieren.

Anderer Lebensstil

Auf dem Nachhauseweg kann man in jedes hell erleuchtete Haus der Vietnamesen gucken. Hütten, die bei Tageslicht unbewohnbar erscheinen, beweisen jetzt, nun das Gegenteil. Aus jedem Eingang strahlt ein Fernseher; Menschen entzünden Räucherstäbchen an den Altären, stellen Opfergaben bereit und essen zu Abend. Welch ein Leben! Alles geht um neun zu Bett und steht gegen fünf oder sechs Uhr auf. Es wundert mich nicht, dass jeder hier einen Fernseher hat – was besitzen sie sonst? Die mangelnde Bildung bietet auch keinen guten Gesprächs- und Diskussionsstoff. Deswegen: Lieber beschallen lassen, das Hirn abschalten und die Muskeln vom langen Tag ausruhen. Immer noch nicht klar komme ich mit der Art, wie (Klein-)Kinder hier befördert werden: Sie klammern sich auf den Mofas hinten an ihre Eltern (nicht auszudenken, was passiert, wenn ein Kind loslässt), stehen hinten auf oder vor dem Sitz, werden mit einer Hand auf dem Schoß festgehalten, während die andere lenkt, oder sitzen auf einer Art Bambusstuhl vor dem Lenkrad. Äußerst verkehrstauglich. Auch wenn man an die ganzen Regeln bei uns denkt – Beladung von LKWs, Kennzeichnung von Übergrößen mit verschiedenen Farben und und und – wirkt das alles so lächerlich. Hier ist zwar ein Helm Pflicht, doch ob er über einen Hut gezogen noch so ganz seine Pflicht erfüllt und auch gut sitzt, ist eine andere Frage. Die hohe Zahl an Verkehrstoten spiegelt das wahre Leben wieder.

Übrigens: Bleibt ein LKW oder ein Auto auf der Straße liegen, so gibt es kein Warndreieck – die Betroffenen legen als Warnung lediglich ein paar Zweige und Äste auf die Straße vor das Auto. Improvisation ist alles!

Es ist unglaublich, wie viele Fischer im Mekong-Delta unterwegs sind. Wir fahren zu einem „Floating Village", in dessen zweitausend Häuser rund fünftausend Menschen hausen – alle Erwachsenen sind Fischer. Unter den Häusern gibt es Käfige, in denen 50.000 – 100.000 Fische gezüchtet werden! In einigen dieser schwimmenden Dörfer gibt es sogar Schulen und schwimmende Pagoden, also alles, was die Menschen hier zum Leben brauchen. Ein Haus kommt uns entgegen und wird mit einem Schiff gezogen – Umzug leicht gemacht. Besonders schrecklich finde ich die Situation einer dreiköpfige Familie, die auf einem kleinen Schiff wohnt. Schiff ist auch übertrieben – es ist eines von diesen kleinen Venedig-Bötchen, ohne richtiges Dach. Viel mehr als 1 ½ qm Fläche wird es nicht haben.

Weihnachten auf Vietnamesisch

Nach ein paar interessanten Tagen im Mekong-Delta geht´s zurück nach Saigon. Reizüberfluss. Menschen.

Ich merke, dass mir die Asiaten hier schon sehr fremd sind, auch wenn sie anscheinend krampfhaft versuchen, den Westen nachzuahmen. Auf der Hauptstraße drängeln sie sich in Scharen vor der Weihnachtsdekoration der großen Geschäfte, lassen sich mit Weihnachtsmännern fotografieren und dokumentieren sowieso jeden Schritt. Stolze Eltern stecken ihre Kleinen in kuschelig rote Weihnachtskostüme und drapieren sie für ihre Weihnachtsfotos. Asiatische Mädchen in knappen Kleidern lächeln überall geziert in irgendwelche Kameras – man kann nirgendwohin gehen, ohne unfreiwillig Statist in einem Foto zu werden. Es läuft nervenraubende, dudelnde Weihnachtsmusik. Motorräder schieben sich durch die Straßen. Inzwischen habe ich eine sichere Methode, um Straßen zu überqueren: Auf keinen Fall stehenbleiben, sondern stur seinen Weg verfolgen.

In Saigon besuchen wir einen chinesischen Tempel, der einfach nur fasziniert. Mit den vielen fremden Figuren und Ritualen kann ich gar nichts anfangen, aber zugucken reicht schon. Die Menschen beten und zünden Räucherstäbchen an, opfern Goldfische und Vögel, die vor dem Tempel zum Verkauf angeboten werden, streichen über die verschiedenen Holzfiguren und danach über ihren Kopf, und murmeln leise fremd klingende Gebete. Eine faszinierende Atmosphäre, gestört nur durch die riesigen Reisegruppen, die hier abgeladen werden.

Krieg

Ein Muss: Das Kriegsrestemuseum. Vor dem Gebäude Panzer und Bomber, innen lauter Bilder vom Vietnamkrieg. Die Ausstellung an sich ist unorganisiert und bietet leider weder historische Hintergründe zum Krieg noch die amerikanische Sicht der Dinge, aber die vielen Bilder sind schockierend. Entstellte Menschen mit eingewachsenen Armen oder Beinen, fehlenden Augäpfeln, riesigen Augen, Menschen, die nur krabbeln können, deren Glieder in irritierenden Winkeln abstehen, deren Köpfe, Brustkörbe, Arme und Beine an verschiedenen Stellen riesig angeschwollen sind.

Dazu Bilder von Amerikanern, die stolz Schädel der Vietkong-Soldaten präsentieren, sie lebend aus Hubschraubern stoßen, die in Graben kauern, verletzt versorgt werden, sterben. Wälder aus abgeknickten Baumstämmen, Menschen, die gegen diesen Krieg protestieren. Das Ausmaß an Grausamkeit und Zerstörung lässt sich kaum in Worte fassen. Als die Amerikaner merken, dass sie mit ihrer Kriegsführung gegen die geschickte Vietkong nicht viel ausrichten können, entscheiden sie sich für den Einsatz einer neuen Waffe: Entlaubungsmittel. Bevorzugt Agent Orange. Das Ziel ist es, den Blick frei zu kriegen auf die sich im Dschungel verbergenden Vietkong-Kämpfer. Aber das Gift rieselte auch massenhaft auf Felder und Dörfer. Ergebnis: Von den drei Millionen getöteten Vietnamesen sind rund zwei Millionen Zivilisten.

Zur Hochphasen des Krieges benötigen die Amerikaner jährlich bis zu 45 Millionen Liter Herbizide. Der wachsende Bedarf wird unter anderem von einer deutschen Firma gedeckt. Fünf Jahre lang wird eine Fläche von 2,2 Millionen Hektar mit zehn Millionen Einwohnern systematisch besprüht. Statistisch gesehen bekommt jeder Einwohner fast 16 Liter dioxinhaltiger Säure ab. Dass so was nicht gesund sein kann liegt auf der Hand. Vergiftungen, Umweltschäden, „Menschenschäden". Die Auswirkungen sind noch immer spürbar. Die Fabrikarbeiter in Deutschland, deren Krebsrate sich verdoppelt und die Selbstmordrate drastisch erhöht hat. Die Vietnamesen und Amerikaner, die unter Appetitlosigkeit, Nierenversagen, Hautkrebs bis zu Chromosonschäden leiden und unter eben diesen Fehlbildungen, die auf den abschreckenden, grausamen und äußerst bewegenden Fotos im Museum zu sehen sind. Der Vietnamkrieg ist hier immer noch allgegenwärtig. Schätzungsweise anderthalb Millionen Vietnamesen sind vergiftet und bis zu vier Millionen von den Spätfolgen – insbesondere den verseuchten Böden – betroffen.

Hier wird mir erneut bewusst, wie sehr die Geschehnisse auf dieser Welt zusammenhängen. So sind sowohl die Kriege in Vietnam Produkte der internationalen Zusammenhänge, insbesondere des Zweiten Weltkrieges und kalten Krieges. Im Rahmen der Kolonialisierung wurden sowohl Vietnam als auch Kambodscha Protektorate Frankreichs. Die Einführung der Geldwirtschaft am Ende des 19. Jahrhunderts verstärkte die voranschreitende Verarmung der Bevölkerung, wodurch kommunistische Ideen großen Anklang fanden. Ein großer Anhänger war Ho Chi Minh, der die kommunistischen Parteien des in drei Protektorate geteilte Vietnams vereinte. Im Laufe des Zweiten Weltkriegs besetzte Japan die Kolonie. Erst mit der Kapitulation Japans 1945 konnte sich Vietnam kurzzeitig von der Schutzherrschaft sowohl Frankreichs als auch Japans befreien. In diesem Jahr rief Ho Chi Minh die Demokratische Republik Vietnam aus. In einem Versuch, Vietnam wieder unter seine Herrschaft zu stellen, bekämpfte Frankreich von 1946 bis 1954 im Rahmen des „Indochina-Kriegs", die Regierung Ho-Chi-Minhs, die inzwischen vom kommunistischen China unterstützt wurde. Die USA unterstützten inzwischen Frankreich. Auslöser: Die „rote Angst". Auf der Indochinakonferenz in Genf 1954, wo auch Kambodscha seine Unabhängigkeit erlangte, wurde dann die Teilung Vietnams entlang des 17 Breitengrades beschlossen – in den kommunistisch geprägten Norden und den von Frankreich beanspruchten Süden. In darauf folgenden Wahlen sollten eine Regierung für ganz Vietnam gewählt werden. Doch dazu kam es nicht: Die USA befürchteten eine Ausbreitung des Kommunismus in ganz Südostasien, sodass die Regierung Südvietnams mit amerikanischer Unterstützung die Durchführung der Wahlen verhinderten. Der Grundstein für den Vietnam-Krieg war somit gelegt.

Der angebliche Beschuss amerikanischer Kriegsschiffe durch nordvietnamesischer Schnellboote war der Auslöser des Vietnam-Krieges 1964. Trotz der militärischen Überlegenheit konnten die Südvietnamesen unter der Unterstützung der Amerikaner gegen die Nordvietnamesen, die sich in den umkämpften Gebieten weitaus besser auskannten als die Amerikaner, durch geschickte Tunnel-Systeme immer wieder Erfolge verzeichnen und letztlich auch einen eigenen und keinen fremden Krieg führten, die Auseinandersetzung nicht gewinnen. Aufgrund massiver öffentlicher Proteste zogen sich die USA 1973 aus dem Krieg zurück, 1975 folge die Kapitulation Südvietnams. Die sozialistische Republik Vietnams wurde gegründet. Bis zu 3,8 Millionen Menschen, hierunter zwei Millionen Zivilisten und 60.000 amerikanische Soldaten, fielen dem Vietnam-Krieg zum Opfer. Weitere zwei Millionen Menschen sind nach diesem grausamen Krieg verstümmelt.

Auch Kambodscha litt direkt unter den Folgen des Vietnam-Krieges. Grenznahe Gebiete wurden ebenfalls von den Amerikanern mit bombardiert. Daraufhin entwickelte sich in der Bevölkerung eine Anti-Amerika-Bewegung, die sich gleichzeitig gegen die von den Amerikanern unterstützte Lon-Nol-Regierung richtete. Die Kommunistisch-maoistische Partei von Pol Pot gewann an Unterstützung und konnte durch die Hilfe Nordvietnams 1975 die Macht in Kambodscha übernehmen. Das Schreckensregime in Kambodscha begann. Erst, als der Bürgerkrieg auf Vietnam übersprang und Attacken auf vietnamesisches Gebiet zunahmen, marschierten vietnamesische Gruppen in Kambodscha ein, stürzten das Pol-Pot-Regime und errichteten einen von Vietnam unabhängigen „Revolutionären Volksrat", der bis zu den ersten freien Wahlen 1990 bestand.

Das heutige Vietnam ist ein Einparteienstaat, in dem die kommunistische Partei das Monopol auf die Macht hat. Das Verbot von Oppositionsparteien ist verfassungsrechtlich verankert. Anfang der 90er Jahre fanden Wirtschaftsreformen in Vietnam statt, wodurch ausländische Investitionen angelockt wurden. Die internationale Unterstützung führte zu einem starken Wirtschaftswachstum, sodass ich mich auf Fahrten durch das Land immer wieder gewundert habe, ob die Wirtschaft nicht doch sehr stark kapitalistisch geprägt ist. Doch immer noch ist das Durchschnittseinkommen mit $800 ziemlich gering und trotz der stark industriell geprägten Städte sieht man auf dem Land hauptsächlich Landwirtschaft. Vietnam hat stolze 90 Millionen Einwohner. Die Analphabetenrate ist gering, die Lebenserwartung liegt bei 72 Jahren. Fast westliche Verhältnisse. Wenn man sich jedoch anguckt, wie die Menschen in den Wellblechhütten oder auf den Booten leben, rückt dieser Vergleich wieder in weite Ferne.

Und wieder ein bisschen Kommerz

So, nun wieder was Erbauliches: Shoppen. Da ist zum Beispiel der Benh-Than-Markt. Endlose enge Gänge von Ständen und das immer wiederkehrende Angebot: Stoffe, billige Markennachahmungen, Opiumpfeifen, Schmuck ... die Auswahl ist schier endlos, auch wenn wiederholend. Wir quetschen uns durch die Menge, weichen Händen von Verkäuferinnen aus, die uns festhalten wollen und immer neue Angebote entgegenstrecken, uns anreden und um Preise feilschen. Kopfschmerzen sind vorprogrammiert. Man verspürt überhaupt keine Lust, an irgendeinem Stand zu halten und sich in Ruhe die Sachen anzugucken, denn das „in Ruhe" gibt es hier nicht.

Irgendwann ist eine Pause zwingend, so dass der Friseur um die Ecke zur rechten Zeit kommt. Hier ist es schön sauber, gesittet und europäisch, wenn auch voll. Meine blonden Haare erregen wieder Aufmerksamkeit: Jeder will mal anfassen und der Chef schneidet sie mir persönlich. Im Endeffekt kriege ich dadurch fast einen richtig asiatischen Bob.

Wir laufen – und verlaufen uns – zurück zum Hotel, denn wie immer gibt es viel zu gucken. Die Kontraste sind scharf: Teure Mercedes und Audi neben heruntergekommenen, kaum funktionstüchtigen Mofas. Schöne französische Villen neben Plattenbauten. Knapp bekleidete Mädchen in „Friseursalons" neben indische Pagoden, chinesischen Tempeln, dem „Notre Dame" von Saigon. Dann der sozialistische Wiedervereinigungspalast, Parks und vor allem Menschen, Mofas und Müll. Ich kann gar nicht guten Gewissens durch die Straßen laufen. Jeder geht stoisch seiner schlecht bezahlten Beschäftigung nach, und sei es nur Warten auf Kundschaft, was hier einen Großteil des Tages ausmacht.

Emsige Frauen tragen Öfen und Waffeln an einer Stange befestigt auf der Schulter mit sich herum, Kinder strecken mir Postkarten entgegen, ein Mann lässt seine Hose herunter und erledigt sein Geschäft auf der Straße, alte Frauen mit tiefen Falten und gebeugtem Rücken versuchen, Lotterietickets loszuschlagen, ein Bettler zeigt seinen Oberkörper, deformiert durch das Entlaubungsmittel Agent Orange. Vom Alter gebeugt, vom Agent Orange verstümmelt, von der Armut gezeichnet. In fast jedem Geschäft steht auch ein Bett, da sich die Menschen eine zusätzliche Wohnung einfach nicht leisten können. In Kambodscha spannen die Tuk-Tuk-Fahrer eine Hängematte in ihrem Tuk-Tuk auf; die Motofahrer hier machen es sich nachts einfach auf ihrem Motorrad bequem, wenn man das so nennen kann. Mit enttäuschtem Blick und abgehärteten Augen wenden sich diejenigen ab, deren Angebot ich ausschlage. Das Leben ist schwer. Auch für die Tiere: Auf dem Rücksitz eines Motorrads ist ein kleiner Käfig befestigt, in dem mehrere Hunde übereinander gestapelt und eingezwängt sind. Sie blicken mich flehend aus traurigen Hundeaugen an und jaulen jedes Mal auf, wenn das Motorrad über einen Huckel fährt. Eins ist klar: Ich probiere hier zwar vieles aus, aber keine Hundewurst! Abends gehen wir in einem Seafoodrestaurant essen, wo die Tiere in winzigen Aquarien „frisch für den Teller" gehalten werden, Schildkröten sind auch dabei. Ich sehe, wie ein Kellner einen Aal aus einem Aquarium holt und ihn mit voller Kraft auf den Boden schleudert – tot. Der Red Snapper, der ihm aus der Hand springt, wird kurzerhand mit der Faust auf den Kopf geschlagen, bis das Zappeln aufhört. Hier wird man wirklich zum Vegetarier. Das Buch „Fliegen ohne Flügel", was ich momentan lese und wirklich nachdrücklich empfehlen kann, hat auch hierzu eine Geschichte: Ein Restaurant in China, wo alle möglichen Tiere in Käfigen in der Mitte des Restaurants stehen und die Besucher sich alles Erdenkliche wüschen können. Hat einer Appetit auf Affenhän-

de, so werden sie dem Affen kurzerhand abgehackt und er lebt solange weiter, bis jemand Lust auf sein Hirn verspürte. Mein Vater kennt dazu eine Story aus China: Oft werden Affen dort lebend die Köpfe aufgespalten, damit man das frische Hirn essen kann.
Menschen können abartig sein.
Weihnachtsstimmung kommt hier in Vietnam keine auf, trotzdem machen wir uns Heiligabend schick und gehen in einem Restaurant essen. Hier macht Schenken noch Spass: Voller Vorfreude übergibt sich ein vietnamesisches Pärchen euphorisch jeweils ein Geschenk und guckt dem Anderen beim genießerischen Auspacken zu. Im Kontrastprogramm dazu eine europäische Familie: Zwei Kinder, die nur vor ihren Gameboys sitzen, und überhaupt keine Gespräche.

Zu Fuß im Stau

Der Rückweg beweist, dass Saigon vorher noch nicht am Anschlag gewesen war, denn es scheint, als seien nun alle acht Millionen Einwohner hier in der Innenstadt versammelt. Wieder lauter Kinder in Weihnachtskostümen; die typischen Foto-Orgien; Teenager, die sich mit Schnee aus der Sprühdose besprühen. Ich habe noch nie so viele Menschen auf einem Haufen gesehen; der Straßenverkehr liegt gänzlich lahm.

Aber ein „Geht nicht" gibt's nicht im vietnamesischen Straßenverkehr, und so schieben sich die Mofas unaufhörlich durch die Menschenmasse, Reifen an Reifen bzw. Reifen an Schienbein. Auf der Suche nach einem schönen Lokal, das nicht für eine geschlossene Gesellschaft reserviert ist, begehen wir den Fehler uns hinter dem Rathaus durchzuwurschteln. Die Motorräder, von der Hauptstraße verdrängt und durch Menschen ersetzt, versuchen hier ihr Durchkommen, und verwandeln den Bürgersteig kurzerhand auch in eine Straße. Wir stehen buchstäblich zum ersten Mal in unserem Leben in den ganzen Abgasen als Fußgänger im Stau, quetschen uns an den Mofas vorbei und müssen aufpassen, nicht unsere Beine an den heißen Auspufftöpfen zu verbrennen. Die weihnachtliche Dudelei geht gehörig auf den Keks, ganz zu schweigen von der Dreistigkeit der Mofafahrer, einfach den Bürgersteig in Beschlag zu nehmen. Zur Belohnung finden wir immerhin ein nettes Lokal, wo der Abend fernab vom Lärm ruhig ausklingt.

In der Hotellobby gebe ich noch ein kleines Weihnachtskonzert auf dem kleinen Flügel, habe aber fast alles schon vergessen – ziemlich niederschmetternd. Für uns ist der Abend um halb zwölf zu Ende, da wir am nächsten Tag früh nach Mui Ne aufbrechen wollen, doch draußen geht die Party erst richtig los: Technomusik dringt durch die geschlossene Balkontür in unser Zimmer, Menschen jubeln und klatschen. Die Kirchenglocken überschlagen sich fast vor Läuten. Der hoteleigene Weihnachtsmann guckt kurz rein und uns ein paar verpackte Bonbons. Ein sehr anderes, aber auch schönes Weihnachten.

Tschüss und Auf Wiedersehen, Asien

Die Woche in Mui Ne verläuft unspektakulär. Zeit, letzte Vorkehrungen für meine nächsten Reisen zu treffen, meinen Rucksack möglichst sinnvoll zu packen (unglaublich, wie viel Platz man dadurch einsparen kann!) und die restlichen Tage mit meinen Eltern zu genießen. Das heißt am Strand ausruhen, sofern mal die Sonne schien und man bei Ebbe auch mal weg von unserem steinigen, zubetonieren Strandteil gelangt.

Der letzte Tag im Jahr fällt auf unseren letzten Tag in Mui Ne. Wir fahren zurück nach Saigon. Es ist alles wie immer: Wenn man auf der einspurigen Straße nicht links überholen kann, dann muss es eben rechts auf dem Standstreifen gehen. Dann per Flugzeug nach Hanoi.

Ankunft: Kein gutes Zeichen. Alle erfahrenen Vietnamesen holen noch im Flieger ihre dicken Jacken und Mützen raus. Zu Recht: Im Gegensatz zu Saigon ist es hier mit vierzehn Grad frisch.

Das Wetter drückt aufs Temperament: Kaum Gehupe, asiatisch gesehen humane Verkehrsverhältnisse. Neben uns hält ein reicher Chinese im nagelneuen schwarzen Lexus, ich fühle mich in der Dunkelheit wie James Bond auf der Jagd nach der chinesischen Mafia.

Hanoi

Kalter, grauer, diesig. Trotzdem lächeln die Menschen, alles spielt sich auf dem Bürgersteig ab. Alle sind eingepackt, als herrsche tiefster russischer Winter. Kein Wunder – dreieinhalb der hier sechseinhalb Millionen Einwohner fahren Motorrad, darauf wird es auch mal kalt. Tausend sozialistische Gebäude neben wunderschönen, alten, typisch gelben französischen Kolonialbauten. Von den immergleichen grauen Balkonen der Massenwohnanstalten flattert die rote Fahne, Hammer und Sichel überall. Das Zentrum für nationale Sicherheit schüchtert ein und erinnert an George Orwells *1984*. Nur die pinken Hochzeiten überschatten den grauen, grausamen Alltag..

Unser Fahrer, nett und neugierig: „You are from Germany? High living standard there." Stimmt. Etwas, dessen wir uns gar nicht bewusst sind.
Er bezeichnet die Vietnamesen als faul, weil sie sonntags bis halb acht ausschlafen. Was denkt er denn von den Europäern? Dass wir den ganzen Tag lang arbeiten? Höherer Lebensstandard gleich höherer Arbeitseinsatz?
Man kann viel von den Vietnamesen sagen, aber gewiss nicht, dass sie faul seien. Den ganzen Tag arbeiten sie auf den Feldern, in den Fabriken, auf den Straßen. Es geht hier – für viele, die meisten? – ums Überleben. Jeder geht emsig seiner Beschäftigung nach, mit stoischer Ausdauer, Standhaftigkeit, Trotz.

Unser Hotel ist imposant und schön, aber wir haben wenig davon. Gleich geht es zu einem hübschen kleinen Restaurant: Hinter einer eher hässlichen Fassade verbirgt sich ein schöner Hinterhof mit französischer Villa. Sowohl Essen als auch Ambiente sind perfekt.

Heute ist der letzte Tag des Jahres und vom Ufer des Hoan-Kiem-Sees dröhnt Techno- und Housemusik. Ein DJ feuert die größtenteils junge Menge an und in meinen Füßen juckt es. Ich will tanzen!

Wir schlendern um den See herum, es ist voll, wenn auch im Vergleich zu Weihnachten in Saigon öde. Kitschige Blumengestecke und -arrangements werden von begeisterten Asiaten tausendfach fotografiert und von grimmigen Wächtern in militärgrüner Uniform streng bewacht. Der Tempel in der Mitte des Sees ist in bunten Farben erleuchtet, die Uferbäume säumen bunte Lichter. Menschen mit Öfen aus Keksdosen grillen Mais und getrocknete Tintenfische, einem Mann wird aus der Hand gelesen. Der Duft nach Jackfruits, gepaart mit dem von Grillwürstchen, liegt in der Luft. Von weitem höre ich den „Countdown", der auf Englisch runtergezählt wird. Meine Eltern setzen, unberührt davon, dass gerade das neue Jahr angebrochen ist, ihren Weg fort. Kein Feuerwerk, keine sich umarmenden Menschen, nur ferner Jubel von der anderen Uferseite. Business goes on as usual.

Das Einzige, woran man merkt, dass heute für uns Westler ein besonderer Tag ist, sind die paar mehr Motorräder als üblich, die zu dieser Stunde unterwegs sind. Ansonsten: Nichts. Zu gerne würde ich das vietnamesische Neujahr mal erleben, oder jetzt die Stimmung in HCMS.

Das neue Jahr beginnt

Die nächsten Propagandaposter werden ausgerollt. Ein Zug rattert vorbei, die Fenster vergittert. Müll wird halbherzig eingesammelt. Die Felder sind penibel bestellt und werden per Gießkanne gewässert. Die Ware wird ordentlich und umsichtig auf das Motorrad geschnallt. Der nächste Arbeitstag kann beginnen.

Mit einem Kleinbus geht's in Richtung Halong-Bucht, dem angeblichen Höhepunkt einer jeden Vietnam-Reise. Wie alle Touristen werden wir zur Pause an einer Werkstatt abgeladen, wo Körperbehinderte, auch durch Agent Orange, Bilder in Tücher sticken. Wer will was kaufen?

Die Halong-Bucht ist magisch, ich fühle mich wie in *Avatar*. Riesige Kalksteinriesen ragen aus dem Wasser, teils bewaldet, teils kahl, in den verschiedensten Größen und Formen. Dichte Wolken verschlucken die Felsen am Horizont. Wir können nur erahnen, dass es landschaftlich noch ewig so weiter geht.

Unser Boot ist wunderschön, von innen schauen wir herab auf die Vietnamesen, die fischen oder neben uns herpaddeln, um noch ein paar Ketten an den Mann zu bringen.

Mit einem kleinen Boot rudert man uns durch einen schmalen Durchgang in das Innere eines solchen Felsblocks. Eine wunderbare Stille umfängt einen, wenn nicht grade jemand Tierrufe nachahmt oder albern mit dem Kajak gegen eine Felswand dotzt. Auf der nächsten Insel ein kleiner Sandstrand mit Volleyballfeld; die Kälteresistenten gehen sogar schwimmen. Also die 400 Stufen zu einem Aussichtspunkt hochgekraxelt: Felsen, solange die Wolken sie nicht überlagern, und lauter Touristenschiffe mit gesetzten Segeln – ein wunderschöner Anblick. Nicht auszumalen, wie das alles bei blauem Himmel und türkisgrünem Wasser aussehen könnte.

Mit zehn anderen meiner Mitreisenden stehe ich am nächsten Morgen um sieben Uhr morgens auf dem Sonnendeck und fühle mich ziemlich lächerlich. Während die wunderschöne Landschaft an uns vorüberzieht, mühen wir uns mit komplizierten Bewegungsabläufen ab. Der Spanier vor mir wirbelt enthusiastisch mit den Händen durch die Luft und ringt um sein Gleichgewicht, als er auf einem Bein stehen soll: Wir machen Tai Chi, die Morgengymnastik der Vietnamesen. Den Rest des Tages verbringe ich im Bett – mal wieder krank. Aber es gibt schlimmere Orte, um krank zu sein, zum Beispiel eine Berghütte in Nepal. Ich liege im weichen Bett, während wie auf einer riesigen Kinoleinwand die Kalksteinfelsen am Fenster vorüberziehen.

Ende der Magie

Nach drei Tagen fahren wir zurück nach Hanoi.
Es läuft nicht wie geplant. Statt, wie erwartet um 15 Uhr, treffen wir um 17 Uhr in Hanoi ein und werden als Letzte zu unserem Hotel gebracht. Den Literaturtempel, den ich mir eigentlich angucken wollte, kann ich also schon mal knicken. Auch der nächste Tempel auf dem Programm schließt genau vor meiner Nase seine Pforten. Ich sehe kaum etwas von Hanoi und bin dementsprechend enttäuscht. Kurz darauf folgt ein Tief: Wieder alleine weiterreisen, zu einem Kontinent, wo mich keiner erwartet (abgesehen vielleicht von Perry, einem Freund meines Onkels, bei dem ich übernachte) und ich nicht weiß, was kommt. Überhaupt gefällt mir Asien so gut; dass ich diese Entspanntheit hier nicht missen möchte, dieses „In-den-Tag-hinein-leben". Ich kann grad einfach nicht mehr. Durch den Besuch meiner Eltern habe ich einen Teil meiner grade errungenen Selbstständigkeit wieder eingebüßt und fühle mich wie ein Kind. Asien hat mich unglaublich beeindruckt und fasziniert, mir aber auch viel von meiner Kraft geraubt. Immer reisen, aus dem Koffer leben, immer neue Menschen kennenlernen, mit neuen Gerüchen, Bildern, Eindrücken klarkommen. Der stille Vorwurf, Europäer und weiß zu sein, begleitet jeden meiner Schritte. Diskriminierung andersherum, auch das strengt mich sehr an. Immer die Blicke von den Bettelnden abwenden, denen man gerne helfen würde, wahrscheinlich sogar helfen könnte, aber nein, ich will kein Geldautomat sein. Zerrissen zwischen dem Missfallen,

Asien zu verlassen, dem Wille, mehr zu sehen, und der Ausgelaugtheit, die mir der Besuch meiner Eltern deutlich gemacht hat, siegt am Ende mein – Ehrgeiz? Ich habe einen Traum. Beziehungsweise hatte einen Traum, denn er wird langsam Realität. Ich will einmal um die Welt reisen, und zwar jetzt. Nicht erst in fünf Jahren, wenn mir (hoffentlich) ein Jobangebot den Weg versperrt oder ich andere Verpflichtungen habe, die mich vom frei sein abhalten. Ich werde wahrscheinlich nie wieder in meinem Leben so ungebunden und frei von so vielen Verantwortungen, so offen für Neues und anpassbar zu jeder Lebensbedingung sein. Ich zieh das jetzt durch, auch wenn es grade schwer ist. Und mal ganz ehrlich: Wie sehr kann man schon darüber meckern, dass man einmal um die Welt reisen „muss"?

Zur Beruhigung der Nerven aller marschieren wir zu dem für heute ausguckten Restaurant und – Bingo – es ist einfach toll: Eine Garküche in gehobenem Ambiente. In einem Riesenhaus mit Riesengarten werden auf mehreren Etagen Gäste mit den typischen Spezialitäten der hiesigen Garküchen verwöhnt. Als krönenden Abschluss bestellt meine Mutter den „Hot Pot Seafood", ein Gericht, das sie schon seit jeher auf den diversen Speisekarten fasziniert hat. Kurze Zeit später balanciert der Kellner einen Teller herbei: roher Fisch und Meeresfrüchte, Salat und vorgekochten Nudeln samt einem riesigen Topf mit Feuerstelle darunter. Überforderung! Der Kellner muss uns erstmal helfen, das Gericht vorzubereiten, und weil es so üppig ist, helfen mein Vater und ich beim Essen mit. Gerade für meine Mutter geht dieses Experiment nicht gut aus: Alle Leute gucken, als sie mit tränenden Augen, hustend und mit laufender Nase nach Atem ringt. „Scharf!!", bringt sie grade noch hervor. Die kleinen Stücke Chili in der Suppe hatten es wohl in sich. Ab da sind mein Vater und ich vorsichtiger und fischen unsere Chili-Stücke aus dem Essen, aber meine Mutter ist sich sicher: „Einmal Hot Pot und nie wieder!"

Das nagende Gefühl bleibt: Ich will nicht weg. Mal ganz abgesehen davon, dass ich von jetzt an wieder alleine losziehe, habe ich mich in Asien verliebt. Die Andersartigkeit fasziniert mich; stundenlang könnte ich die Städte und Dörfer durchstreifen, einfach nur beobachten und staunen. Es gibt hier noch so viel, was ich gerne sehen würde; Laos, Malaysia, Singapur, Indonesien ... es geht endlos weiter. Ich will die entspannte Atmosphäre, die Gelassenheit und die netten Menschen (wobei ich besonders an Kambodscha und auch Nepal denke!!) nicht verlassen.

Die Morgennachrichten schallen aus den Lautsprechern. Wir schlendern ein letztes Mal durch Hanoi. Es ist einfach phantastisch hier. Viele nette Häuschen, in der Altstadt lauter Gässchen, und in jeder ein anderes Warenangebot. Tausend Schuhe, tausend Farbeimer, es geht ewig so weiter. Überall sind kleine – wortwörtlich – Straßencafés, Menschen schlürfen das morgendliche Pho (Suppe) und wärmen sich an den Teetassen. Frauen schleppen ihre Ware herum und versuchen, ein paar Backwaren an uns zu verscherbeln. Die Stromkabel wirr wie immer, kleine Tempel quetschen sich zwischen die anderen Häuser, und hier und da ein paar ausnehmend schöne Häuser. Ich fotografiere eine alte Frau auf ihrem Balkon, die mir sofort mit breitem Lächeln zuwinkt. Ich winke strahlend zurück – das ist der Grund, warum ich Asien liebe. Verzichten kann ich dagegen auf Gespräche, die ich davor zwischen einem Guide und einem Touristenpaar gehört habe: „You have so much money! I am so poor." Jetzt kommt Australien, das heißt keine Bettler en masse mehr, Menschen, die einem Gliederstumpfe entgegenhalten oder ihre hungrigen Kinder. Natürlich gibt es das auch in Deutschland, aber nicht in solchem Maße und vor allem nicht in einem so von Armut durchtränktem Umfeld.

Meine Eltern begleiten mich zum Flughafen. Nach ein paar schnellen Tränen bin ich – erstmal – wieder alleine. Ich kann gar nicht glauben, dass das erste Drittel meiner Reise – Asien – schon passé ist! Meine wahrscheinlich interessanteste Erfahrung. Ab jetzt ist kulturell weniger zu entdecken; keine schrägen Geschichten über Nachbarn, die von den Geistern gequält werden; keine verrückte Taxifahrt mit Fast-Überfall; kein Kauern über drei Portionen Frühlingsrollen, weil die Bedienung einen falsch verstanden hat. Keine Straßenküchen, quirligen Märkte, Umrechnungen mit wahnwitzig hohen Zahlen. Ab jetzt gibt es keine unbekannten Speisen mehr, keine faszinierenden Traditionen mehr zu bestaunen, deren Sinn ich nicht kapiere. Ab jetzt verstehe ich wahrscheinlich alles, nicht nur sprachlich, sondern auch kulturell. ES macht mich traurig, einfach nicht mehr so viel entdecken zu können, kein so aufregendes Abenteuer mehr zu erleben. Zwar noch Nervenkitzel, aber kein Nervenzerreißen mehr. Dafür hat der „fünfte Kontinent" sicher auch Riesenvorteile. Ich freue mich schon auf meinen ersten richtigen Salat. Endlich wieder Kranwasser trinken, unendlich viel ungeschältes und ungekochtes Obst und Gemüse futtern und das Klopapier das Klo runterspülen zu können, ohne Angst haben zu müssen, damit das labile vietnamesische Abflusssystem zu sprengen. Ohne größere Schwierigkeiten die Straße überqueren und Dinge kaufen zu können, ohne erst in langwierige Verhandeln eintreten zu müssen, nicht mehr durch die Hautfarbe „diskriminiert" zu werden und stattdessen voll integriert und akzeptiert zu sein, mich mehr als „reich" abgestempelt zu fühlen und nicht mehr übers Ohr gehauen zu werden, einfach – ein Stück Bekanntheit im Neuland.

Manuskripte gesucht
Sachbuch, Reise, Biographien, Belletristik
Alles, was bewegt
interconnections-verlag.de

AUSTRALIEN, SYDNEY

Was für ein Leben!

Eine Woche
Am Donnerstag, den 05.01., treffe ich auf dem fünften Kontinent ein. Und wieder ist alles anders, diesmal aber wirklich: Die Menschen meist weiß, alles sauber, Regeln über Verhalten und Einfuhr – ich schmuggle erstmal ein Paket Erdnüsse mit ein, weil es mir zu umständlich ist, diese bei der „nut-section" der Zoll-Karte anzugeben. Ungewohnte Über-Bürokratie. Alles so geordnet und sauber, die Menschen sind unglaublich nett und hilfsbereit, und beim Check-In für meinen Flug nach Sydney – ich bin in Melbourne gelandet – treffe ich schon auf den ersten Typen, der mit Surfboard eincheckt. Ich muss in Australien sein!
  Wir fliegen über endlose Weiten und Flachland, hie und da ein spärliches Farmleben. Wir nähern uns immer mehr der Westküste, bis wir in der „Perle Australiens" ankommen. Sydney. Früher als geplant landen wir, schneller als gedacht bekomme ich mein Gepäck, aber der Shuttle, den Perry mir bestellt hat, kommt nicht. Nach einer Stunde gerate ich allmählich ins Schwitzen, bis mein Fahrer auftaucht und mich in die Stadt fährt. Unterschied zu Asien: Hier wartet der Kunde, da wartet der Fahrer.
  Hier ist alles so geordnet und sauber. Der Straßenverkehr verwirrt mich wegen des Linksverkehrs. Nicht, dass ich das in Nepal und Thailand nicht erlebt hätte, aber da war eh alles so verrückt und ungeordnet, dass mich das gar nicht gestört hat. Jetzt sitze ich in dem gekühlten Shuttle, höre endlich wieder Musik, die ich kenne, und sauge begierig alles auf. Ich weiß gar nicht, was ich von Australien halten soll – viel anders als in Amerika wirkt das hier nicht. Dabei war Asien war so schön, so außergewöhnlich, exotisch und aufregend. Doch endlich, endlich erfasse ich, dass ich in Sydney bin, in Sydney!, und langsam breitet sich ein breites Lächeln auf meinem Gesicht aus.
Über die Harbour Bridge, einen ersten Blick auf die Oper erhaschen, geht es weiter nach Norden, einen Hügel hinauf, und schon stehe ich vor dem Haus, das ich mir vorher bei GoogleEarth schon mal angeguckt habe. Ein durchschwitzter Junge keucht an mir vorbei die Einfahrt hinauf. Ich habe überhaupt keinen Schimmer, wer oder was mich jetzt hier erwartet. Unsicher steige ich die Stufen hinauf – wo ist denn hier bloß der Eingang? – und klingle. Der Junge öffnet. Verwirrung auf beiden Seiten. „Are you Perry?" Das kann ja gar nicht sein, Perry ist schließlich ein Freund meines Onkel, und der ist jetzt wirklich keine zwanzig

Jahre mehr alt. Nein, er ist Schwede, und Perry ist nicht da, aber meine Ankunft wurde schon angekündigt, so dass er mir erstmal das Haus zeigt. Victor ist zweiundzwanzig Jahre alt, richtig nett und grade eine Stunde lang den Hügel hinaufgelaufen, weil er letzte Nacht in Bondi Beach auf einer Party war und Geld, Handy und seine schwedischen Freunde samt Campervan verloren hat. Welcome to Sydney, Baby! Bald darauf schneit Naoko, Perrys Frau, mit zwei Kindern und ihrer Mutter herein. Dass Perry Kinder hat, wusste ich vorher auch nicht, aber Chintaro (Junge, fünf) und Hanako (Mädchen, zwei Jahre alt) sind unglaublich süß. Und Naoko erst – die japanische Freundlichkeit in Person, dazu eine einnehmende Ausstrahlung und äußerst hübsch. Auch, wenn ich hier keinen Platz für mich alleine habe und meine Sachen gleich im Wohnzimmer, wie ich finde jedem im Weg stehen, fühle ich mich sofort wohl.

Eine multikulturelle Großfamilie

Zur Feier des Tages lädt Perry alle zum Italiener ein. Zusätzlich zu der Familie sind hier nämlich insgesamt noch zwei weitere Schweden und ein Däne. Fast wie in einem Hostel! Die Speisekarte überfordert mich – Reis finde ich nicht! Aber dann, nach drei Monaten endlich wieder ein richtiger Salat mit Avokado und Mango!

Ich fühle mich wie in einer internationalen Großfamilie. Wir benötigen zwei Autos, um zum Restaurant zu fahren, und ich fahre mit den Jungs im Campervan. Vier Jungs in einem Van gleich Klamotten überall auf dem Boden verstreut und ein beißender Geruch nach Pumakäfig. Die Jungs spielen beim Essen die ganze Zeit mit den Kleinen, Naokos Mutter sitzt stumm bei uns am Tisch, weil sie kein Wort Englisch spricht, und Perry und ich unterhalten uns über Gott und die Welt. Zum Nachtisch holen wir ein Eis, leihen eine DVD aus, setzten uns vor den Fernseher und lassen es uns gut gehen. Ich fühle mich fast wie in Amerika und äußerst wohl.

Sydney gefällt mir auf Anhieb. Gleich am ersten Tag gehe ich joggen, und hier, südlich des Stadtkerns, ist es richtig schön, hügelig, lauter Strände und Buchten, moderner Häuser – etwas an L.A. erinnernd. Naoko setzt mich ab und ich laufe los, aber aufgepasst, auch auf der Promenade herrscht Linksverkehr! Dann zieht das Wasser mich magisch an. Ich laufe barfuß in der frischen Brise am Strand. Alle hier sind irgendwie aktiv und attraktiv, mit den Kindern oder dem Surfbrett unter dem Arm unterwegs und das Leben genießend. Nach dieser erfrischenden Joggingrunde die nächste Überraschung: Als ich am Zebrastreifen anhalte, um die Autos durchzulassen, bleiben alle Autos stehen. Was machen die denn da? Doch dann fällt mir wieder auf, dass ich nicht in Asien bin, und husche beschwingt über die Straße.

Karl, einer der Schweden, nimmt mich mit zum Bondi Beach, dem wohl berühmtesten Strand Sydneys. Also ab in den Campervan und losgefahren, wieder über die Harbour Bridge, vorbei an der weltberühmten Oper. Ich verfranse mich mit den Wegweisungen auf seinem schwedischen iPhone, und schon gibt es eine kurze kostenlose Sightseeingtour durch Downtown Sydney. Es ist schon spät und daher wenig los, aber der Strand ist wunderschön, gesäumt von Palmen, einer kleinen Bucht und Häusern drum herum. Eine Frau in rotem Jogginganzug sitzt im Yogasitz vor dem Meer, umgeben von Möwen, wie aus dem Fotokatalog. Nach einem kurzen Spaziergang über den Strand gehen Karl und ich noch etwas trinken. Ich bin etwas gestresst: Es ist schon halb sechs, bald wird´s dunkel, und im Finstern noch nach Hause zu fahren ist ja nicht so gut! Doch die Sonne will nicht untergehen, so dass ich mir in Erinnerung rufe: Du bist nicht in Asien, hier wird es erst so um halb zehn dunkel, und relativ sicher ist es hier nachts auch. Fasziniert gucke ich der Sonne zu, wie sie sich gemächlich verabschiedet, während Karl und ich nach Hause fahren. Im Campervan, mit seiner neuen Stereoanlage voll aufgedreht und runtergelassenen Fensterscheiben, brausen wir die Strände entlang durch den Linksverkehr – welch ein Leben!

Surfer's Paradise

Endlich mal geht es Surfen! Perry schnallt die Bretter aufs Dach und die Kinder in die Kindersitze. Die Jungs werden vergeblich wachgerüttelt, also geht's ohne sie los, ab nach Manly. Es ist schon eine Menge los hier, lauter ambitionierte Surfer hocken auf ihrem Brett und warten auf DIE Welle. Ich geselle mich dazu, aber puh, es ist weitaus anstrengender, als es immer aussieht! Schon die richtige Welle zu erwischen wird zu einer Herausforderung. Das Paddeln erweist sich als richtig anstrengend, und ich befürchte, Leute mit meinem Brett zu überfahren. Andere Profisurfer geben mir aufmunternd Tipps, und mit Perrys kräftiger Hilfe schaffe ich es, ein paar Wellen im Liegen zu nehmen. Einfach toll! Währenddessen zeigt Perry als gekonnter Surfer, Lifeguard und mehrmaliger Gewinner der Paddeling-Competition Australiens, was er drauf hat. Surfen? Ist doch einfach.

.Nach einer Dreiviertelstunde wird mir langsam kalt. Perry surft vor zum Strand, während ich auf meine letzte Welle warte. Da ist sie, türmt sich vor mir auf, ich paddle, was das Zeug hält, bin auf der Welle, dann taucht mein Surfboard mit der Spitze ein, katapultiert mich runter und ich finde mich mittendrin, untendrunter. Wo? Es tost und braust, ein paar mal werde ich herumgewirbelt und hab keine Ahnung mehr, wo jetzt oben oder unten ist. Völlige Orientierungslosigkeit, aber ich hab noch Puste und warte, bis ich von selbst nach oben treibe. Perry ist schon besorgt zur Stelle, weil mein Brett ohne mich aufgetaucht war, aber mir ist nichts passiert. Erst als ich mich später zum Trocknen an den Strand lege, verspüre ich ein leicht schwummriges Gefühl im Kopf. Wasser läuft mir noch den Rest des Tages aus Ohren und Nase. Aber keine Haiattacke, kein Schürfen über den Sand oder Nackenbrechen beim Anstoßen auf dem Grund – all diese Horror-Szenarien zeigt Perry mir auf. Da man hier nicht um seine Existenz kämpfen muss, wird aus so einem Surfunfall schon mal ein größeres Drama als in Asien gemacht.

Ich entdecke ein paar der 110 Strände der Millionenstadt. Mit zum erfolgreichen Syndeybesuch zählt natürlich noch das Nachtleben. Mit fünf schwedischen Jungs fahre ich im nach Puma duftenden Campervan Richtung „King's Cross", parken den Van in einer Seitenstraße und laufen zu einer Bar in der Nähe, wo ich gefühlte tausend weitere Schweden treffe. Die Schweden sind allesamt nett und lustig, sprechen aber leider auch, wie soll es anders sein, oft nur Schwedisch miteinander. Hier in der Bar fühle ich mich trotzdem um einiges wohler als in den Clubs Kambodschas: Keine Prostituierten oder geile weiße Knacker und um einen Dresscode muss ich mich auch nicht kümmern. Nur die Kakerlaken sind immer noch da.

Australisches Lebensgefühl

Einen ganzen Tag lang widme ich mich der Erkundung der Innenstadt von Sydney. Mit der Fähre tuckere ich von Manly Beach zum Circular Quay, bestaune die Kulisse der Stadt, schlendere zur Oper, durch den riesigen Botanic Garden, treffe ein paar Italiener, die mich ein Stück des Weges begleiten wollen, aber nach so viel Alleinreisens funktioniert das grad nicht. Denn das Alleinsein besitzt auch seine Vorzüge: Man kann nach Herzenslust und Laune schalten und walten, wie es einem beliebt, Halt machen und irgend ein Ziel ansteuern, selbst wenn man die absurdesten Umwege nimmt. Und genau das ist jetzt der Fall: Ich bummle bestimmt sechs Stunden durch Sydney, bis Oberschenkel und Füße schmerzen und ich das Gefühl habe, genug gesehen zu haben. Und das stimmt: Sydneys Innenstadt mit tausend Shoppingmöglichkeiten, alten Rathäusern und wunderschönen Einkaufsgalerien eingequetscht zwischen den zahllosen Hochhäusern; Darling Harbour mit dem schönen chinesischen Garten und dem eher hässlichen Hafen; und schließlich den Stadtteil „The Rocks", mit typischen alten Häuschen und Gassen, dem Planetarium und einen tollen Blick auf die Harbour Bridge. Froh, endlich wieder sitzen zu können, mache ich mich auf zur Fähre, vorbei an den Aborigines, die musizieren, und endlich „nach Hause".

Wie immer, wenn ich irgendwo ankomme, habe ich schon nach meinem ersten Tag das Gefühl, nicht lange genug zu bleiben. Wie immer, war ich erst skeptisch, und jetzt will ich nicht mehr weg. Und doch kommt auch hier der letzte Tag, typisch für Sydney: Schwimmen, in den Wellen surfen und die Sonne genießen. Naoko bereitet zur Feier des Tages Sushi zu. Uns kommen beide fast die Tränen, als wir uns zum Vor-Abschied umarmen. Wieder habe ich ein kleines Zuhause weit weg von zu Hause.

NEUSEELAND

Nordinsel – You gain some, you lose some

5 Wochen

Willkommen auf neuseeländischem Boden! Nach einem fast vierstündigen Flug (ich kann kaum glauben, dass es noch mal so weit ist – liegen Neuseeland und Australien nicht direkt nebeneinander?) merke ich, dass es hier deutlich frischer als in Sydney ist. Durch die Fenster erblicke ich Hügel und Seen – typisch neuseeländisch.

Wie schon am Ticketschalter der Emirates in Sydney angekündigt, stimmt die Reisepassnummer auf meinem Visum nicht, so dass ich ein Weilchen warten muss. Zum Glück! Denn direkt neben mich setzen sich zwei weitere Deutsche, Kakü und Magnus, mit demselben Problem. Fast sofort kommen wir ins Gespräch, verstehen uns auf Anhieb und marschieren nach erfolgreicher Visumvergabe weiter zur Gepäckkontrolle. Verrückt, was die hier alles wissen wollen – ob man in den letzten 28 Tagen in der Natur gewesen sei, joggen oder wandern, ob man mit Tieren zu tun gehabt habe, ob man IRGEND ETWAS an Essen einführe. Kakü antwortet zur Belustigung des Zollbeamten auf die Frage, ob sie Sportutensilien bei sich habe, mit: „Ja. Einen Bikini." Wir gehören zum Glück nicht zu denjenigen, die ihr ganzes Gepäck vor den Zollbeamten ausräumen müssen, und so landen wir vor dem Flughafen. Kakü und Magnus haben einige Probleme mit dem Abholservice ihrer Travel-and.Work-Organisation, da hab ich es als Alleinreisende einfacher: Ich setze mich einfach in einen Bus und ab geht's zum Hostel.

Abends treffe ich mich trotz einiger Schwierigkeiten mit dem ÖPV mit den beiden – hier muss man doch tatsächlich die Busse heranwinken, selbst wenn man wartend an einer Haltestelle sitzt. Das verstehe ich erst nach dem gütigen Einschreiten eines Bauarbeiters, der dabei zugeguckt hat, wie ich eine dreiviertel Stunde lang, während mich Bus um Bus passiert, verwirrt an der Bushaltestelle sitze.

Auckland City finde ich unsympathisch. Zwar finden sich ein paar ältere, schöne Häuser, aber ansonsten handelt es sich um eine eher seltsame Mischung DDR-ähnlicher Hochhäuser. Nach der ersten frustrierenden Einkaufs-Tour – durch die Dollar-Preise wirkt alles noch teurer, als es eh schon ist – wollen wir im Hostel von Kakü und Magnus unsere exklusiven Kochkünste unter Beweis stellen. Es gibt – tataaaa – Nudeln mit fertiger Tomatensauce. Gezaubert werden soll das ganze im Hostel, das Kakü und Magnus von ihrer Organisation gebucht bekommen haben. Das ACB-Hostel ist eine richtige Massenabsteige für grade gestrandete Backpacker. Selbst in der Küche ist es so rammelvoll, dass wir erstmal eine halbe Stunde auf einen siffigen Topf warten müssen. Magnus nickt irgendwann am Tisch ein, während Kakü und ich vor lauter Müdigkeit richtig albern werden. Es wird Zeit, zu meinem im Vergleich Refugium von Hostel etwas außerhalb Aucklands zurück zukehren. Meine erste Nacht, die ich endlich richtig alleine verbringe. In Nepal wartete das Kinderheim, in Kambodscha Franzi und Imke, in Vietnam hatte ich meine Eltern und in Australien die Perry-Familie. Froh, dass mein Dreibettzimmer immer noch völlig leer ist, bin ich trotzdem.

Organisation

Weil ich keine Organisation habe, die mir sagt, was zu tun ist, mache ich kurzerhand alles selber. Was überhaupt kein Problem ist, denn an den Hostels wird man mit Informationen zugeschüttet. Kakü und Magnus sehe ich weiterhin jeden Tag und somit verbringen wir die erste Zeit in Neuseeland mit langweiligen Dingen wie IRD-Nummer (Steuernummer) beantragen und Konto eröffnen. Ready, set and (almost) go für travel and work! Das dicke Ende kommt zum Schluss: Die Autosuche. Frei nach dem Motto: Wer die Wahl hat, hat die Qual. Wir ackern uns durch diverse Broschüren, Ordner und Webseiten, inspizieren eine Backpacker's Carmarket, reden mit tausend Leuten, lassen uns zur Probe in Autos rumkutschieren und strecken uns in diversen Kofferräumen aus. Entscheidend ist dann am Ende doch der Preis und was man noch so dazu bekommt. Nach der nervenaufreibenden Suche endlich ein Angebot, das sich perfekt anhört: Ein Mitsubishi Chariot mit Angel, Schlafsäcken, einem Zelt, Campingkocher, Matratzen und vielen weiteren Utensilien.

Inzwischen ist es schon Samstagnachmittag. Keine Werkstatt hat noch auf, um das Ding durchzuprüfen. Keiner von uns kennt sich mit Autos aus. Wir sitzen alle auf glühenden Kohlen, wollen unbedingt heute noch Auckland verlassen und sitzen jetzt mindestens noch bis Montag hier fest. Da hilft kein Meckern, es ist nichts zu ändern. Kakü und Magnus hatten nur bis heute ihr Hostelzimmer und mein Hostel ist voll, aber zum Glück finden wir auf die Schnelle noch eins in der Nähe. Sonntag pilgern wir zum Sonnenuntergang auf den Mount Eden, ein Hügel in der Nähe des Hostels, zu einem Picknick. Kurz vorher hat Michael, unser Autoverkäufer, angerufen, dass er einen anderen Interessenten gefunden habe, der noch mehr zahlen würde... was beweist, wie nervenaufreibend diese Autosuche ist. Leicht deprimiert versuchen wir, uns den Abend nicht versauen zu lassen. Das gelingt: Der Sonnenuntergang ist unvergesslich. Zurück am Hostel machen wir uns halbherzig noch mal auf Autosuche, bis die erlösende SMS ankommt: Der Interessent ist abgesprungen, jetzt steht uns und dem Chariot nichts mehr im Wege.

Im Nachhinein vermute ich, dass es zu der Zeit überhaupt keinen weiteren Interessenten gab. Ein weiterer Versuch, unser Preisangebot etwas in die Höhe zu treiben, nach dem Motto „Wer bietet mehr?" Das ist alles eine Mafia, wo eine Hand die andere wäscht, und arme, leichtgläubige Rucksackreisende freundlich beschwindelt und skrupellos ausgenommen werden.

Das Abenteuer geht los

Wir stiefeln los Richtung Michael, der uns mit dem Auto zu einer Werkstatt fährt. Der „History Check" verläuft zugunsten des Autos, auch in der Werkstatt kommt nicht viel raus: Eventuell einen Reifen wechseln, die Stoßdämpfung, Motorenöl läuft aus, ein Keilriemen ist zu wechseln. Wir entscheiden uns nur für Letzteres – ein Ölleck nachgucken zu lassen ist zwar nicht teuer, aber die Reparatur dann doch, und Michael versichert uns, dass es schon länger nur wenig lecke. Also schwupps, ab zur Post, Fahrzeugpapiere auf Magnus übertragen, Versicherung abschließen und Geld überweisen, per „Online Banking" tausend Kilometer über den Ozean. Dass wir jetzt ein Auto besitzen, können wir noch nicht richtig fassen. Michael kutschiert uns noch zum Hostel, damit wir uns nicht durch den städtischen Linksverkehr quälen müssen, und schon packen wir voller Tatendrang unsere Schatztruhe an Auto aus.

Was da nicht alles so zu finden ist: Salz, Pfeffer und andere Gewürze, Sonnencreme und Shampoo, ein Schlafsack, mehrere Isomatten, Luftmatratzen, Zelte, Campingstühle, -tische und -kocher: Einfach alles. Wir sortieren ein wenig aus, säubern innen so gut es eben ohne Staubsauger geht, und schon werden unsere eigenen Sachen in unser eigenes Auto gequetscht. Wir wischen uns den unsichtbaren Schweiß ab, als alles passt und es so scheint, als passe selbst ein vierter Riesenrucksack noch bequem in den Kofferraum. Denn in einer Woche stößt noch Niklas dazu, ein Freund von Kakü und Magnus.

Die nächste Herausforderung ist zu entscheiden, wer sich als erstes in den städtischen Linksverkehr wagt. Oh Gott! Aber weil ich der festen Überzeugung bin, dass mir der asiatische Wahnsinn ein wenig Gelassenheit bezüglich des Straßenverkehrs aufgezwungen hat, nehme ich unser Schicksal in die Hand. Sechs weit aufgerissene Augen gucken furchtsam in alle möglichen Richtungen, aus denen potentiell Gefahren kommen könnten, als ich im Zeitlupentempo vom Hostelparkplatz rolle. Seit dem kurzweiligen Rollerausflug auf Phu Quoc hatte ich kein motorisiertes Gefährt mehr unter meinem Hintern. Aber es klappt. Zwar springt manchmal der Scheibenwischer statt Blinker an und beim Rechtsabbiegen muss ich höllisch aufpassen, aber immerhin muss ich bei dem Automatikwagen nicht auch noch mit links die Schaltung bedienen. So kommen wir heile am Supermarkt an, wo wir uns mit Wasser, Reis und Dosenessen für die ersten Tage wappnen und dann entscheiden, wo wir als nächstes hinfahren: Karekare.

Gemächlich verlassen wir die Stadt. Die Besiedlung wird dünner, dafür nimmt die Bewaldung zu – aber holla! Unsere Straße zieht sich durch enge Kurven, wo manchmal nur 25 km/h erlaubt sind, langsam zur Küste hin, bis unsere Abzweigung auftaucht. Nun steil den Berg hinunter, Gegenverkehr muss man auf der engen Straße rechtzeitig erkennen und passieren lassen, dann noch schnell über eine Einbahnbrücke, und schon treffen wir vor unserem ersten, kleinen Campingplatz ein. Zwei Zelte stehen schon da, aber sie sind leer. Die Aufsicht, bei der wir uns eigentlich melden müssen, ist unauffindbar. Egal, erstmal ab zum Strand – und was für einer! Raue, riesige Felsblöcke und -hügel wechseln sich mit schwarzen Sanddünen ab. Es ist eisig hier, aber dafür auch wunderschön. So langsam können wir es fassen: Wir sind in Neuseeland! Unser zweiter Sonnenuntergang hier ist unspektakulärer, aber dafür am Meer. Wir schlendern zurück zum Auto, improvisieren ein Essen – gebackene Bohnen aus der Dose, aufgewärmt zusammen mit Baguette. Zum Glück helfen die mitcampenden Neuseeländer uns mit dem Campingkocher, das hätten wir als Stadtkinder alleine nie kapiert. Da die Dunkelheit hereingebrochen ist, die Zelte ganz unten verstaut sind und wir sie sowieso noch nie aufgebaut haben, übernachten wir kurzerhand im Auto. Abenteuer! Ich fühle mich ein wenig wie in Nepal – es wird kalt abgespült und das Klo hat einfach einen Auffangbehälter statt irgendeiner Ableitung, aber es macht Spaß. Ich ergattere die Rückbank und versuche, irgendwie meine Beine unterzukriegen. Kakü schläft auf dem Fahrer- und Magnus auf dem Beifahrersitz. Obwohl – Schlafen ist übertrieben. Aber wir ruhen, und das in unserem eigenen Wagen!

Lebensretter

Unser erster Morgen im Abenteuer, in der „Wildnis", unabhängig. Die Herausforderung heute: Wohin soll es gehen? Die Entfernungen sind auf der Karte schlecht einzuschätzen, vor allem wegen der unbekannten Straßenbeschaffenheit. Wir wollen zu einem Nationalpark fahren, frühstücken unser gesundes Müsli und putzen uns mitten auf der Grünfläche die Zähne – ein bisschen Hygiene muss ja sein. Wir wurschteln uns durch die Karten und Straßen und sind guter Dinge, als unversehens das Auto beunruhigende Geräusche von sich gibt und das Gas nicht mehr zieht. Voller Bangen halten wir an. Es ist, als würde das Auto ab dem vierten Gang nicht mehr automatisch hoch schalten oder als gebe man im Leerlauf Gas. Was tun? Verloren und hilflos hocken wir an einer Bushaltestelle am Straßenrand und warten darauf, dass der Motor abkühlt, um den Ölstand überprüfen zu können. Düstere Fragen quälen mich: Was haben wir uns da angeschafft? Wie schön es wäre, wenn dieser Moment schon der Vergangenheit angehören würde!

Nach circa einer Stunde Sorgen und mieser, niedergedrückter Stimmung hält ein Wagen bei uns. „You guys all right?" Wissen wir selbst nicht wirklich. Ein Kiwi mit schulterlangen, roten Locken und Piercings samt schwangerer Ehefrau steigt aus und guckt sich unseren Motor an. Er schraubt ein bisschen hier und da herum, schließt die Batterie ab und wieder an, und auf einmal läuft der Motor wieder. Aber eine Spur anders als zuvor klingt er schon. Unter großer Hoffnung machen wir uns wieder auf den Highway, hinter uns unsere Retter, und sind schon guten Mutes, als die Drehzahlanzeige wieder verrückt spielt und sich alles wiederholt. Wieder Warnblinklicht anmachen, an die Seite fahren, aussteigen und möglichst Würde bewahrend vor das Auto stehen. Schließlich übernimmt Dan, der Kiwi, das Ruder und heizt mit unserem Wagen, soweit immer wieder möglich, bis zur Werkstatt in Helensville. Ein bisschen Angst hab ich um unser gutes Autole schon, so wie Dan erbarmungslos immer wieder aufs Gas tritt. Aber meinem eher vorsichtigen Fahrstil hat er was voraus: Wir kommen an. Hier in Helensville soll unser Guter jetzt also repariert werden – hoffentlich nicht für viel mehr Geld, als wir eh schon verpulvert haben!

Die neuseeländischen Gastfreundschaft, von der mir schon so oft erzählt wurde, ist der Hammer. Dan und Carla nehmen uns mit zu sich nach Hause – wenn wir möchten, können wir in einem freien Zimmer bleiben, bis der Wagen heile ist! Dan holt gleich noch ein paar Bier zur Beruhigung der Gemüter, es ist ja schon halb 5 Uhr nachmittags. Kurze Zeit später fährt er uns mit seinem riesigen Truck zu den Sanddünen in der Nähe. Die Gegend ist malerisch, Dschungel auf Dünen und das soweit das Auge reicht, aber sein Fahrstil ist mörderisch. Wir holpern über die Dünen, als wäre das hier eine Achterbahnfahrt. Mit dem Schrei „I'm gonna get naked" zieht sich Dan, kaum am Strand angekommen, die Badehose an und springt in die Fluten, kann aber keinen von uns zum Mitzukommen überreden. „Don't be so German, guys!" Verrückter Typ. Wie genau sind wir noch mal hierhin gekommen?

Papas zauberhafte Tomaten

Zurück am Haus beschäftigen uns die beiden Mädchen, sieben und ein Jahr alt. Hanfpflanzen wachsen gemächlich neben dem Kinderspielplatz. Tyla ist mächtig stolz auf diese Tomatenpflanzen von ihrem Daddy. Überhaupt ist Dan ziemlich verrückt: Er hat riesige Tatoos und zwei Nippelpiercings, geht nass und in Badehose einkaufen und hat seine gesamten fünf Motorräder betrunken zu Schrott gefahren. Selbst seine siebenjährige Tochter besitzt einen Squad. Mit einem kleinen Elektroauto nervt er die Nachbarn und baut ansonsten die größten Katamarane der Welt. Man merkt wirklich, dass das Leben hier äußerst einfach ist. Außer dem Fernseher, Autos und Alkohol herrscht hier wenig Abwechslung. Welch eine Perspektive für die Menschen hier.

Die Tatsache, in diesem Nest namens Helensville festzusitzen, ohne unsere verrückten Reisepläne in die Tat umsetzen können, gibt mir ein bisschen Zeit, ein kleines Resumée meiner bisherigen Reise zu ziehen. Über mein Glück kann ich nur immer wieder den Kopf schütteln. Wie war das noch mal? Hatte ich nicht gleich im ersten Flieger nach Nepal ein Mädchen kennengelernt, das zufällig das gleiche Hotel wie ich gebucht und mir den Einstieg als Alleinreisende immens erleichtert hatte? Dann Kambodscha, wo ich immer wieder unglaublich tolle Menschen kennengelernt hab. Sydney, wo ich wie von selbst in das Familienleben der Perry's eingegliedert werde. Neuseeland war das einzige Reiseziel ohne feste Anlaufstelle, und so sah ich mich schon, immer neue Leute treffend, aber auch immer wieder alleine, von Hostel zu Hostel ziehen. Und kaum setze ich einen Fuß auf neuseeländischen Boden, lerne ich schon Kakü und Magnus kennen, die zwar ursprünglich nur zu Dritt (mit Niklas noch) rumreisen wollten, aber mich einfach so in ihre Gruppe integriert haben. Irgendwie haben wir da nie drüber geredet; seit wir nebeneinander auf unsere Visa gewartet haben, war es irgendwie klar, dass wir zusammen reisen würden. Und jetzt habe ich mir mal eben mit zwei völlig Fremden ein Auto gekauft. Zugegebenermaßen, ein kaputtes. Wie viel Glück das jetzt ist, darüber lässt sich bestimmt schreiben. Aber eigentlich ist auch das wieder unglaublich: Zwei Schicksale kreuzen sich zufällig auf dem Highway. Wir bekommen kostenlos einen Homestay und damit eine tiefere Einsicht in das Leben in Neuseeland. Wir sind von unbekannten Kiwis großzügig gerettet worden und sitzen jetzt in einem Zimmer ohne Tür, in einem Haus ohne Spiegel, dem Schicksal sowie dem Geschick und Gehalt unseres Mechanikers ausgeliefert. Ob wir Michael anrufen und unser Geld zurückverlangen werden? Können wir eigentlich nicht, denn schließlich haben wir schon gezahlt, womit das Risiko ist jetzt auf unserer Seite liegt. Und was zur Hölle haben die Mechaniker beim „mechanical check" gemacht, wenn sie diesen Schaden nicht bemerkt haben? Stecken jetzt auch noch die Mechaniker mit dem Verkäufer unter einer Decke? Ich bin heilfroh, dass unser Auto hier und nicht im Nirgendwo auf der Südinsel kaputt gegangen ist.

Unsere Haupttätigkeit besteht aus Warten. Warten auf einen erlösenden Anruf aus der Autowerkstatt, aber danach sieht es erstmal nicht aus. Die Mechaniker finden das Problem nicht. Eventuell ist mehr als ein Teil zu reparieren. Herrlich! Wir sitzen auf glühenden Kohlen, wollen einfach nur los. Aber ohne diese Reparaturgeschichte hätten wir keinen Einblick in neuseeländisches Leben gewonnen, so eintönig es auch sein mag. Wir hätten weder unseren verrückten Dan getroffen, noch wären wir mit einem Truck über die Dünen gebraust. Unsere Wäsche können wir bei dieser Gelegenheit auch gleich waschen. You gain some, you lose some.

Das Leben verläuft hier richtig zäh. Nicht viel los. Karla berichtet uns von ihrem Leben: Im Alter von sechzehn Jahren hat sie Dan kennengelernt, ist schwanger geworden, und das war's dann. Jetzt, mit 24 Jahren, ist sie Kindergärtnerin, zweifache Mutter und wieder guter Hoffnung. Ihre jüngere Schwester, sechzehn Jahre alt, ist ebenfalls schwanger, aber ohne Mann. Was für ein perspektiveloses Leben! Ich bin jetzt 19 Jahre alt, aber der Gedanke, jetzt schon Frau und Mutter zu sein, ist mir so fremd wie ein Leben auf dem Mond. Ich habe das Gefühl, dass Dan und Karla die Abwechslung, die wir ihnen bieten, sehr genießen. Jedem, mit dem sie reden, erzählen sie: „We picked up some stranded Germans!" (Wahlweise „Gerbels"). Endlich mal was los in dem 2.000 Seelen-Kaff!

Nichts los

Im Endeffekt sind wir ganze fünf Tage bei Dan und Karla. Fünf nervenzerreibende Tage, während der wir um unser Auto bangen und vor Langeweile nur noch Kniffel spielen. Dans Mutter hat Pferde und nimmt mich auf einen Ausritt mit. Der Traum eines jeden Mädchens: Im Galopp durch die Wälder und am Strand entlang. Dan und Carla fahren uns auch zur „Goat Island", einem Taucherparadies. Crazy Dan überrascht immer wieder: Wir machen einen kurzen Stopp an einem Aussichtspunkt, und, beflügelt von der morgendlichen Portion Rum mit Cola, macht Dan erstmal Purzelbäume den Abhang hinunter. Manchmal fährt er auch einfach vom Highway ab auf irgendeine Ruckelpiste, nur um Abwechslung zu bekommen. Selbst wenn das heißt, dass wir in einer Sackgasse landen und wieder umdrehen müssen. Schon morgens braust er mit voll aufgedrehtem Dubstep mit mörderischem Fahrstil den Highway entlang oder springt zu Techno-Musik so lange auf unseren Betten herum, kitzelt uns oder hält uns die Nase zu, bis wir uns schicksalsergeben aus den Schlafsäcken quälen.

Ziemlich bald sind wir ziemlich angenervt, nicht zuletzt, weil die Mechaniker sich nicht melden, wenn sie einen Anruf versprochen hatten. Die Elektriker kommen nicht, die Teile kommen nicht, alles ist lahm, aber wir wollen los! Dann kommt der erlösende Anruf: Das Auto ist bald fertig, und die Reparatur wird wohl nicht zu teuer. Zeit zum Feiern!

Es ist seltsam, sich nach einer Woche bedingungsloser Gastfreundschaft zu verabschieden. Dan prophezeit, dass er, wenn er von der Arbeit komme, schlecht gelaunt sein werde, weil seine „Gerbels" nicht mehr da sind. Solche Erfahrungen geben Grund zur Hoffnung in das Gute des Menschen! Karla und Dan waren über alle Maßen gastfreundlich, nett und gesellig; mit einer selten erfahrenen Selbstverständlichkeit hatten sie uns einfach in ihr Familienleben eingeschlossen. Mit Hund neben sich, Tochter Madison auf ihrem Arm und Tyla vor sich winkt Karla uns zum Abschied. Auch die Nachbarin tritt noch mal aus dem Haus, um sich zu verabschieden. Tyla beginnt zu weinen, und wir sind ehrlich traurig, unser kurzzeitiges Heim zu verlassen. Den ganzen Komfort, das Familienleben, die Tiere, das Zusammensein, die verrückten Aktionen, das neuseeländische Leben lassen wir hinter uns. Dafür aber auch die ungesunde Lebensweise, die zeitweise auftretende Langeweile und die nervige Tyla. Diesmal fährt Kakü und Auckland rückt immer näher – in nur 50 Minuten ist es erreicht. Da sind wir in einer Woche ja weit gekommen. Den Plan zur Erkundung vom Northland mussten wir abblasen. In Auckland treffen wir Niklas, den Freund von Kakü und Magnus, der zum Glück auch richtig nett ist. Wir besprechen grob unsere Reiseplanung, was wirkliche Kompromissfähigkeiten voraussetzt, denn ich bleibe nicht so lange wie der Rest in Neuseeland. Aber alles klappt, ich buche noch meine nächsten Flüge – bis Auckland hatte ich daheim alles gebucht – wir kochen abends zusammen, bringen Kakü und Magnus Doppelkopf bei, und ich freue mich einfach auf die nächsten Wochen.

Zweiter Versuch

Wir alle wissen nicht ganz genau, ob und wie wir dem Wagen trauen können, aber wurscht, es hilft nichts. Wir laden alles ins Auto. Dann ab zum Mechaniker, der den „technical check" durchgeführt hat. Eigentlich bin ich ja ein zurückhaltendes Gemüt, aber im Laufe des Gespräches werde ich richtig sauer. Es klappt: Wir erhalten ganze $150 zurück, und das, obwohl wir mit der Erwartungen hingegangen sind, nur unseren Ärger abbauen zu können.

Gut gelaunt geht es also gen Osten auf die Coromandel Peninsula. Das Auto spielt brav mit, vielleicht auch, weil wir mit ihm umgehen wie mit einem rohen Ei. Langsam nähern wir uns der Küste: Einfach paradiesisch hier. Links türkisblaues Meer, Kiefern, steinige Küsten, rechts dichte Wälder, Hügel, Gras, Schafe, Seen, Kühe. Wir machen Halt und picknicken unseren alten Nudelauflauf von gestern Abend an einem schönen Strand in Einsamkeit. Unser Auto kann unsere Elektrogeräte laden, wir können einen iPod anschließen, die Fenster öffnen, es fährt, alles perfekt. So ganz trauen wir uns das aber noch nicht zu sagen. Mal sehen, wie lange das Auto durchhält.

Freiheitsgefühl mit Schaufel

Wir halten am Hot Pools Strand und suchen den hiesigen Campingplatz auf, der einen Wucherpreis von $24 verlangt. Dafür kann man ja ins Hostel gehen! Was bringt einem da Camping? Es ist inzwischen schon spät, weil wir uns an der wunderschönen Küste viel Zeit gelassen hatten. Bald geht die Sonne unter, alle sind ziemlich genervt. Wo genau der nächste Zeltplatz liegt und ob er auch wirklich billiger ist, wissen wir nicht, vor allem wollen wir eigentlich hier in der Gegend bleiben. Also versuchen wir, einfach bei einem Bauern auf dem Feld kampieren zu dürfen. Laut Reiseführer ist das ganz einfach! Aber überall sind Zäune oder auf den Wiesen sind Kühe oder sonstiges Vieh drauf. Und von den ersten zwei Farmen, zu denen Kakü und Niklas stiefeln und demütig um einen Platz zum campen bitten, handeln wir uns auch gleich eine Absage ein. Dabei heißt es doch, die Kiwis seien so nett, offen, gastfreundlich und locker! Ein letztes Mal versuchen wir unser Glück an einer Farm, an der auch ein Schild „Farmstay" hängt; der muss einfach nett sein. Etwas komisch fühle ich mich dabei schon, den Bauern zu fragen, ob wir einfach auf seinem Feld ein Zelt aufschlagen dürften, aber es gibt eine Überraschung: Er bejaht! Und gibt uns noch eine Schaufel mit auf den Weg, für unsere „Notdurft". Mit dieser als Trophäe in der Hand marschieren Niklas und ich zum Wagen zurück und fahren durch das gegenüberliegende Tor auf unsere erste, eigene Wiese.

Ein Gefühl grenzenloser Freiheit und Unabhängigkeit überkommt uns, wir galoppieren schreiend über die Wiese und bereiten euphorisch alles für unser erstes Campen vor, unter typischer Rollenverteilung natürlich: Kakü und ich kümmern uns um das Essen, die Jungs um den Zeltaufbau. In Campingstühlen sitzen wir um den Kofferraum, denn es gibt nur drei Campingstühle – also hockt einer im Kofferraum – und genießen unsere leckere Mahlzeit. Zur Feier des Tages wollen wir zu viert in dem Drei-Mann-Zelt nächtigen. Allmählich wird´s frisch, so dass wir uns warm in unsere Schlafsäcke einmummeln. Kurz vor dem Einnicken geht´s abermals in die eisige Kälte nach draußen, den Sternenhimmel bewundern. Legt man den Kopf in den Nacken, so kommt es einem vor, als würden tausend Sterne auf einen zufallen. Die gesamte Milchstraße kann man sehen. Einfach phantastisch! Wäre es nicht so kalt gewesen, hätte ich dort die ganze Nacht verbringen können. Stattdessen quetschen wir uns langsam, aber sicher ins Zelt. Wir liegen quer, um zu viert hineinzupassen, und können dadurch unsere Beine nicht ausstrecken. Alle liegen in der Löffelstellung aneinandergereiht – dreht sich einer um, muss sich der Rest auch umdrehen. Aber für die erste Nacht geht es. Vom Boden trennen uns nur eine Isomatte und eine Plastikplane, von der Umgebung und dem Wind nur eine dünne Zeltwand. Ich bin der Natur so nah wie nie zuvor.

Unausgeschlafen, aber doch gut gelaunt stehen wir auf. Die Sonne lacht, wir haben was zu Futtern, gute Laune, Optimismus, und damit alles, was wir brauchen. Abgesehen von Magnus' Schnarchern gibt es wohl keinen ruhigeren Ort zum Schlafen.

Das Leben, wie es sein sollte

Die Coromandel Island ist traumhaft schön. Es ist angenehm warm, es ist grün, und man erspäht zwischendurch das Meer, einige Insel, die an die Halong-Bucht erinnern, und weiße Felswände. Das Wasser ist türkisgrün, klar und zieht uns magisch an. Es ist so unglaublich schön, herrlich – ich könnte vor Glücklichsein schreien! Wenn man sich im Wasser auf den Rücken legt, schaut man in den blauen Himmel und kann sich entspannt treiben lassen, weil es hier so salzig ist. Steht einem der Sinn nach ein wenig Action, dann klettert man auf einen der aus dem Wasser ragenden Felsen und springt die zwei Meter in die Tiefe.

Nach diesem wunderschönen Mittagsprogramm fahren wir zurück zu den „Hot Pools", wo wir uns dann aber doch recht verloren fühlen. Lauter Touristen graben, mit $5-die-Stunde-Schaufeln bewaffnet, verbissen Löcher in die Erde, in der Hoffnung, auf eine heiße Quelle zu stoßen. Und tatsächlich, aus ein paar der hier entstandenen Einbuchtungen strömt heißer Dampf! Wir stehen ziemlich hilflos daneben und buddeln halbherzig mit den Händen im Sand, aber nichts außer kaltem Wasser. Ich befrage eine Neuseeländerin, die uns gleich ein paar Tipps gibt: Einfach mit den Füßen im Sand probegraben! Und tatsächlich, wenn man sich an einer bestimmten Stelle ins Meer stellt und die Zehen in den Sand gräbt, wird's heiß, aber richtig! Das hält man gar nicht aus. Eine nette Zehenbraterei. Geduscht wird unter der Stranddusche – wozu braucht man eigentlich einen Campingplatz? – und dann setzen wir unseren Weg fort. Der nächste Bauer wird gesucht und gefunden, und zwar gleich auf Anhieb. Wir wiederholen die Prozedur von letztem Abend, nur, dass Magnus ins Auto verbannt wird und wir endlich unsere Beine ausstrecken können.

Aufwachen mitten auf einem Riesenfeld. Um uns herum nichts als Gras, Zäune, vereinzelte Bäume und am Horizont ein Fluss. Schon sind wir auf dem Weg nach Hobbings, Ziel für Niklas und Magnus, denn hier sind die Anfangsszenen von „Herr der Ringe" entstanden. Zwischendurch mal heftiges Regengeprassel. Wir fahren durch dichten Nebel, halten kurz an kleinen Wasserfällen und dann in der kleinen Stadt mit einer Pendelbusverbindung nach Hobbings. Während die Jungs ihren Ausflug machen, wälzen Kakü und ich im Auto Reiseführer. Davon gibt's genug: Drei Lonely Planets, einen Vis-à-Vis, einen Marco Polo, einen Dumont und einen speziell für Herr der Ringe. Es gibt einfach viel zu viel, und dann liegen die Dinge auch noch so weit auseinander! Der fette Lonely Planet hat meine Vorahnung bestätigt: Neuseeland überfordert mich leicht. Aber eine grobe Route können wir ausmachen. Dann heißt es mal wieder einzukaufen, bevor wir Richtung Rotorua aufbrechen. Hier stinkt es gewaltig, und zwar nach faulen Eiern – ein Hinweis auf die vielen Geysire und vulkanbedingte Ausdünstungen.

Vulkane und Nudisten

Auf der Straße nach Rotorua verheißt ein Schild vielversprechend: „Naturist Campingplace". Naturist? Natürlich? Das hört sich klasse an – in die Natur, das ist doch genau das, was wir wollen. Wir biegen auf den Weg zum Campingplatz ein und langsam beschleichen uns düstere Ahnungen. Naturist, naturist ... heißt das wirklich natürlich? Inwiefern natürlich? Unsere Befürchtungen werden im Büro des Campingplatzes bestätigt: Outings für Nudisten, Nudisten-Campingplätze quer über Neuseeland, Nudistennetzweke werden hier am schwarzen Brett angepriesen. Schnell weg, bevor uns noch die ersten Nackten über den Weg laufen und zum Ausziehen zwingen!

Schließlich finden wir einen wunderschöner Campingplatz am See mit einer richtigen Kochstelle und sogar einem Klo (wenn auch nur das übliche Plumpsklo). Ich fange an zu kochen, während die anderen die Zelte aufbauen. Aber es zieht und zieht sich hin! Wieder ist Improvisation gefragt: Magnus hält die Eier fest, während ich sie mit Nadel und Kochlöffel bewaffnet piekse. Ich koche sie zusammen mit dem Broccoli, damit das kochende Wasser nicht verschwendet wird. Dann kommt der Versuch, das Nudelwasser zum Kochen zu bringen: Erst gibt die erste Gasflasche ihr Letztes, dann die zweite. Klasse! Wir schmeißen die Nudeln in das halbkochende Wasser und borgen uns von netten holländischen Zeltplatznachbarn einen Kocher. Schließlich gibt's halbfertige Nudeln mit fettiger Fertigsauce. Der Broccoli ist eindeutig das Beste am Essen. Und wieder mal ist es finster und verdammt eisig. Die ganze Kocherei hat sich sicher über eineinhalb Stunden erstreckt, so dass das Spülen auf den nächsten Morgen verschoben wird. Eine Runde Doppelkopf muss wie üblich sein, unter erschwerten Bedingungen: Die Lampe schwingt an unserer Zeltdecke nur so hin und her und spendet leider nur spärlich Licht. Daher geben wir nach ein paar Runden auf. Nachts wird es bitterkalt im Zelt. Trotz mehrerer Lagen Kleidung und Socken schnattern wir alle. Camping? Bedeutet Freiheit. Aber auch Unannehmlichkeiten.

Die Zahl der Hügel und Seen in Neuseeland ist unerschöpflich. Ich strecke den Kopf aus dem Zelt und sehe ebendies: Dunst hängt über dem See, aber die Acht-Uhr-Sonne entschädigt für die kalte Nacht. Es wird langsam richtig schön warm. Da lockt das Wasser des Sees so sehr, dass wir unsere Pläne, einen Spülwasser spuckenden Geysir um 9.45 Uhr in Augenschein zu nehmen, über den Haufen werfen und in den See hüpfen. Was für ein Morgen! Prustend und erfrischt steigen wir nach einer Runde zur Boje und zurück aus dem kalten Wasser. So muss das Leben sein!

Dann machen wir uns aber doch auf in das Epizentrum des Gestanks. Schon von weitem grüßen eigentümliche Dampfschleier, die aus dem Nirgendwo quirlen. In einem kleinen Park kommt das Ganze zum Höhepunkt: Höhlen, aus denen es nur so blubbert und zischt, manche tiefschwarz, andere grellgelb, orange, türkis... Man denke an eine beliebige Neonfarbe, und schon erblickt man sie an einer der Höhlen. Das Wasser ist häufig über 100 Grad Celsius heiß. Je nach Windrichtung steht man in feuchtem, stinkendem Dampf. Auch die umliegende Natur findet den Schwefel, der aus dem Erdinneren dringt, schwer verdaulich, denn viele Bäume sind abgestorben oder haben sich verfärbt. Aber die Natur ist trotz allem wunderschön. Man sieht und hört Vögel, die zwitschern, wie kleine Hunde bellen oder Spielzeuge quietschen. Beeindruckend ist der Champagne Pool, eine Art großer Teich, aus dem der Dampf nur so hervorquillt und der an den Rändern von Orange zu Türkis wechselt, genau meine Lieblingsfarben. Ein Stück weiter liegt der „Mud Pool", der seinen Namen wirklich zu Recht trägt: Der Teich ist matschgrau, mit riesigen Blubberlöchern, aus denen es nur so spritzt, matscht und mampft, gurgelt und schlürft.

Danach schmeckt unser matschiges Resteessen vom Vortag ausnehmend gut. Und ich mache einen fatalen Fehler: Die hartgekochten Eier vom Vortag essen. Bei diesem durchdringenden Geruch nach faulen Eiern, der hier überall in der

Luft liegt, wirklich keine gute Idee. Gekochte Eier fasse ich mindestens das nächste halbe Jahr nicht mehr an!

Unter Spannung geht's weiter: Zu einer Tour auf einen der aktiven Vulkane des Landes.

Zuerst einmal ist die Bootstour nach White Island richtig aufregend. Wir sitzen vorne am Bug. Es schaukelt richtig, langsam spritzt die Gischt über die Bordkante. Wir trotzen den Kräften des Meeres, sitzen unbekümmert als einzige draußen, kriegen eine ordentliche Salzwasserdusche ab und genießen die frische Brise, die uns um die Nase bläst. Allmählich sind wir alle ziemlich durchnässt und es wird mächtig schaukelig. Vor allem fürchten wir um unsere mitgeschleppte Elektronik und verziehen uns ins Trockene. Niklas ist der einzige, der weiterhin auf Deck bleibt; wie ein Kapitän auf hoher See ragt er am Bug auf und klammert sich heldenhaft an die Reling wie an ein Ruder. Gischt spritzt um ihn, Wellen tosen auf ihn, und er muss sich richtig festklammern, um nicht über Bord zu gehen. Da halten alle die Luft an, abgesehen von denen, die, grün und kleinlaut, vom Seegang überwältigt über Eimern hängen. Zum Glück wird es auch ihm bald zu viel. Er schlittert und tastet sich langsam zur Tür vor, wo wir schon mit Handtüchern auf ihn warten. Richtig trocken ist sein Sweatshirt erst zwei Tage später.

Die Belegschaft scherzt, dass wir gar nicht wüssten, worauf wir uns einließen, als sie die Gasmasken und grellgelben Helme verteilen. Wir fühlen uns wie ein Atomwerkbergungsteam, als wir unsere Helme aufsetzen, die Gasmasken um den Hals schlingen und schließlich das Schlauchboot besteigen, das uns von unserem großen Boot zur Insel schippern wird. Ein unglaublicher Anblick: Alles um die Innenseite herum ist kahl, außen gedeihen vereinzelt Bäume und Gräser. Grau und gelb die Hügel, in der Mitte kringeln sich dichte Schwaden gen Himmel. Verrostete Metallteile und Rohre liegen umher, alles dystopisch, sciencefictionähnlich oder wie eine Nachkriegslandschaft. Gespannt versammeln wir uns in einer Kleingruppe, bis unser Führer uns in Empfang nimmt und auf Fälle wie Erdrutsche und Vulkanausbrüche vorbereitet. Hoffentlich nicht! Dann endlich Aufbruch. Schon vom Boot her waren die Schwefelgerüche zu spüren. Jetzt wird der Gestank manchmal derartig übel, dass ohne Gasmaske kein Weiterkommen ist. Die Landschaft ist anders als alles, was man kennt. Gelbe Fäden durchziehen die kahlen Berge, einzelne Schwaden kräuseln auf, seltsam gefärbte Ströme schlängeln sich durch den schwarzen Sand und den Staub. Das ganze Szenario ist einfach unbeschreiblich. Nicht wie auf dem Mond, aber auch nicht wie auf der Erde. Wie in der Hölle? Ich fühle mich wie in einem Filmset.

Wir arbeiten uns vor zum Krater des Vulkans, wo ein sich ein kleiner See in verschieden, überirdisch anmutenden Farben spiegelt. Man stelle sich eine Farbe vor, und irgendwo in dem See entdeckt man sie sicher, wenn man etwas durch den dichten Rauch erspähen kann. Der letzte Vulkanausbruch liegt elf Jahre zurück. Seither scheint sich hier landschaftlich einiges verändert zu haben, wenn man den Erzählungen unseres Führers Glauben schenkt. Er taucht einen äußerst ranzigen Penny in einen der Flüsse, den er dann blitzblank wieder hervorzaubert. Da steck ich meinen Finger lieber nicht rein! Ein anderer Fluss dagegen ist warm. Kaum zu glauben, wenn man sich überlegt, dass all das eigentlich natürlich ist.

Mit einem leckeren Mittagssnack ist unser Ausflug zur Vulkaninsel auch schon beendet. Ohne Zeitstress machen wir uns auf zum East Cape, dem östlichsten Punkt Neuseelands. Hier müssen wir wirklich gut vorbereitet sein, denn hier soll noch weniger los sein als auf der übrigen Nordinsel. Und richtig: Auf der fast vierstündigen Fahrt begegnen uns höchstens dreißig Autos. Die Strecke ist anstrengend und ermüdend, denn man kann eigentlich gar nicht richtig Gas geben. Wegen der vielen Kurven gilt oft eine Beschränkung von 30 km/h. Zudem führt der Pacific Highway leider mehr durch die Wälder als an der Küste entlang wie auf der Coromandel Halbinsel. Der Sand ist wegen des Vulkangesteins schwarz, aber auch hier finden sich ein paar pittoreske Flecken. Wir finden einen Campingplatz gleich an der Steinküste, passenderweise neben einem Friedhof, spielen am Meer Doppelkopf, bereiten das Abendessen zu und runden den Abend mit einer Partie Frisbee und einer weiteren Runde Doppelkopf am Strand mit Taschenlampenlicht ab. So ist das wohl, wenn vier Mathe-LKler zusammen unterwegs sind.

Kleinfamilie

Die ganze Zelterei wird schon zur Routine: Bei der Ankunft packen wir alle zusammen alles aus, Kakü und ich kochen, die Jungs bauen auf. Nach dem Essen spülen die Jungs, dann bereiten wir wieder morgens das Frühstück zu, die Jungs spülen, und wir bauen alle zusammen ab und räumen das Auto ein. Dabei wird regelmäßig Tetris für Fortgeschrittene gespielt. Jeder Schlafsack, jede Isomatte muss richtig liegen und hat inzwischen ihren festen Platz.

An besonders schönen Stellen halten wir an, kommen aber gut durch bis zu dem Ort vor dem East Cape. „NIKLAS! DU FÄHRST AUF DER RECHTEN STRASSENSEITE!"

Passiert immer mal wieder. Oder der Scheibenwischer wird statt des Blinkers betätigt. Wir alle haben so unsere kleinen Eigenheiten beim Fahren: Kakü und Magnus haben einen extremen Linksdrall, Niklas und ich ein Faible fürs Fahren mit angezogener Handbremse.

Wir machen uns langsam auf zur Schotterstraße zum East Cape und finden einen riesigen Campingplatz, zu dem eine steile Auffahrt führt. Aus der Mitte der Straße ragt ein mächtiger Stein hervor, so dass es beim Drüberfahren gewaltig unter unserem Wagen schrappt. Naja, so schnell kann ein Auto bestimmt nicht kaputtgehen.

Wir beschließen, doch erstmal zum richtigen East Cape zu fahren und dann zu gucken, wo man kampieren kann. Inzwischen gesellt sich ein äußerst beunruhigendes Geräusch hinzu: Es klappert und knirscht gewaltig in unserem Wagen. Was ist denn da schon wieder los? Manchmal spinnt die Schaltung noch, oder das Auto fährt nicht an, jetzt ist wohl durch unseren Aufsetzer wieder etwas im Eimer... Das kann doch nicht wahr sein! Da können die Kühe, die uns neugierig mit ihren Blicken vom Strand aus verfolgen, mich auch nur schwer aufmuntern. Bis wir um eine Ecke biegen und ein wunderschöner Strand vor uns liegt. Oben auf dem Berg der Leuchtturm. Die Sonne steht tief, überall grasen Pferde in den Dünen. Kaum Menschen. Wir beschließen, einfach im Auto zu schlafen – da kann uns keiner vorhalten, wir würden illegalerweise campen. Außerdem haben wir eh nicht viel Schlaf vor uns, wir wollen an diesem östlichen Punkt als beinah erste Menschen der Welt den Sonnenaufgang ansehen. Aber wie soll das bitte funktionieren, wir alle im Auto plus Riesenrucksäcke, Essenskisten, Campingkocher und Zelt?

Der erste Versuch schlägt fehl, es liegt noch ein Haufen Sachen draußen, während wir uns zu dritt in den schlecht gepolsterten Kofferraum quetschen. Kakü schlägt vor, dass wir die Rucksäcke auf uns drauf legen, aber auch das klappt nicht. Schließlich legen wir drei Rucksäcke unten in den Kofferraum, Isomatten und Decken drüber und voilà, schon haben wir ein Bett. Bequem ist es nicht. Überall sticht etwas in den Rücken, man liegt schief und insgesamt gequetscht. Es riecht kräftig nach würzigen Käsechips (das kommt davon, wenn man neben den Wanderschuhen keine Wechselschuhe mit hat) und es wird ziemlich stickig. Immerhin kann man durch die Rückscheibe den wunderbaren Sternenhimmel erblicken.

Ab Viertel vor vier klingelt regelmäßig der Wecker. Schlau, wie wir sind, haben wir zwar gefragt, um wie viel Uhr die Sonne aufgeht, die Antwort aber prompt wieder vergessen. Draußen ist es noch zappenduster. Die Milchstraße ist klar erkennbar, also muss es bis zum Aufgang noch ein Weilchen dauern. Endgültig stehen wir dann um halb fünf auf. Magnus ist von uns wohl derjenige, der auf dem Beifahrersitz am besten geschlafen hat. Wir haben Mühe, uns aus dem Kofferraum zu befreien. Draußen ist es unangenehm kühl, aber nach der schnellen Wanderung im Dunkeln den Berg hoch – eine Taschenlampe vorne, eine hinten, und immer aufpassen, nicht zu stolpern – ist uns wieder einigermaßen warm. Oben angekommen erkennen wir, dass die Geschichte wohl wirklich noch eine Weile dauern wird, denn man kann erst einen kleinen Streifen hellen Lichts wahrnehmen. Wir quetschen uns in den Windschatten des Leuchtturms, der aber keinen wirksamen Schutz bietet, und warten und warten. So spektakulär wird es nicht, auch wenn sich allmählich ein paar mehr Leute den Berg hoch trauen. Wir sind kurz vorm Aufgeben, da der Horizont völlig vernebelt ist, verharren aber zum Glück noch ein Weilchen, und schon guckt die rote Sonne doch noch über dem Meer hervor. Nicht gerade umwerfend, aber doch schön.

Dann fahren wir mit einem beunruhigenden Schleifen und Schlürfen vorbei an Kühen, die einfach nicht weichen wollen, malerischen Wiesen und Dünen, die sich endlos die Berge entlang ziehen. Die Schotterpiste endet jetzt, aber auf dem Asphalt hört sich unser Wagen noch furchterregender an: Was ist das denn? Der nächste Ort, der einen Mechaniker hat, liegt noch mal circa 30km entfernt, und da müssen wir jetzt durch. An der Werkstatt angekommen wird erstmal gefrühstückt, dann nimmt sich ein Mechaniker unseres Wagens an. Die erste Meldung klingt nicht gut: Die Antriebswelle zwischen Motor und Hinterrädern scheint verbogen zu sein. Eventuell müssen wir sie kostspielig ersetzten lassen. Aber das geht erst im nächst größeren Ort Gisborne, da der Ort hier zu klein ist. Mal wieder schlechte Neuigkeiten und damit verbundene gedrückte Laune. Doch dann hämmert der Mechaniker kräftig an dem Auto herum, und die Stange scheint wieder einigermaßen begradigt zu sein. Spitze! Wir können weiter.

Kaputtauto

Kakü fährt, aber das Auto schaltet komischerweise nicht in den fünften Gang. Also schleichen wir mit 70 km/h über den Highway, die automatische Gangschaltung spinnt wie immer mal wieder, das Radio rauscht, knistert und hat äußerst laute Rauschausbrüche. Ein Auto mit Charakter! Wir nehmen es halb mit Humor, auch wenn sich das alles weniger gut anhört. „Hit the road, Jack!" Unser Motto dafür, dass nichts mehr entzwei geht. Don't you come back no more, trouble! Kakü versucht es sogar mit Schimpfen: „Jack, bist du wohl leise!" Aber er hört einfach nicht.

Nach kurzer Pause geht es den Berg hoch zum nächsten Dorf. Diesmal schaltet das Auto gar nicht erst in den zweiten Gang, sondern wird immer langsamer, langsamer, um schließlich zum Stehen zu kommen. Diese Situation kennen wir doch! Warnblinklicht an, Motor aus, wieder an, geht nicht. Na toll. Wir stehen mitten auf der Straße in einer Biegung, der ungeeignetste Platze zum Halten, den man sich nur vorstellen kann, und behindern den Verkehr. Aber alle Fahrer, die passieren, halten an und fragen, ob sie helfen könnten. Auch diese Leute sind ratlos, aber wir wissen ja, was kaputt ist. Schließlich kommen zufällig zwei große Straßenräumautos vorbei, die für uns mit professionellen Stop-Schildern den Verkehr anhalten und uns eine Wendemöglichkeit bieten. Unauffälliger geht eine Panne kaum. Wir rollen den Berg herunter, probieren alles, um das Auto noch mal zum Fahren zu bringen, aber es geht nur rückwärts. Wie wär's, ab jetzt nur noch rückwärts fahren?

Wohl oder übel muss der Abschleppdienst kommen. Wir sind alle richtig schlecht gelaunt, denn wir ahnen, was das zu bedeuten hat: Das Auto ist hin. Eine Reparatur wird sich kaum lohnen. Ein neues kaufen? Schlecht gelaunt muss ich mich erstmal abreagieren, bis wir wie die letzten Freaks im Auto in der Sonne sitzen und Doppelkopf spielen. Die Situation ist zu absurd. Ein Mann klopft an unser Fenster und bittet uns, eine Spur zur Seite zu fahren, weil gleich ein großer LKW komme. Kakü's Antwort: „We are waiting for the pick-up service!" Ich kann vor Lachen schon gar nicht mehr an mich halten, wie sollen wir denn bitte zur Seite fahren? Mit einem Apfel im Mund springen wir alle aus dem Auto, ich quetsche mich hinter das Steuer und sehe im Rückspiegel die vor Anstrengung verzerrten Gesichter meiner Leidensgenossen, die das Auto mühevoll Stück für Stück zur Seite bugsieren. Ich hätte vor Lachen heulen können.

Kurz darauf trifft zum Glück der Abschleppdienst ein. Ein trauriger und deprimierender Anblick, wie unser Chariot auf den Abschleppwagen gezogen wird. Im Abschleppauto quälen mich düstere Gedanken: Die anderen würden jetzt gerne erstmal arbeiten, um einen Teil des Verlusts wieder reinzukriegen, da sie ja mehr Zeit in Neuseeland haben als ich. Für mich kommt das nicht in Frage; schon jetzt habe ich so viel Zeit verplempert. Zudem würde ich auch noch so gerne so viel von der Südinsel sehen. Zu viert ein weiteres Auto zu kaufen, kommt also eher nicht in Frage, eine Reparatur des alten wahrscheinlich eh nicht. Die anderen wollen nicht mit dem Bus unterwegs sein und mich somit eventuell zumindest einen kleinen Teil meiner Strecke begleiten. In Gedanken stelle ich mir schon vor, wie wir die Besitztümer aufteilen, ich alleine mit Reis und Sojasauce im Rucksack in den Bus steige und im Hostel immer wieder neue, oberflächliche Bekanntschaften schließe. Das kann auch okay sein, aber schmerzlich, wenn man weiß, wie es hätte sein können. Deprimiert stehen wir eine halbe Stunde später vor dem nächsten Mechaniker, der uns das sagt, was wir längst schon wissen: Eine Reparatur lohnt nicht. Er meinte sogar, schon die erste sei Verschwendung gewesen. Um dem ganzen die Krone aufzusetzen, fügt er hinzu, dass der Mechaniker, der uns unsere verbogene Stange gerichtet hatte, ein Loch in unser Auto und es damit kaputt gehauen hat, beziehungsweise den Kaputtprozess beschleunigte. Da kommt Freude auf.
Grade sind wir in Schockstarre und zu keiner Entscheidung fähig, schnappen uns unseren Campingkocher, Dosenspaghetti und Wasser und laufen vor zum Strand. Vor lauter Frust trinken die Jungs verbotenerweise eine Dose Bier an diesem wunderschönen Ort. Wir schmieden die ersten Pläne. Ich bin heilfroh, denn alle erklären sich damit einverstanden, das Arbeiten erstmal hintanzustellen, mit mir ein neues Auto zu kaufen und herumzureisen! Das stellt uns vor die nächste Schwierigkeit: Wo kriegen wir in diesem Kaff denn bitte einen Wagen her? Der nächste größere Ort, Gisborne, ist knapp 50 km entfernt; die nächste Stadt, Napier, satte 260 km. Da hilft nur Teamwork und Arbeitsaufteilung. Nach einem groben ersten Plan sind wir froh, nicht ganz vor dem Nichts zu stehen und lassen uns mit unserem Gefährt zu einem freien Campingplatz direkt an den Stand ziehen. Das verlangt nach einer Abkühlung, Badeanzug an, wir rennen zum Strand und ins kühle Nass. Wunderbar, jetzt sind wir schon wieder richtig gut gelaunt. Danach stiefeln Kakü und ich noch in die Stadt, um weitere Essensvorräte zu besorgen. Obwohl, Stadt ist übertrieben – hier gibt es fast nichts, die Hauptstraße ist ausgestorben, und um sieben Uhr abends haben vielleicht zwei Geschäfte

geöffnet. Die Einkaufsläden sind einfach süß und versorgen nur mit dem Nötigsten, was dann auch teuer ist. Ich frage in einem Motel höflich, ob ich mal telefonieren dürfe und berichte meinen Eltern von den frohen Botschaften. Zurück am Zeltplatz stellen wir fest, dass die Jungs Maiskolben geschenkt bekommen haben. Wir improvisieren damit ein Abendessen und gehen hundemüde schlafen.

Wir alle haben keine Lust auf den folgenden Tag, aber es muss sein. Ein Mechaniker schleppt uns wieder zur Werkstatt, wo wir uns erneut mit ihm und seinen Kollegen beraten. Wir kommen zu dem Schluss, den Wagen nach Gisborne abschleppen zu lassen, da es sozusagen unser fahrbarer Schrank ist. Das bedeutet zwar abermals Kosten, aber in diesen sauren Apfel muss man beißen. In einem letzten verzweifelten Versuch pappen wir „For Sale"-Schilder ans Auto, in der Hoffnung auf Verrückte, die gerne an kaputten Autos rumbasteln und einen Kleinigkeit mehr als die $70 Verschrottungspreis für unser Auto blechen. Das ist schmerzlich, gemessen an dem, was wir schon reingesteckt haben und wie kurz es uns gehalten hat. Missmutig kommen wir in Gisborne am Zeltplatz an und suchen wenig optimistisch den ersten Autohändler auf, den wir schon von Tolaga Bay aus angerufen hatten. Er bietet einen kleinen Nissan für $1.000 an, aber wie zur Hölle sollen alle unsere Klamotten in den Kofferraum passen? Den ganzen Tag marschieren wir durch die Stadt, durchforsten Anzeigen und Werkstätten, ohne Erfolg. Nach einem Frust-Muffin rufen wir noch mal unseren ersten Autohändler an, der jetzt Feierabend hat und uns netterweise angeboten hatte, später für uns zu recherchieren. Wir treffen uns mit ihm an einer Straßenecke: Ein volles Auto, von dessen Rücksitz zwei Mädchen in den Kofferraum krabbeln, die Mutter fährt, wir quetschen uns zu viert mit unseren kleinen Rucksäcken auf die Rückbank, Kakü muss auf Magnus' Schoß, und ich habe ein kleines Déjà-Vu an das Treffen mit Dan und Karla. Das wird noch verstärkt, als uns der Autoverkäufer Craig anbietet, bei ihm im Garten zu zelten oder in seinem umgebauten Wohnmobil-Schulbus zu schlafen. Ein Hoch auf die neuseeländische Freundlichkeit! Aus deutscher Bescheidenheit schämen wir uns fast, das Angebot anzunehmen, wobei ich mir denke: Wieso? Schließlich hat Craig das alles aus freien Stücken angeboten, will die neuseeländische Freundlichkeit promoten und glaubt an Karma. Da sollten wir kein schlechtes Gewissen haben, nur weil wir sein Angebot annehmen. Dan bombardiert uns mit SMS und netten Angeboten, uns zu helfen, als wir ihm von unserem Pech erzählen. Seine Antwort auf die SMS, dass das Auto kaputt sei: „No way." Leider doch.

Mehr Glück als Verstand

Craig mobilisiert alle Kräfte, lässt unser Auto zu seinem Haus ziehen und telefoniert mit quasi jedem Autohändler dieser Stadt. Anders als bei Dan und Karla ist es hier aber doch, denn wir kennen weder die Namen der Familienmitglieder noch kennen sie unsere, es ist alles eine Spur distanzierter, selbst wenn die Frau für uns kocht (beziehungsweise Tiefkühlgemüse erwärmt). Es ist unglaublich, wie freizügig die Menschen hier reden: Craig über seine offensichtliche Fettleibigkeit, die damit verbundenen Krankheiten, Ausgaben und Einnahmen, Krankheiten der Eltern etc. Wie immer laufen der Fernseher, die Computer und Facebook ununterbrochen auf Hochtouren. Schließlich verkriechen wir uns in dem umgebauten Schulbus. Langsam weiß man Dinge wie Strom und fließend Wasser zu schätzen (auch wenn ich das schon in Asien gut gelernt habe), denn wie beim Campen existiert all das auch im Bus nicht.

Eine bessere Beratung als Craig hätten wir kaum finden können. Wir entscheiden uns für einen Subaru Legacy, den er uns wärmstens ans Herz legt. Unser Chariot wird verschrottet. Zur Feier des Tages und als kleines Dankeschön machen wir Crêpes für die gesamte Familie – unser Traditionsessen für Retter in Not. Die Unterhaltung beim Abendessen ist interessant, Craig weiß eine Menge über die Maori und bestätigt, dass diese starke Alkohol- und auch Sozialisierungsprobleme haben. Kein Wunder, wenn sie in 300 Jahren vom Steinzeit- zum aufgezwungenen Industrienation-Stadium wechseln mussten. Welches Volk ginge daraus schon unbeschadet hervor?

In Neuseeland ist immer noch ein großer Unterschied zwischen Maori und Neuseeländern spürbar – exzessiver Alkoholkonsum und Gewalt prägen die Vorurteile gegen die Maori. Folgen der Kolonialisierung durch Großbritannien? Die Besiedlung durch Europäer im 18. Jahrhundert brachte Waffen ins Land, welche die Auseinandersetzungen unter den Stämmen verschlimmerten sowie neue Krankheiten, wodurch die Anzahl an Maori stark sank. 1834 vereinigten sich die Stämme des damaligen Neuseelands zu den „United Tribes of New Zealand", die 1840 – mit der Zustimmung der Häuptlinge – von den Briten annektiert wurden. Erst mit der Ankunft immer mehr britischer Siedler kam es zu kriegerischen Auseinandersetzungen mit den Maori. Infolgedessen fiel die Anzahl an Maori von 120.000 im Jahre 1820 auf 44.000 im Jahre 1891. Trotz allem war die Kolonialisierung des Landes vergleichsweise fortschrittlich: 1867 bekamen männliche Maori das Wahlrecht und Sitze im Parlament, schon 1893 führte Neuseeland als Vorreiter das Frauenwahlrecht ein. Auch im Gegensatz zu Australien förderte und fördert Neuseeland explizit die Maori-Kultur, indem es Radio, Fernsehen und Zeitungen in der Maori-Sprache gibt und auch die Maori-Kultur touristisch vermarktet wird. Diese Vermarktung stört mich sehr, weil ich das Gefühl habe, dass dies die einzige Möglichkeit ist, die unterdrückte Kultur der Maori am Lben zu halten. Da ich in Neuseeland außer diesen kulturellen Veranstaltungen wenig von der Maori-Kultur mitbekommen habe, fühlt es sich an wie ein künstliches Am-Leben-erhalten zu rein kommerziellen Zwecken. Zwar genießen die Maori im Vergleich zu vielen anderen indigenen Stämmen weitgehende Rechte, doch immer noch liegt das Durchschnittseinkommen der Maori deutlich unter dem der Neuseeländer. Der Anteil der Jugendlichen ohne Schulabschluss unter Maori ist deutlich höher. Eine Antwort darauf, woran das liegt, habe ich nicht finden können, da die Maori ja anders als die Aboriginees nicht so stark unterdrückt wurden. Vielleicht liegt es aber trotzdem daran, dass die Maori ihre Heimat größtenteils an die Briten verloren haben und durch die westlichen Einflüsse ihre Lebensart einem radikalen Wandel unterzogen wurde.

Craig selber ist mit fünfzehn Jahren von zu Hause ausgezogen, war bisher nur in Australien, verpasst seinen Mädchen die Pille, ohne sie aufzuklären, wozu sie gut sind, und wiegt inzwischen nur noch 160 kg. Ein bisschen fremd ist mir die neuseeländische Kultur oft schon. Die Leute hier heiraten, arbeiten und kriegen einfach viel zu früh Kinder. Das Schulsystem kann man wohl vergessen, zum Über-den-Tellerand-gucken holte er sich insgesamt zehn Austauschschüler. Aber großzügig ist er und will das Bier nicht annehmen, dass wir als Dankeschön für ihn gekauft haben: „Spend your money on the trip, guys, you'll need it." Um dem ganzen noch eine Krone aufzusetzen, hat er uns ursprünglich angeboten, uns seinen alten Wagen für die Zeit der Reise für $1.000 auszuleihen. Aber die Nettigkeit wollen wir nicht ausreizen. Wenn etwas mit dem Wagen passiert, ist das alles zu heikel.

Am nächsten Morgen verabschieden wir uns von Craig und machen uns auf den Weg nach Napier. Das Auto hat diesmal sympathischerweise eine manuelle Schaltung, aber der Zigarettenanzünder, über den wir immer unsere gesamte Elektronik laden, funktioniert nicht. Wieso kann nicht einfach mal alles auf Anhieb klappen? Wir rufen den Mechaniker an, der uns sagt, wir sollen mal gucken, ob alle Kabel richtig zusammengesteckt seien. Kakü findet gleich zwei, die überraschend gut ineinander passen.

Napier wurde in den dreißiger Jahren durch ein Erdbeben dem Erdboden gleich gemacht und dann im Jugendstil, neu aufgebaut. Wegen der Stadt einen Umweg zu fahren, rate ich nicht, aber es ist trotzdem nett hier. Ich hab mich ein wenig gefühlt wie in einer Kulisse für das Grease-Musical. Das Flair im Ort ist angenehm, unser Hostel nett, aber mal wieder voller Deutscher. Die erkennt man übrigens gut: Es sind diejenigen, die im Supermarkt erwartungsvoll mit dem Finger auf das Brot drücken und sich dann mit enttäuschtem Blick abwenden.

Wie immer habe ich mich auch hier in den schwierigen Situationen gefragt: Wärst du jetzt lieber zu Hause? Und auch hier, trotz all der Frustration mit den Autos, ist die Antwort immer ein bestimmtes „Nein"!

Outdoor-Erfahrung

Die Jungs wollen Fallschirmspringen. Also rufen wir beim Veranstalter an und schon geht's auf zum Flugplatz von Taupo. Ich fühle ihren Adrenalinkick, als wir uns dem Flughafen nähern, aber ich will eigentlich nicht mitspringen. Irgendwie

reizt es mich ja schon, aber es ist so unglaublich teuer! Und Neuseeland mit den zwei Autokäufen ist schon teuer genug.
Wir begleiten die Jungs in das Skydive-Büro, wo uns die Mitarbeiter überreden wollen, doch mitzumachen. Aber ich bin fest überzeugt: Geldsparen ist angesagt. Cool sieht es aber schon aus, wie die anderen Leute mit Fallschirmen vom Himmel schweben. Aber ... hmm. Wenn ich daran denke, wie die beiden in zwei Stunden freudestrahlend von ihrem Sprung zurückkehren würden, bin ich mir sicher, dass ich doch lieber mitgegangen wäre. Aber wenn ich sehe, wie andere Adrenalinjunkies in den halboffenen Flugzeugen die Startbahn verlassen, wird mir richtig schwummrig, umso mehr bei dem Gedanken an den Absprung. Aber dann brennt eine Synapse durch und ja, ich will's auch!! Ziemlich überrascht von meinem Mut bin ich doch, aber man, das muss einfach verrückt sein! Kakü sträubt sich noch hartnäckig, aber ich weiß, ich würde es bestimmt bereuen, wenn ich es nicht zumindest probiert hätte. Und wann hätte ich je wieder die Möglichkeit, einen solchen Sprung zu wagen – nie, schließlich ist es in Taupo doch am günstigsten. Jaaa, jaaa, jaaa! Und als ich vom Auto, wo ich mir feste Schuhe angezogen habe, zurückkehre, folgt eine weitere Überraschung: Kakü hat den Zettel, der die Organisation im Todesfall von jeglicher Haftung ausschließt, ebenfalls unterzeichnet. Angeblich sei Fallspringen sicherer als Autofahren und von zehntausend Sprüngen schlage nur einer fehl ... Hoffentlich bin ich nicht der Zehntausendste. Wir stehen da, aufgekratzt, nervös, und warten auf unser Flugzeug. Endlich kommen unsere Tandem-Springer auf uns zu, leinen uns an sich an und marschieren zu unserem Flugzeug. Komisch, dass die eine Seite hier halb offen ist. Auch die Sitze sind ganz anders als in gewöhnlichen Flugzeugen. Sauerstoffleitungen für die Masken dürfen auch nicht fehlen. Die brauchen Kakü und ich aber nicht, denn wir springen „nur" aus 3.700 Metern Höhe und nicht wie die Jungs aus 4.500 Metern.

Fliegende Karnickel

Wir heben ab. Das Gefühl kenne ich ja inzwischen gut. Der See von Taupo wird immer deutlicher erkennbar. Wir kleben an den Fensterscheiben und saugen jedes Detail der Landschaft in uns auf. Es ist toll hier, wir freuen uns schon richtig auf den Sprung – Aufregung ist gar nicht mehr so da. Aber wenn mir mein Tandem-Springer auf seinem Höhenmesser zeigt, wie viel höher wir noch müssen, wird mir doch komisch. Wir werden an unseren Tandem-Springern festgeschnallt – „tied to a beautiful stranger", auch wenn das in meinem Fall mit dem „beautiful" nicht ganz so zutrifft. Die Gurte werden noch mal festgezurrt, ich bete inständig, dass sich sowohl der Fallschirm als auch im Zweifelsfall der Ersatz-Fallschirm öffnen würden, und Ronnie, Kaküs Springer, trägt sie praktisch zur Öffnung. Wir gleiten über den Wolken, und ehrlich gesagt, bin ich froh, nicht die erste zu sein, auch wenn Kakü mir ein wenig Angst einjagt. Ronnie schiebt die Plastiktür hoch. Kakü erweckt den Eindruck eines Karnickels vor der Schlachtbank, guckt uns aus panischen Augen mit halbverdrehtem Kopf an, da sie schon die Bananen-Stellung eingenommen hat: Kopf in den Nacken, auf die Schulter des Springers, Becken vor und auf die Knie. Und schon lehnt sich Ronnie vor, die beiden werden vom Sog rausgezogen, purzeln ins Nichts.

Oh man, jetzt bin ich dran? Ich will so schnell wie möglich raus hier, denn sonst traue ich mich nicht! Wie vorgeschrieben, knie ich vor dem Abgrund, beuge den Kopf in den Nacken und hoffe. Dann geht es raus. Das Herz rutscht mir in die Hose, ich falle 200 km/h schnell und meine Wangen schlabbern nur so vor sich hin. Das Atmen wird schwer, die Augen tränen selbst durch die wunderhübsche Windbrille, ich kann alles gar nicht richtig fassen. Ein unbeschreibliches Gefühl. Man rast dem Erdboden entgegen und weiß gar nicht richtig, wie einem geschieht. Ganze vierzig Sekunden befinden wir uns im freien Fall. Ich darf sogar die Träger von meinem Fallschirm loslassen und das Gefühl absoluten Fliegens genießen. Nur fliegen ist schöner? Stimmt. Froh bin ich trotzdem, als ich mit einem Ruck in die Schwerkraft zurückgezogen werde und am Fallschirm baumle, der sich – Gott sei Dank – geöffnet hat. Das ist wirklich jetzt der schönste Teil, denn ich genieße die Aussicht aus tausend Metern Höhe, die Berge, den See, Kakü, die in weiter Ferne über den See segelt und hoffentlich nicht ihre an einer Bauchtasche befestigte Schwimmweste benötigen wird. Mein Tandem-Springer zieht mal hier und da an den Seilen, und wir segeln in steilen Spiralen gen Erdboden. Einen richtigen Adrenalin-Kick verspürte ich eigentlich die ganze Zeit nicht. Klar, es war aufwühlend und spannend, aber auch einfach nur ein tolles Erlebnis. Und schon rückt der Boden immer näher, die fünfzehn Minuten sind vergangen wie – haha – im Flug. Ab in die Hock-Stellung und eine überraschend sanfte Landung auf dem Erdboden folgt – selbst ein Ei wäre hierbei nicht zerbrochen. Ich habe es tatsächlich geschafft! Ein paar Minuten nach mir schwebt Kakü ein, und wir rennen aufeinander zu – Fallschirmspringen, abgehakt! Aufgedreht stellen wir uns hinter die Absperrung und gucken bei der Landung der Jungs zu, die auch euphorisch sind. Aber alle stimmen mir zu – pures Adrenalin gibt es beim Fallschirmsprung wohl nicht, auch wenn mir das sonst wahrscheinlich keiner glaubt.

Nach diesem aufregenden Erlebnis werden wir gleich wieder auf den Boden der Tatsachen zurückgeholt. Im Auto blinkt das „check engine"-Zeichen. Es ist ein Feiertag, wir können keinen Mechaniker konsultieren, sind uns über unsere anstehende Wanderung uneinig, und sowieso ist alles doof. Wieder suchen wir einen der freien Campingplätze aus der DOC-Broschüre. Nichts ist ausgeschildert. Den angegebenen Wald finden wir, und wagen uns auf seine unübersichtlichen und engen Schotterwege. Es geht steil bergauf und bergab; Wege, für die man bestimmt einen Allradantrieb benötigt, führen in andere, unbekannte Abschnitte des Waldes. Kakü muss herunterhängenden Ästen und mächtigen Schlaglöchern ausweichen. Es ist einfach nur dunkel und gruselig hier drin, von Campingplätzen keine Spur. Außerdem ist es saukalt. Wir sind alle entnervt und

wollen nur noch unser Zelt aufbauen. Magnus springt sogar aus dem Auto und rennt auf der Suche nach Hinweisen die steilen Abhänge hoch, denn wir wollen unserem neuen alten Auto erstmal nicht zu viel zumuten, hat es doch immerhin sechzehn Jährchen auf dem Buckel. Aber die ganze Aktion bleibt ein Reinfall, wir wollen nicht zu weit in den Gruselwald hineinwagen, aus Furcht, uns zu verirren, und machen kehrt. Kurz vor dem Wald ist ein kleiner, grüner Parkplatz, der es dann sein soll. Verfroren bauen die Jungs das Zelt auf, während Kakü und ich wie üblich kochen. Reis mit Tomatensauce, das geht fix. Wir haben einen wackligen Holztisch vom Parkplatz, einen großen Campingkocher und eine Gasflasche, auf die man einfach die „Flamme" schraubt. Eine wackelige Angelegenheit. Die Sauce ist schon hin, weil wir Tomatensauce und Zwiebeln gleichzeitig in die Pfanne gehauen haben, als das passiert, was ich schon lange befürchtet habe: Die Konstruktion kippt um. Unsere gesamte, leckere Sauce landet auf dem ekligen Holztisch. Fassungslos starren wir auf das Desaster. Da hilft nur Lachen. Zum Glück sind wir gegen solche Vorfälle gewappnet haben noch ein paar weitere Dosen voller Fertigsaucen im Auto gebunkert. Eine davon muss dann einfach kalt auf den Reis, denn mehr Geduld auf das Essen hat niemand mehr. Kakü setzt dem Ganzen noch die Krone auf, indem sie sich in einen unserer Campingstühle sitzt und in Zeitlupe umkippt. Zwar unternimmt sie nichts gegen den Fall, hält ihre Schüssel aber brav grade, damit ja nichts auf den Boden fällt. Herrlich! Ich glaube, das Fallschirmspringen war doch zu viel für uns alle. Höhepunkt des Tages: Ich habe mir eine neue, richtig warme Jacke. Wir sind aus tausenden von Metern Höhe wie Verrückte aus einem Flugzeug. Und dann noch der Essens-Reinfall. Der passende Spruch dazu: „Das war kein Unfall, sondern ein Umfall!"
– Magnus: „Und vielleicht wird es noch ein Durchfall."

Schicksalsberg

Nach dem Motto „Zähne zusammenbeißen und weitermachen" gehen wir trotz der Sorgen um unser Auto schließlich doch im berühmten Tongariro National Park wandern. Voller Vorfreude bereiten wir alles vor, quetschen uns in unser nicht Tetri-mäßig beladenes, volles Auto, steuern den Startpunkt an, melden uns noch mal bei unseren Eltern, und dann sind wir bereit. Dreitageswanderung, wir kommen! Euphorisch wird noch ein Vorher-Foto geschossen, dann ab zum Wanderweg. In weiter Ferne erhebt sich der Vulkan, den wir wahnwitzigerweise umlaufen wollen – was ist da nur in uns gefahren?

Noch ist die Wanderung ein Kinderspiel, auch wenn die Rucksäcke verdammt schwer sind. Meiner ist ausnahmsweise mal der leichteste, meine High-Heels hab ich jetzt doch im Auto gelassen, auch wenn Kakü und ich scherzhaft überlegt haben, ob wir nicht doch das Englisch-Wörterbuch auf dem Berg brauchen könnten. Magnus und Niklas haben sich gentlemen-like bereit erklärt, das Zelt und die Plane zu schleppen (letztere brauchen wir wegen Löchern im Zeltboden). Kakü und ich nehmen die Isomatten, dazu hat jeder seinen Schlafsack, Essensvorräte für die nächsten drei Tage und Kochutensilien.

Die erste Zeit geht es nur durch Wälder. Manchmal ist der Weg matschig, oder unbegehbar, so dass wir über steile Felsen kraxeln müssen. Allmählich werden die Rucksäcke schwerer, aber nach knapp drei Stunden gerät auch schon unsere erste Hütte in Sicht. Das Wetter ist gut, und der Vulkan, der in „Herr der Ringe" den Schicksalsberg gespielt hat, ist klar. Hoch soll man laut DOC-Berater auf keinen Fall, wenn die Spitze nicht sichtbar ist, denn Nebel und Wolken sollen tückisch sein. Long story short: Wir setzen unsere Rucksäcke in der Hütte ab und machen uns noch auf den Weg zum Berg. Nachdem Kakü und ich den Jungs halb den Berg hinauf hinterhergehetzt sind, entscheiden wir uns, dass wir doch nicht den persönlichen Ehrgeiz haben, dieses Ding hochzulaufen. Der Rückweg und das Wissen, Großteile des Weges tags darauf erneut zurücklegen zu müssen, ist gruselig genug. Als eingefleischte „Herr der Ringe"-Fans steigen die Jungs steigen trotzdem hoch, auch wenn wir inständig hoffen und beten, dass sie doch noch umkehren–der Berg zieht zu. Kakü fällt todmüde um halb neun in die Federn, während ich und die anderen Hüttengäste uns allmählich Sorgen machen: Die Jungs sind immer noch nicht zurück. Die Stimmung in diesen Hütten ist sehr familiär. Man ist in einem großen Gemeinschaftsraum auf Doppeletagen Matratze an Matratze mit dem Nachbarn und jeder unterhält sich mit jedem.

Dann treffen sie endlich ein. Ausgelaugt und abgekämpft trotten sie zur Hütte, werden fast wie Helden gefeiert, denn alle haben von ihrem Vorhaben gehört und waren aufgrund der Tageszeit und des Wetters ziemlich besorgt. „Did you really go up the volcano?"

Wir sind die etzten, die am nächsten Morgen aus Bett bzw. Zelt kriechen – und das um 7 Uhr. Dementsprechend kommen wir auch als letzte los, u.a. auch, weil wir ganze zwei Stunden benötigen, um abmarschbereit zu sein. Ich verspüre jetzt schon keine Lust, da ich weiß, was ungefähr auf uns zukommt – die Hölle. Langsam trotte ich hinter den anderen hinterher, denn heute heißt es: Kräfte einteilen! Ich krieche den Berg hoch, fühle mich wie eine Oma, mein Schatten sieht aber angesichts meiner Beladung eher wie eine Schnecke aus. Passt auch ganz gut. Und dann sind wir überraschenderweise schon auf dem Gipfel! So schlimm war es gar nicht, auch wenn wir alle durchschwitzt sind. Aber so ein zufriedenes Gefühl hatte ich schon lange nicht mehr. Ich bin komplett im Reinen mit mir und der Welt. Die Picknickpause kommt grade recht, dann wandern wir höchst positiv gestimmt weiter – flach. Ein neuer Anstieg, dann: Eine karge Vulkanlandschaft, gesprenkelt mit Seen von einem surrealen Blau. Ein richtig roter Vulkankrater, Schwefeldämpfe, die empor kringeln, Eis, Berge, ganz weit hinten auch Grün. Traumhaft. Ich fühle mich wie in einer Jack-Wolfskin-Werbung. Wir lassen das Hochland hinter uns. Die Landschaft verwandelt sich in Dünen und Wüste. Wir hoffen nach jedem Hügel, endlich die nächste Hütte zu Gesicht zu bekommen, aber sie lässt auf sich warten. Dann erscheint sie endlich, nach siebeneinhalb Stunden Marsch, im Blickfeld, ganz nah! Hier treffen wir bekannte Gesichter von der Hütte zuvor, die wie üblich um das Plumpsklo surrenden Fliegen sind schon richtig vertraut, genauso wie die kuschelige Hüttenatmosphäre.

Am nächsten Morgen schälen wir uns um 6 Uhr aus unserem Zelt. Das Frühstück ist improvisiert – Toast mit Apfel und wahlweise Müsliriegel. Die Wanderung ist lang, aber es gibt nichts Neues mehr zu sehen. Wir kriegen alle Druckstellen von unseren Rucksäcken. Rücken und Beine schmerzen. Es reicht. Motivationslos geht es über die vielen Hügel, bis endlich Phakapapa in Sicht gerät – das gibt Schwung! Wir atmen alle vor Erleichterung auf, als wir wieder in die Zivilisation und auf asphaltierte Straßen stoßen, uns endlich Menschen entgegenkommen. Wir sind angekommen, unser Auto steht noch, flugs die Rucksäcke abgeschnallt und mitten auf den Parkplatz gepflanzt. Erstmal können wir uns gar nicht bewegen, dann realisieren wir, dass wir die Strecke nach weiteren acht Stunden endlich bewältigt haben, und fahren zurück zum Campingplatz. Das Nachher-Foto wird weniger schön: Wir sind einfach nur komplett fertig.

Am nächsten Morgen kann kaum einer richtig laufen, geschweige denn sich bücken. Da wird das Rucksack, der umgepackt werden muss, zu einer richtigen Herausforderung! Dann geht es mal wieder auf Mechanikersuche. Gestern hatte das „Check Engine"-Zeichen mal kurz mit der Blinkerei aufgehört, heute ist es wieder da, so dass wir lieber auf Nummer Sicher gehen wollen. Wir halten ungefähr in jedem Kaff an, hier ist mal ein Mechaniker zu beschäftigt, da fehlt das richtige Gerät ... Der sechste Mechaniker heute soll es dann endlich sein. Für $55 will er nach der Ursache suchen. Blöd, aber muss wohl sein. Er beugt sich unter das Lenkrad, will sein Gerät anschließen, und... findet den Fehler. „This is not supposed to be plugged in!" Wer hat da an den Kabeln gespielt? Und tatsächlich, das Kabel, das Kakü in Napier zusammen gefriemelt hatte, um unseren Zigarettenanzünder zu „reparieren", war Schuld. Wir können es einfach nicht glauben. So einfach war der Fehler, und er hat uns schlechte Laune und Kopfzerbrechen beschert – wir können alle nur noch lachen. Kakü erhält Autobastelverbot und darf ab jetzt nur noch fahren. In der Werkstatt wird noch der Zigarettenanzünder repariert, wir buchen wir die Fähre auf die Südinsel und ein Hostel, und weiter geht's gut gelaunt nach Wellington.

Außenspiegelbaseball

Langsam nähern wir uns der Stadt. Die Ausfahrten nehmen zu, nach der ganzen Natur immer mehr Beton und Häuser und Menschen. Eine richtige Großstadt, auch wenn Wellington als Neuseelands Hauptstadt nur knapp 200.000 Einwohner zählt. Kakü will eigentlich gar nicht in die Stadt rein fahren, aber wir haben keine Möglichkeit mehr, den Fahrer zu tauschen. Es ist eng hier und unübersichtlich. Nach einer Kurve – Kakü hat wie immer ihren leichten Linksdrall – wird's richtig eng und ... zack! Außenspiegel gerammt. Alles ist schnell vorbei, unser Außenspiegel ist eingeklappt, der vom anderen Auto war wohl schon vorher demoliert, und sowieso sind wir schon längst vorbei. Also erstmal zum Hostel. Die Straßen hier sind ähnlich steil wie in San Francisco. Kakü ist jetzt richtig nervös. Der Motor heult praktisch am Stück. Unser armes Autolein quält sich den Berg hinauf, aber überall heißt es nur „parking for residents". Einmal links um den Block, einmal rechts um den Block, hier geht es nicht zurück zum Hostel, wieder durch das Straßengewusel. Weil wir als pflichtbewusste Deutsche in Neuseeland nicht der Fahrerflucht bezichtigt werden wollen, fahren wir zur Unfallstelle, aber kein Auto mit einem demolierten Außenspiegel ist zu finden. Also müssen wir wohl zur Polizei. Zuerst fahren wir zum Hostel, um Magnus und mich abzuladen. Kakü als „Täterin" und Niklas als Fahrzeugbesitzer wollen zur Polizei.

Nach einiger Zeit kommt Kakü lachend und Niklas entnervt in unser Zimmer. Was ist passiert? Erstmal haben sie das Polizeipräsidium nicht gefunden, dann verfahren, dann falsch in eine Einbahnstraße eingebogen, dann ... wumm. Zweiten Außenspiegel gerammt, und diesmal ist Niklas gefahren. Den demolierten Wagen haben sie nicht gefunden, allerdings ein Auto, an dem der Außenspiegel schon mit Tape befestigt herunterhing. Der muss also vorher auch schon mal angefahren worden sein. Einzige Reaktion der Polizisten: „Macht ihr das eigentlich mit Absicht?" Und: „Fahrt vorsichtiger oder ab jetzt nicht mehr so viel gegen Autos. Am besten gar nicht mehr." Ja, ganz sicher, unser Auto wird in Wellington keinen Kilometer mehr zurücklegen.

Eine Stadtbesichtigung steht auf dem Plan. Mit der Kabinenbahn hoch zum Botanical Garden, da ein kostenloses Gratis-Klassik-Konzert erleben, dann das komische Beehive und das Regierungsviertel von Neuseeland angucken. Wellington erinnert an San Francisco, nicht nur wegen der Hügel, sondern auch wegen der Architektur und der elektrisch laufenden öffentlichen Busse. In der Hostelküche können wir mal richtig unsere Kochkünste ausleben. Es gibt Quiche in Pfannen mit abgekratzter Beschichtung und Formen, die nur grade so in den Backofen gehen. Das Hostel hier ist das schlechteste BBH-Hostel, das ich je gesehen habe, mit bekifften, gelangweilten, unfreundlichen und ungeduldigen Punk-Mitarbeitern, in einem ehemaligen Puff stationiert, mit Zimmern wie in einem Gefängnis und – immerhin – einem verstimmten Klavier. Davor sitze ich dann auch in den Kochpausen niedergeschlagen und versuche, mich wenigstens an ein paar Noten meiner Lieblingsstücke zu erinnern. Ich darf eine halbe Stunde hier kostenlos ins Internet, aber das ist einfach zu knapp. Ich weiß gar nicht, wem ich da was schreiben soll.

Wellington gefällt mir gut. Es hat ein paar prachtvolle Altbauten, aber dazwischen auch Hochhäuser im Plattenbau-Stil, insgesamt arg durcheinander gewürfelt. Aber hier gibt es ein paar kulturelle Veranstaltungen, Mode, Shoppingmöglichkeiten, Geschichte. Und ein Nachtleben!

Schwulenclubs und Bitch-Fights

Wenn man mal die Chance hier hat, abends auszugehen, sollte man das auch wahrnehmen. Kaum haben wir das Hostel verlassen, werden wir schon von den ersten Neuseeländern angequatscht, die verbotenerweise auf einer Parkbank in der Öffentlichkeit trinken. Ein lustiges Völkchen, diese Neuseeländer, offen und locker. Dann marschieren wir in eine Bar, das Matterhorn, eine der zahlreichen angesagten Bars der Stadt. Die Live-Musik hebt unsere Stimmung dermaßen, dass wir entscheiden, unsere Jacken zurück zum Hostel zu bringen und uns umzuziehen. Wir machen sozusagen Club-Hopping, mit lustigem Ausgang: Tätowierte, kräftige Vollweib-Maoris bieten sich einen ausgewachsenen „Bitch-Fight", bei dem sich weder Türsteher noch Polizisten trauen, dazwischenzufunken. Wir erkunden versehentlich die Schwulen- und Lesbenszene Wellingtons und fallen letztlich erst um fünf in die Koje. Wellington hat den Test bestanden.

Um acht Uhr klingelt der Wecker, denn kostenloses Frühstück gibt es nur bis neun. Danach wieder zurück ins Bett, aber mit ausreichend Schlaf ist heute nicht zu rechnen. Denn heute steht „Te Papa" auf dem Plan, das höchst gelobte Museum über Neuseeland. Naja, uns fehlt hier eine deutliche Struktur. Viel über die Geschichte Neuseelands ist nicht in Erfahrung zu bringen. Etwas über die Kultur der Maori und eine Menge über Vulkane und Erdbeben. Ein 4,5 Meter langer Riesenkrake ist auch ausgestellt. Langsam grenzt alles an Reizüberflutung, ganz zu schweigen davon, dass das fehlende Konzept verwirrt. Also raus aus dem Museum und das Hafen-Gefühl genießen. Eigentlich ärgerlich, einen großen Teil des wunderschönen Tages im Bett und im Museum verbracht zu haben, aber das Fehlende holen wir jetzt nach. An einem schönen Hafen-Café wird gute Live-Musik gespielt. Wir setzen uns ans Wasser und genießen die Atmosphäre. Schuhe aus, Sonnenbrille auf, das Leben einsaugen. Zur Feier des Tages springen Kakü und ich zum Supermarkt. Beute: Für jeden zwei Eis. Das tut gut!

Unser letzter Tag auf Neuseelands Nordinsel bricht an. Eigentlich wollten wir alle mit dem Fallschirm auf die Südinsel springen, für knapp $650 ist das sogar möglich. Das Gepäck wird hinterher geschickt, aber unser Auto ist dann leider wohl doch zu schwer dafür. Dafür gibt es die Fähre. Träge schaukelnd lassen wir die Nordinsel hinter uns und docken auf der Südinsel an. Die hoch gelobte Südinsel, angeblich das Beste, was Neuseeland und die Welt an Natur auf engem Raum so zu bieten hat. Das bestätigt schon die Einfahrt der Fähre.

Südinsel – Auf gen Süden!

6 Wochen
Obwohl die Südinsel flächenmäßig größer ist als die Nordinsel, leben hier insgesamt weniger Menschen als in Auckland: Circa 900.000, ein Drittel davon in

Christchurch. Dies gibt einem einen ungefähren Eindruck von der Dichte der Besiedlung. Auf den Straßen ist echt nichts los! Zum Glück ist unser neues Autole – bis jetzt – zuverlässig. Neuseeland überrascht mich auch immer wieder: Auf jeden der vier Millionen Einwohner kommen circa acht Schafe. Ein Drittel des Landes besteht aus Nationalparks. Kein Ort ist weiter als 128km vom Meer entfernt. Hier ist der Ort mit dem längsten Namen der Welt: Der Hügel mit dem unaussprechlichen Namen Taumatawhakatangihangakoauauotamateaturipukakapikimaungahoronukupokaiwhenuakitanatahu. Alles klar?

Hier zieht es uns zuerst nach Westen, vorbei an den Fjorden. In Nelson, einer süßen Kleinstadt ganz nach unserem Geschmack, würden wir gerne länger bleiben. Dafür muss ein Job her! Laut unserem Hostelbesitzer sollte das ganz einfach gehen, denn im Moment ist Erntezeit. In Neuseeland ist man jedoch als Backpacker nie alleine. Stundenlang klappern wir Obstgarten um Obstgarten, Weingut um Weingut ab, aber nichts. Noch schlimmer: Wartelisten für die Jobs als Fruitpicker und -packer. Wenn man nicht viel Geduld mitbringt und den Arbeitgebern eine längere Arbeitsdauer versprechen kann, ist das mit der Arbeitssuche wirklich schwierig. Also ziehen wir einfach weiter: Zum Abel Tasman National Park.

Kajaktour

Mit unserem gesamten Hab und Gut sehen wir aus wie eine wandelnde Müllhalde. Weil die Campingsachen ganz unten liegen, liegt immer, wo wir uns aufhalten, ein riesiges Sammelsurium an Säcken und Tüten um den Wagen verstreut. Daher ist die Überraschung groß, als unsere „Überlebenssachen" für drei Tage tatsächlich in die Kajaks passen. Nachdem wir auch den Kajak-Test mit Bravour bestanden haben, befördert uns ein Wasser-Taxi in die Mitte des Nationalparks. Schon jetzt gefällt es mir hier super: Die Sonne scheint, die Wellen rauschen, der Wind braust, die Landschaft beeindruckt – wie immer. Von dichtem Urwald bewaldete Hügel, lange Sandstrände, Felsen und kleine Inseln. In der Mitte des Parks werden wir aus dem Taxi gelassen und schwingen uns in die Kajaks.

Erstes Ziel ist Tonga Island, die wir durch die starken Wellen keuchend umrunden, bis endlich die erste kleine Robbenkolonie ins Blickfeld gerät. Ich fühle mich wie im Zoo, nur besser. Kakü und Niklas hatten sogar das Glück, einen Pinguin neben sich auftauchen zu sehen!

Unser erste Übernachtungsmöglichkeit ist Mosquito Bay. Der Name spricht Bände – genervt schlagen wir Sandfliege um Sandfliege tot. Diese Biester sind einfach überall und können einem wirklich den ganzen Aufenthalt vermiesen! Schlimmer als Mücken kreisen sie einen als riesiger Schwarm ein und stechen, bis keine freie Stelle mehr auf der Haut ist. Wir kampieren im Wald gleich am Strand, und lauschen im Zelt dem Wellenrauschen. Wunderbar!

Am nächsten Tag besuchen wir die nächsten Robben auf Pinnacle Island. Man sieht immer nur eine Handvoll auf einmal, denn sie spielen meist schön versteckt hinter den Felsen. Dafür kann man heute wunderbar Baden gehen. Wir paddeln zu einsamen Sandstränden, unerreichbar von Wanderern, und lassen es uns einfach nur gut gehen. Die zweite Übernachtung ist bei „Watering Cove", abermals eine winzige, aber schöne Bucht. Hier bemerken wir einen gewaltigen Rochen nah der Oberfläche durchs Wasser gleiten – aaah, in dem Wasser da waren wir wirklich drin? Tritt man auf einen Rochen drauf, ist der verständlicherweise wenig begeistert und zahlt es einem wohl heim. Haie bekommen wir glücklicherweise nicht zu Gesicht, sonst wäre ich nie mehr ins Meer gegangen.

Auch am dritten Tag erleben wir wieder Wildleben pur: Lauter Seelöwen und andere exotische Tiere, die wir leider nur hören. Nach der ganzen Schaukelei auf dem Wasser müssen wir uns erstmal wieder an festen Boden gewöhnen.

Verregnete Schokoladenseite der Südinsel

Von unserem kleinen Camp-Park, der auf Michael's Neuseelandkarte, gespickt mit Tipps und schönen Routen, eingezeichnet war, geht es durch bergige Landschaften dem Sonnenschein und der Küste entgegen. Dann fahren wir die einmalige Westküste der Südinsel entlang: Wunderbare raue Landschaften; Felsen, die aus den wogenden Wellen hervorragen oder lange Sandstrände mit wunderbarem blauen Wasser, auf der anderen Seite Berge. Es ist fantastisch.
Ein kurzer Halt an den „Pancake Rocks", die, wie erwartet, touristisch überlaufen und viel zu gehypt sind. Dann hilft wieder Michael's Wunder-Karte: „Free kemping am Strand". Und es stimmt: Zwar ist es nicht ausdrücklich erlaubt, aber auch nicht ausdrücklich verboten, so dass wir unser Zelt im Sand aufschlagen und im Nieselregen kochen. Das Abendessen – ausnahmsweise mal Hirse mit frischem Gemüse – gibt es auf Treibholz am Strand.

Der nächste Tag.
Man hört es schon morgens: Der Regen trommelt ein leises, aber stetes „Willkommen auf der Südinsel" auf die dünne Zeltwand. Wir entscheiden, in ein Hostel zu gehen, denn die nächsten Tage ist nur Regen angesagt, für heute Nacht auch noch ein Gewitter. Da in unserem Zelt, auf das wir eine Plane legen müssen, damit das Wasser nicht durch kleine Löcher hineinsickert? Nein, danke.

Das Hostel ist im schranzigen Seemans-Stil gebaut, das Zimmer ist aber ganz in Ordnung und ausnahmsweise mit unbegrenztem Wifi. Komische Leute sind da, unter anderem ein Engländer, der einfach nicht mit Reden aufhören will. Wir spielen Pool, versauern vor dem Internet, gammeln. Immerhin gibt es um fünf Uhr leckere Scones. Zum Glück sind die Jungs auch dagegen, hier vier Tage zu arbeiten „in exchange for accomodation – in a campervan". Es ist unglaublich, wie Backpacker ausgenutzt werden: Zweieinhalb Stunden Arbeit pro Tag und dann noch nicht mal ein richtiges Bett.

Mit Musik – wir haben mal CDs gebrannt, denn mit dem Radio kann man hier mangels Empfangs kaum etwas anfangen – geht's weiter Richtung Süden. Verrückt, wie viel mehr Spaß das Fahren auf einmal macht! Wir kochen direkt am stürmischen Meer, unsere Utensilien fliegen durch die Gegend und die Gasflammen kämpfen gehen den Wind. Das Festmahl gelingt trotz aller Widerstände: Reis mit Gemüse uuuund ... Fischstäbchen!! Trotz der Nässe beschließen wir zu campen. Im Regen wird das Zelt aufgebaut und das Abendessen vorbereitet. Wieder eine logistische Herausforderung, wobei immer mal wieder ein Stückchen Zwiebel abhaut und in den Tiefen der Sitzpolster verschwindet. Da haben wir es wieder, das „Abenteuer"! Oder sollte man sagen – die Unannehmlichkeiten? Fest steht, dass ich endlos froh war, dieses (langweilige) Hostel verlassen und endlich wieder campen zu können. Und das, obwohl ich vor Neuseeland kein großer Camping-Fan war. Jetzt haben wir den Salat, schnippeln im Auto Tomatensalat und improvisieren, wo es nur geht. Das Essen schmeckt, dann heißt es „ab ins Zelt". Und, Überraschung, Überraschung, es ist warm, es ist gemütlich, und vor allem ist es trotz Löcher im Zeltboden trocken! Der Regen trommelt aufs Zeltdach, der Wind reißt an den Schnüren, aber wir sind sicher in unserem kleinen Heim.

Gletschergekraxel

Es geht – durch den Monsun. Morgens pladdert's noch nicht, dafür später richtig. Regen wird hier in Metern gerechnet, nicht wie andernorts in Millimetern. Kein Wunder, dass es hier so grün ist. Oft „aqua-plane" ich durch die kurvigen Straßen. Der Regen platscht so richtig gegen die Windschutzscheibe. Und dann reißt die Wolkendecke auf und der blaue Himmel taucht gleichzeitig mit den ersten Bergen auf. Weiße Bergkappen ragen aus den Wolken hervor und erinnert mich an Nepal – im Kleinformat. Trotzdem gefallen mir die „Southern Alps" ganz gut.

Wir parken am Franz Josef Gletscher, aber langsam zieht es zu. Mit Regenzeug bewehrt und dann los! Die Landschaft ist berauschend, unzählige kleine Wasserfälle durchziehen das Grün der Berge, aber die weißen Berggipfel lassen sich durch die dichte Wolkendecke nicht mehr erspähen. Dazwischen das Eis, am Fuß noch von grauen Steinen übersät, weiter oben richtig mächtig und sogar eisblau. Hier brummen keine Sandflies, dafür aber die Hubschrauber, die Touristen auf die Gletschern hieven. Wie fast alle ignorieren wir die Absperrung und kraxeln den Gesteinsberg hoch, um einen besseren Blick auf den Gletscher zu erhaschen. Aber es gießt wieder, wir werden alle patschnass und fahren zum Fox Gletscher, denn von hier soll die Tageswanderung in Angriff genommen werden! Während Kakü den Fertig-Gemüse-Auflauf zubereitet, klemme ich mich hinters Telefon und suche „Work for accomodation" in Queenstown. Es ist niederschmetternd:

ein paar Leute sagen halb zu, aber für vier Jobsuchende auf einmal eine Stelle zu finden, ist ein Ding der Unmöglichkeit.

Der nächste Morgen: Stahlblauer Himmel. Perfekt zur Besteigung eines Gletschers.

In aller Frühe und Kälte stehen wir auf und machen uns fertig zum Abmarsch. Sandwichtoasts werden getoastet, Äpfel gewaschen, Wasserflaschen aufgefüllt. Und dann ab in aller Hektik zum Veranstalter. Das Auto springt zwischendurch nicht an, doch dann erreichen wir hoppelnd den Parkplatz. Eine weitere positive Überraschung: Der Führer ist ein Nepali! Das macht ihn sofort sympathisch. Wir werden wie Profis mit fetten Wanderschuhen, Stollen, Regenhose und -jacke, Handschuhen und dicken Socken ausgestattet und anschließend in den Bus verfrachtet. Wir erhaschen noch einen herrlichen Blick auf Mt. Tasman und Mt. Cook, beide über 3.000 Meter hoch, aber inzwischen von mehr Wolken umzingelt. Und dann wandern wir zum Anfang des riesigen, unüberwindbaren Gletschers, selbst für unseren Guide, der 2014 den Mount Everest besteigen möchte und schon auf 7.000 Meter Höhe gekommen ist. Er schockt uns mit Geschichten von zwei jungen Australiern, die vor den Augen ihrer Eltern von einem riesigen Eisklotz erschlagen worden seien, von Leuten, die immer noch eingefroren unter dem Eis liegen, und Gegenständen, die viele Jahre später an einem ganz anderen Ort wieder vom Eis ausgespuckt werden. Der Gletscher lebt!

Kurz vor dem Eis ziehen wir uns unsere Stollen an und stapfen über die täglich neu geschlagenen Stufen auf den Gletscher. Je höher wir gelangen, desto weniger Menschen treffen wir. Überwältigend: Steile Wände, hohe Wasserfälle, blaues Eis. Wir kriechen in Höhlen, krabbeln durch Tunnel und klettern Eiszapfen hoch. Tief vorgedrungen im Eis ist es ungewohnt leise und friedlich. Mit einem „Namaste" verabschiede ich mich von meinem Guide und meiner ersten Gletscher-Tour.

Gitarrenspiel und Lagerfeuer

Wir erkundigen uns nach dem nächsten DOC-Campingplatz und zuckeln durch den inzwischen wieder hervorkommenden Sonnenschein die dreizehn Kilometer lange, enge Schotterpiste dorthin. Mal wieder essen wir nach Hundefutter riechenden Reiseintopf aus dem Topf, denn unsere Schüsseln und Löffel haben wir am Hostel vergessen. Mit drei Stuttgartern, die wir hier treffen, machen wir ein gemütliches Lagerfeuer und genießen dann bei Gitarrenspiel und Gesang den Abend. Wie gewöhnlich folgt ein umwerfender Sternenhimmel: Die ganze Milchstraße, der große Wagen und das Kreuz des Südens leuchten und funkeln über uns.

Nach Löschen des Feuers laufe ich ans Ufer. Meer und Sternenhimmel verschmelzen am Horizont, die Wellen rauschen und prasseln wie bei einem Feuerwerk. Ich bin gebannt von der Gewalt und Größe der Natur.
Die nächsten paar Tage versinken, wie auf der Südinsel so oft, im Regen. Vom Meer aus erblickt man die Gipfel der Südalpen, die sich im nahegelegenen Lake Matheson spiegeln. Das Meer hier ist unglaublich rau, die Steine rollen beim Baden über unsere nackten Füße und hinterlassen blaue Flecken. Unter dem Regenwasser-Wasserhahn zum Abspülen waschen wir uns mal wieder. Die Abwechslung mit ein paar neuen Gesichtern tut gut. Für Kakü und mich eine Herausforderung, für sieben Leute, davon fünf Jungs, zu kochen! Wie jedes Mal beim Verteilen von Essen aus unserem riesigen Kochtopf fühlen wir uns wie bei der „Tafel". Und bei Wellenrauschen, Gitarrenspiel und der Wärme des Lagerfeuers lässt es sich auch gut am Strand einschlummern.
Mit den letzten Benzintropfen trudeln wir ein paar Tage später in Wanaka ein. Das Benzin wird immer teurer, je abgeschiedener es wird. Die Landschaft ist wieder überwältigend. Die kargen Hügel um die Seen sind menschenleer, auf den türkis- bis tiefblauen Wasserflächen spiegelt sich die Sonne. Weiße Schaumkronen tanzen auf den Wellen. Es ist frostig, aber unbeschreiblich schön – hier lässt es sich ein paar Tage aushalten.

Action-Hauptstadt

Am Freitag packen wir unsere Sachen und sausen nach Queenstown. Der Himmel brummt: Überall Hubschrauber, Flugzeuge, Fallschirmspringer, Paraglider oder Bungee-Jumper. Doch mit grade mal zehntausend Einwohnern ist die Stadt klein und überschaubar.
Der Aussichtsberg in Queenstown bietet ein atemberaubendes Panorama. Man hat den weiten See, die kleine Stadt und die hoch aufragenden Berge im Blick. Nur die Schneegipfel verschwinden in den Wolken. Alle nehmen die Seilbahn nach unten, nur Kakü und ich laufen und sind so in unser Gespräch vertieft, dass wir es sogar noch schaffen, uns zu verlaufen. Dafür ist die Wanderung entlang kleiner Bäche und Wasserfälle umso schöner. Strafe: Man kommt an einem ganz anderen Teil von Queenstown heraus. Kurz überlegen wir, von hier zu unserm Hostel zu trampen, dann ist der Weg aber doch kürzer als angenommen. Allmählich plagt mich das Fernweh, denn abgesehen von der Landschaft ist nicht viel zu entdecken. Ich denke an Asien, wo jeder Tag Überraschungen barg und eine neue Herausforderung darstellte. Mir sind hier zu wenig Menschen, hier ist zu wenig los. Ich liebe die Natur, aber nicht nur Natur. Die einzige Herausforderung ist die Sprache, denn die neuseeländischen Dialekte in verschiedenen Winz-Dörfern sind wahnsinnig schwer zu verstehen, und ein „sweet as" oder „youse" schmuggelt sich immer wieder ein.

Aotearoa

Für mich ist das moarische Wort für Neuseeland magisch. Aotearoa. Mit wem weich gerollten „r" hört es sich nach sanften, saftigen, grünen Hügel an, nach Gras, das im Wind rauscht, und Wellen, die sachte an Felsen schlagen. Ich denke an Schafe, die sich über die Weiden arbeiten, weißen Sand und vom Wind zerstrubbeltes Haar. Der südlichste Süden der Südinsel bietet genau das, ist noch verlassener als alles, was wir bis jetzt in Neuseeland zu Gesicht bekommen haben. Noch weiter weg von der Zivilisation, noch tiefer in die Natur und zum angeblichen Highlight Neuseelands.
Der Highway auf dem Weg ins Fjordland ist auf beiden Seiten verödet. Hier könnte man auf der „Autobahn" problemlos mit dem Auto wenden, wie wir es auch schon gemacht haben. Ein paar Kühe, Schafe und Rehe gibt es vielleicht. Oder zermatschte Oppossums. Die werden auf den Straßen gejagt wie verrückt, auf jedes getötete kann man stolz sein und das wird sogar in einigen Restaurants vermarktet nach dem Motto „You kill 'em, we grill 'em". Wir überholen vereinzelt Radfahrer und bei jedem frage ich mich, wer so verrückt ist, durch das hügelige Neuseeland per Rad unterwegs zu sein. Unser Auto bekommt nach unserem charakterstarken „Jack" heute auch endlich seinen Namen: „Mr. Brightside".

Fjorde über Fjorde

Wir nähern uns Te Anau, dem Ausgangspunkt im Fjordland. Von hier führt ein Highway bis hoch nach Milford Sound, von dem sich die bergige und wässrige Landschaft erahnen lässt. Überall Seen, Flüsse, exotische Bäume, karge Berge, wirklich spektakulär. Kaum am Milford Sound angelangt, tröpfelt es auch schon auf die Windschutzscheibe, aber oft zeigt sich sogar die Sonne! Wir haben bei den Niederschlagsmengen hier Glück mit dem Wetter und machen deswegen auch gleich eine Bootstour.

Auf dem Schiff ist es ordentlich windig und kühl, in der Ferne regenverschleierte Berge, Wasserfälle – beeindruckend. Wieder ein paar Robben, dann tuckert unser Schiff fast unter den riesigen Wasserfall, so dass wir mächtig nass werden. Auf einmal ein Aufschrei: Delphine! Wie die Verrückten stürzen wir von Bordseite zur anderen, sodass der Kapitän uns warnt, keinen „man over board" haben zu wollen, aber das ist uns wurscht. Was für ein Erlebnis! Vom unteren Deck aus sind wir den Delphinen ganz nah. Ein Junges ist dabei, und beim Atmen hören sie sich fast so an wie Menschen. Sie spielen miteinander, treiben an unserem Bug entlang, auf dem Rücken, auf der Seite, das ganze Leben ein einziger Spaß. Unser Kapitän gibt mächtig Gas und zettelt ein Wettrennen an. Ich habe schon Angst, dass wir die Delphine überfahren würden, die immer wieder leicht gegen unser Schiff stoßen, aber schließlich haben sie genug und drehen ab. Schon hierfür hat die Tour sich gelohnt!

Wir rollen langsam den Milford Highway zurück und stoppen hier und da für ein paar Fotos. Ein seltsames Gefühl zu wissen, dass heute der letzte Tag mit der großen Gruppe ist, mit der wir seit der Gletschertour unterwegs waren. Unser letzter gemeinsamer Stopp ist Te Anau, dann heißt es Abschied nehmen. Eine kurze Umarmung, nur nicht zu lange herauszögern, denn die Pläne zum Wiedertreffen zu Hause haben wir schon geschmiedet. Jetzt geht es wieder zu viert weiter. Wir sehen Schafe über Schafe, aber kaum Menschen. Die „Hauptstadt" der Catlins zählt stolze 365 Menschen. Für jeden Tag im Jahr einen.

Langsam wird es später und regnet, aber wir lassen uns nicht stressen. Und natürlich kommt ein Wink vom Schicksal: „Free camping at the tavern". Wir wollten zwar noch weiter kommen, aber diese Chance müssen wir nutzen! In diesem Nest hatte ein Barbesitzer ein freies Feld und eine tolle Marketingidee. Jetzt kommen ab und zu Backpacker, kampieren auf seiner freien Wiese und trinken und essen eventuell sogar eine Kleinigkeit bei ihm im Pub. Der Barbesitzer ist einfach nicht zu verstehen, so dass der Smalltalk auch sehr small ausfällt. Um halb zehn werden wir rausgeschmissen.

Mehr Tiere als Menschen

„Welcome to the edge of the world" sagt ein Schild gleich unter dem „Catlins-Region" Schild, und es hat Recht: Hier ist der südlichste Punkt des neuseeländischen Festlandes! Und wie alle Randküstenabschnitte erinnert mich das ans East-Cape, zwar (wer hätte es gedacht?) ein wenig dichter besiedelt, aber genauso schön, grün und rau. Aber bitterkalt! Das Stirnband ist obligatorisch, als wir zum südlichsten Punkt laufen, denn von hier sind es nur noch knapp 4800 km bis zum Südpol. Die Bäume sind vom Wind ziemlich mitgenommen, aber die dutzenden Schafe trotzen der Kälte. Am nächsten Halt, Porpoise Bay, sieht man schon die Rückenflossen von Delphinen durch die Wellen blinken. Da müssen wir rein!

Zwar bläst ein eisiger Wind, aber das ist mir jetzt egal. Zitternd stehe ich mit Kakü am Rand des Meeres, bis wir uns schließlich überwinden und uns in die südpolarisch kalten Fluten stürzen. Es ist eisig, das Wasser sticht so richtig auf der Haut, und Kakü redet die ganze Zeit von Rochen, die sie angeblich spürt. Und ob da Haie sind? Aber mein Wunsch, mit Delphinen zu schwimmen, ist doch größer als die Furcht vor eventuellen Angriffen, und so paddeln wir gemächlich weiter. Zwischendurch verlieren wir die Delphine aus den Augen, dann sind wieder in rund zwanzig Metern Entfernung ein paar Rückenflossen zu sehen. Sie sind ganz nah! Eigentlich soll man sich jetzt in dem dreizehn Grad kalten Wasser auf dem Rücken treiben lassen, aber bei dieser Temperatur ist das unmöglich. Wir verhalten uns so ruhig wie möglich, als die Rückenflossen auf einmal ganz nah sind. Euphorie überströmt mich, aber uns ist beiden nicht ganz wohl zu Mute. Was ist da noch so im Wasser unterwegs? Und können Delphine eigentlich auch aggressiv werden? Händchenhaltend versuchen wir, uns über Wasser zu halten, und schauen uns weiter nach den Tieren um, als sie auf einmal auf der anderen Seite auftauchen – sind sie etwa unter uns durchgetaucht? Aufgeregt warten wir, ob sie sich noch weiter nähern, aber das war es dann wohl. Wir sind zwar nicht wirklich mit, aber zumindest außerordentlich nah bei Delphinen geschwommen. Und nach diesen entsetzlich kalten zwanzig Minuten in den Fluten beeilen wir uns, den Strand zu erreichen. So kalt war mir noch nie in meinem Leben! Ich bin vor Zittern wie gelähmt, kann weder reden noch mich anziehen. Nie mehr werde ich mich über die Kälte im Zelt beschweren! Zum Glück guckt jetzt die Sonne hervor, sonst wären wir wohl wirklich erfroren.

Dann warten wir in eine zugige Hütte gequetscht darauf, ein paar Pinguine zumindest in weiter Ferne an dem Strand an Land watscheln zu sehen. Und irgendwann, kaum erkennbar, kommt so einer, hüpft und watschelt unbeholfen über die Felsen und ist dann verschwunden. Wilde Pinguine sehen – zack, abgehakt! Dann können wir zum Leuchtturm gehen und die wundervolle Aussicht in der Abenddämmerung beobachten, bis uns wirklich allen der Magen knurrt und wir vor Hunger schon leicht überdreht sind. Wir entscheiden uns, einfach mal abenteuergerecht im Auto zu nächtigen. An einem Rastplatz kochen wir romantisch gut im Vollmondschein, dann geht es weiter auf den Weg nach Dunedin. Kakü und ich schlafen hinten ein, während die Jungs lange nach einem geeigneten Standplatz zum Übernachten suchen. Um drei Uhr kramen wir unsere Schlafsäcke raus und machen es uns so gut es geht hinten bequem, überraschenderweise komfortabler als gedacht.

Der Osten

Die Hauptattraktion Dunedins ist die steilste Anliegerstraße der Welt. Strahlende Rentner ziehen in ihren Mietwagen an uns vorbei, während wir die Steigung hoch schnaufen. Sogar ein paar verrückte Jogger überholen uns. Niklas kramt seine letzten guten Euro-Centstücke aus seinem Rucksack, die wir dann fröhlich den Berg vhinunterhüpfen lassen.

Dunedin ist eine schöne Stadt. Zwar ähneln sich die meisten neuseeländischen Städte sehr, aber hier gibt es ein paar überraschend schöne und eventuell auch leicht alte Gebäude.

Dann machen wir uns auf den Weg zum Mt. Cook National Park. Nach einer Nacht Regen im Nationalpark ist in unserem Zelt alles durchnässt. Kissen, Isomatten, Schlafsäcke. So macht aufwachen Spaß.

Aber nicht den Tag vermiesen lassen. Weiter geht's nach Norden, zum nächsten DOC-Campingplatz. Beim Zubereiten des Abendessens trottet eine einsame Kuh gemächlich an uns vorüber. Bis spätabends spielen wir noch bei

Dauerregen im Auto Doppelkopf, bis im Zelt eine böse Überraschung auf uns wartet: Wieder alles feucht und klamm! Auf den Isomatten schimmern Tropfen und mein Schlafsack ist an einer Seite richtig durchweicht, zusammen mit einem großen Teil meines Bettzeugs. Zum Glück leiht Magnus mir seinen Schlafsack und Kakü ein paar Schlafsachen, dann geht es dick eingepackt in eine schlechte Nacht.

Und auch am nächsten Morgen ein böses Erwachen: Alles durchnässt. Heute müssen wir unbedingt in ein Hostel, ansonsten trocknen unsere Klamotten nie.

Doch davor gilt es noch mal, alle nur erdenklichen Drehorte von „Herr der Ringe" auf der Südinsel abzuklappern – das kommt davon, wenn man mit einem sehr Herr-der-Ringe-verrückten Nikas unterwegs ist.

Langsam verlassen wir die normalen Wege, die asphaltierte Straße verwandelt sich in einen Schotterweg. Falken umkreisen Opossumkadaver am Straßenrand, mal wieder „Wildlife pur" hier. Und dann kommt der berühmte „Edoras"-Berg in Sicht, mit ganz vielen Kollegen drumherum und Flüsschen und Gräsern. Auch wenn ich kein „Herr der Ringe"-Fan bin und die Filme noch nie in meinem Leben gesehen habe gefällt es mir hier richtig gut. Wir kraxeln den Hügel hoch und genießen die weite Aussicht, inzwischen schweben nur noch ein paar hübsche Schleierwolken am Himmel. Und dann geht's auf zur „Metropole" der Südinsel.

Die erschütterte Stadt

Ich freue ich schon auf Christchurch, die „englischste aller Städte außerhalb von England". Das heißt vielleicht etwas mehr Kultur und alte Gebäude. Aber ehrlich gesagt weiß ich nicht wirklich, was mich erwartet. Umso größer ist dann meine Überraschung, als wir in die Stadt fahren. Auf dieser Straße kommt man nicht weiter, auf der nächsten auch nicht, dem Zentrum kann man sich gar nicht nähern und jetzt schon sieht man überall zerstörte Gebäude. Mit Blick auf eine aufgestellte Stadtkarte müssen wir schockiert feststellen, dass die gesamte Altstadt gesperrt ist. Rote Zone, „Do not enter, dangerous". Es ist so traurig, denn die Stadt hat Potenzial. Ich bin erschüttert und deprimiert. Die Stadt wirkt gespenstisch, tot und leblos, alles ist ruhig und leise, bis wir uns der kleinen, neuaufgebauten Containerstadt nähern. Hier sind lauter Läden in kleinen Containern, haben sich eine neue Existenz aufgebaut und ziehen Kunden an. Hier ist wieder etwas los, Leute reden und lachen, essen so nah am Erdbebenzentrum und zeigen keine Angst. Das Leben geht weiter! Trotz allem ist mir Christchurch wenig geheuer. Unschlüssig darüber, was wir jetzt machen, stehen wir rum, als ich aus den Augenwinkeln ein bekanntes Gesicht sehe – Sina, eine Klassenkameradin von meiner alten Schule! Unglaublich; mehr oder weniger zufällig haben wir uns zwei Tage zuvor bei Facebook geschrieben und Handynummern ausgetauscht, aber jetzt treffen wir uns glücklicherweise ganz ohne Absprache! Es tut gut, von

Christchurch abgelenkt zu werden und mit einem bekannten Gesicht zu reden. Währenddessen werden die Jungs aus dem Kaufhaus evakuiert – Erdbebenalarm. Zum Glück falsch!
Danach bin ich schon viel besser gelaunt. Wir drehen noch eine kleine Runde durch die Stadt, aber wieder werde ich aufgerüttelt: Rosen sind an vielen Ecken aufgestellt, Eltern verabschieden sich in einem Brief rührend von ihren Kindern. Schnell raus aus der deprimierenden Umgebung und kommen nachts am Campingplatz in Kaikoura an.

Wir radschlagen, handstanden, doppelkopfen und frisbeen den ganzen Morgen, dann ist es Badezeit – im Fluss! Es ist toll und kalt, mir bleibt vor Kälte fast das Herz stehen, ich liege in meiner „Badewanne mit Strömung" und gucke durch das Schmelzwasser in den blauen Himmel. Erfrischt komme ich raus. Für die anschließende Jobsuche machen wir uns schick und ziehen durch den Regen in die Kleinstadt, um jedes einzelne Restaurant, jedes Café, jede Bar abzuklappern. Nur Absagen: Wir sind zu spät, nicht lange genug da, es geht endlos so weiter. Frust. Also zurück zum Zelt, ich liege noch lange wach: Erstens sind meine Füße reine Eisklötze, und zweitens zwitschern die Vögel die gesamte Tonleiter. Da muss man mal kurz innehalten und lauschen.

Working-Holiday-Freuden

Da in Kaikoura keine Aussicht auf einen Job besteht, geht´s weiter nach Norden, in die Weinregion von Blenheim.
Die Landschaft betört, links schneebedeckte Berge und rechts das türkisblaue Meer. Besser geht es gar nicht! Obwohl es nur von Weingütern wimmelt, sieht es mit Arbeit nicht gut aus: Entweder ist alles schon vergeben, oder die Erntesaison beginnt erst in ein paar Wochen.
　Ein richtiger Plan zur Arbeitssuche existiert auch weiterhin nicht. Wir klappern alle Working Hostels in der Umgebung ab und hoffen. Aber alle Typen hier wirken schmierig und die Hostels richtig ranzig. Ein Koreaner nimmt uns gleich mit in sein Auto und fährt uns mit drei anderen Deutschen zu einem Arbeitsvermittler. Ich fühle mich wie bei der asiatischen Mafia. Auch der Arbeitsvermittler wirkt wenig vertrauenswürdig, so dass ich ihn misstrauisch mit Fragen löchere, denn ich hab schon von einigen gehört, die nie Geld für ihre Arbeit gesehen haben. Wider Erwarten ergattern wir den Job und checken widerwillig in dem Hostel ein, das uns die Arbeit vermittelt hat. Immerhin ist die koreanische Ehefrau liebenswürdig, bringt uns Trauben und kümmert sich wie eine Mutter um uns.
Wir sind lange nicht mehr so früh (6 Uhr) aufgestanden und dementsprechend noch etwas neben der Spur. Am Countdown-Supermarkt trifft sich die arme Arbeiterschaft. Wir fahren zu einem Weingut. Hier warten schon Weinrebe um

Weinrebe darauf von uns bearbeitet zu werden. Wir werden eingewiesen: Erst wird die untere Hälfte des Weins bearbeitet, dann die obere. Und das geht so: Grüne Blätter rausreißen, damit man die reifen Trauben sieht, dann die unreifen und grünen Früchte raus schneiden, was ewig dauert. Erst fängt der Rücken an weh zu tun, dann fragt man sich, was das hier eigentlich soll, und guckt immer sehnsuchtsvoll nach links, aber das Ende rückt einfach nicht näher. Ist man schließlich doch angelangt, kann man endlich den Rücken ausstrecken, aber leider zu viel, denn jetzt muss man mit den Händen die oberen Blätter zur Seite wischen und weiter nach grünen Trauben angeln. Die grüne Traube, mein neuer Feind. Und hier fangen irgendwann auch Arme und Rücken an zu schmerzen. Kakü bringt mich auf die Idee, den unteren Teil auf den Knien zu bearbeiten, da muss man sich nicht so bücken, aber dafür mögen die Knie das weniger.

Eine Reihe hat ca 280 Pflanzen. Für jede Reihe brauchen wir pro Weg mindestens anderthalb Stunden, womit wir einen Stundenlohn von knapp $10 erzielen würden, wäre uns für die ersten beiden Tage nicht schon der Mindestlohn versprochen worden. Backpacker werden hier einfach nur ausgenutzt.

Um halb 5 fährt der Kleinbus ab, nur wir müssen unsere Reihe noch zu Ende beackern. Dann können wir auch endlich das Weingut hinter uns lassen, und fahren zurück zum Hostel. Ankunft: 17.15 Uhr. Knapp 10 1/2 Stunden unterwegs und ungefähr $100 verdient. Mit dem Rest des Abends ist nichts mehr anzufangen. Aber es tut gut, endlich mal wieder etwas Sinnvolles mit dem Tag angefangen zu haben, hah!

Pünktlich wie die Eisenbahn stehen wir am nächsten Morgen auf dem Countdown-Parkplatz und warten darauf „endlich" loslegen zu dürfen. Bei der Ankunft auf dem Weingut können wir nicht wirklich glauben, diesen ganzen Mist heute wieder achteinhalb Stunden lang machen zu müssen. Alles immer dasselbe: Blätter rupfen, grüne Trauben rupfen, weiße bzw. rote Trauben wegschnippeln. Oft ein richtiger Kampf, Frau gegen Wein, wir lassen unsere ganze Enttäuschung an den armen Pflanzen aus. Begleitet ist das Ganze wie üblich von den Schüssen, die hier ganz in der Nähe fallen, um die Vögel von den Plantagen fernzuhalten. Zwischendurch haben Kakü und ich so viel Spaß, dass die strenge Thailänderin Lucy flugs zu uns herüberhopst und uns zur Eile ermahnt. Wir sollten einander wohl nicht mehr so doll mit Trauben bewerfen.

Es gibt einfach keine angenehme Art und Weise, diese Arbeit zu erledigen. Während die Asiaten wie Maschinen unermüdlich die Reihen auf- und abrackern, stöhnen und meckern wir alle paar Meter und gucken, wie weit das Ende noch entfernt ist. Die Antwort ist immer gleich – weit weg. Ein Lichtblick: Das Mittagessen, denn unsere koreanische Hostel-Mutti hat jedem eine selbstgemachte Sushi-Rolle mitgegeben.

Nach elf Stunden Maloche bzw. des Unterwegsseins sind wir wieder am Hostel. Magnus und Niklas errechnen, mit allen Abzügen unterm Strich knapp $25 am Tag zu erzielen. Zum Glück haben wir den Luxus zu sagen: Nie mehr!

Work & Travel Mafia

Backpacker werden hier – für unseren europäischen Maßstab – so ausgenutzt wie Arbeiter in der Dritten Welt. Die Backpacker wetteifern untereinander geradezu, wer den schlechtesten Job erwischt hat – ist es das Apfelpflücken? Oder sind es doch die Kiwis? Die Working Hostels haben damit ein reges Geschäft. Viele hocken anscheinend wochenlang mit der Aussicht auf Arbeit beschäftigungslos in einem solchen Hostel. Die Ausreden sind immer die gleichen: Die Ernte kann noch nicht beginnen. Das Wetter war so mies. Dazu Vertröstungen: Morgen, morgen gibt es bestimmt Arbeit! Und dann langweilt man sich wochenlang, ohne dass irgendetwas geschieht, und zahlt ordentlich in die Kasse der Hostels. Für sie kann der „Handel" mit den Backpackern nur gut ausgehen: Entweder verlassen sie nach zwei Wochen enttäuscht das Hostel, oder es kommt wirklich mal etwas Arbeit rein. Der Gewinn für die Hostels bleibt gleich. Grundsätzlich gilt aber: Je länger sie es verstehen, den Aufenthalt ihrer Gäste zu strecken, ihre Bettenbelegung zu optimieren, desto besser. Sie dürfen halt nur nicht den Frust ihrer oft naiven Kundschaft überstrapazieren sondern müssen die Geschichte fein austarieren.

Dann ist da noch die Arbeit an sich: Wer sich nicht so erbarmungslos und ohne Pause durch die Felder ackert wie die Asiaten, kann man einen angemessenen Stundenlohn praktisch vergessen. Manche haben Glück und finden einen Arbeitsvermittler, der faire Stundenlöhne anbietet. Oft wird aber pro Korb, pro Pflanze etc. abgerechnet, also Stücklohn, was nur über Akkord läuft. Es geht um Tätigkeiten, die kein Neuseeländer zu diesem Preis erledigen würde und die er auch tatsächlich ablehnt – schließlich gibt es ja genug Arbeiternachschub in Form der tausenden von Rucksackreisenden, die sich jedes Jahr erneut auf die Suche machen. Natürlich gibt es nicht nur schlechte Jobs, aber bei diesen Farmarbeiten sollte man wirklich aufpassen. Besser länger an einem Ort bleiben und sich einen Job in einem netten Café suchen, wo vielleicht abends auch noch etwas Kuchen als Abendessen abzustauben ist. Nach unserem erfolglosen Arbeitserlebnis fahren wir wieder in die Stadt, die uns am besten gefallen hat: Nelson. Die Koreanerin verabschiedet uns alle rührend mit einer Umarmung. Wir fühlen uns fast wie nach einem Gastfamilienaufenthalt, als sie winkend auf der Veranda steht und uns beim Wegfahren zusieht. Und je weiter wir uns entfernen, desto mehr steigt meine Laune, während wir noch mal die wunderschönen Strände bei Nelson genießen.

Aufbruchsstimmung

Es ist inzwischen Ende März, und mir reicht's.
Ich hab genug von Neuseeland. Das Campen nervt mich mittlerweile oft an, mir ist immer kalt, und besonders bei Regen wird's ungemütlich. Ich brauche mal

wieder ein richtiges Bett, zumindest Wärme und Trockenheit. Dann dieses andauernde Nichtstun, das vor dem Computerhocken und die fortwährende Warterei, dass mit dem Leben etwas passiert. Ich habe ein „Ich-muss-ganz-bald-etwas-tun-Kribbeln" im ganzen Körper, als wir beim Frühstück in unserem Hostel sitzen und die Jungs noch vor ihren PCs hocken. Ich muss was machen! Ganz dringend. Aber zunächst einmal stehen wir erneut vor der Entscheidung, was wir als Nächstes machen. Long story short: Kakü möchte unbedingt noch Geld verdienen und stellt Arbeiten vor Reisen, daher bleiben wir noch eine Nacht hier und suchen Arbeit in der Umgebung von Nelson. Für mich schade, denn eigentlich ist es für mich klar, dass ich nur ein Mal in Neuseeland sein werde, und da würde ich gerne möglichst viel sehen. Aber in einer Gruppe sind halt Kompromisse einzugehen.

Wieder vergeht ein Tag mit einer niederdrückenden, erfolglosen Arbeitssuche in Nelson, dann kommt zum Glück die Entscheidung zur Rückkehr nach Blenheim, denn das liegt ziemlich auf meiner Route nach Christchurch. Und von dort werde ich weiterfliegen.

Das einzig Gute an diesem Tag ist der Campingplatz: Zwar versperrt ein Fluss unserem doch älteren Autolein den Weg zum eigentlichen Campingplatz (sogar der Bauer hat uns gewarnt, ihn zu durchqueren, denn tags zuvor ist wohl schon ein Auto abgesoffen), dafür kampieren wir einfach auf dem Weg gleich am Fluss. Die Sterne strahlen, es ist ruhig bis auf das Rauschen des Flusses, und wir sind ganz alleine.

Unsere letzten Tage zusammen genießen wir in der Natur um den Fluss herum. Manchmal sind die drei anderen auch auf Arbeitssuche, während ich meine verbleibende Zeit in Neuseeland plane. Ein bisschen verloren fühle ich mich dann, als ich ganz alleine durch Blenheim streune. Ich buche noch mein Hostel und die „Whale Watching Tour". Seltsam, auf die Frage, „Just for one?" mit „Yes" antworten zu müssen.

Am letzten Tag besorge ich ein kleines Festmahl, dann rollen wir wieder zurück vor den Campingplatz – es ist fast wie ein Nachhausekommen. Bei feierlicher Stimmung überreiche ich meine Abschiedsgeschenke: Eine neue CD für den CD-Player und ein kleines Mobile mit Fotos von uns, das man an unseren nutzlosen Rückspiegel hängen kann. Wir sitzen gemütlich beim Essen, schwelgen in den Erinnerungen der letzten zehn Wochen, genießen die Einsamkeit, die Natur, die hereinbrechende Nacht. Es ist wundervoll.

Bald wird es auch zum draußen sitzen zu frostig. Wie üblich spielen wir Doppelkopf und machen dann den Übertrag; Kakü ist ganze 480 Punkte im Minus und Niklas knapp 420 im Plus. Ich musste leider wegen der letzten zwei Wochen meinen guten zweiten Platz an Magnus abgeben. Nach all dieser Aufregung gibt es noch mal eine Folge Scrubs, dann geht auch der letzte Abend ruhig, schön und so wie alle anderen zu Ende.
Eine unvergessliche Zeit.

Der letzte Morgen bricht an. Zum Abschluss stelle ich mich auf der Rückfahrt mit Niklas auf die Anhängerkupplung: Der Morgen beginnt, die Sonne geht auf, wir werden immer schneller und hüpfen über die Schotterpiste, ich kralle mich fest, der schneidende Wind treibt mir Tränen in die Augen. Ein Gefühl wie Fliegen, während mir die liebgewonnen Schafe hinterher blöken.

Der Weg ist bekannt, so dass es auch schnell geht, bis wir in Blenheim anlangen. Jeder hängt seinen Gedanken nach. Was gibt es jetzt nach zweieinhalb Monaten noch groß zu sagen? Wir passieren am Stadtausgang zwei Tramper und bei jedem Auto frage ich mich, ob die mich wohl mitnehmen würden und wie das wohl wäre. Ziemlich unbeholfen stehen wir alle um Mr. Brightside herum, als die Zeit zum Abschied gekommen ist. Wie immer bei mir folgt ein tränenreicher Abschied. Aber es ist auch schön, so verabschiedet zu werden. Nie hätte ich mir das erträumt, als ich in Neuseeland angekommen bin. Freunde fürs Leben! Sie setzen sich in unsere „Wohnung", drehen um, winken und fahren um die Kurve. Ich halte mein lächerliches Müslipappkarton-Kaikoura-Trampschild hoch. Schon jetzt komme ich mir dämlich vor, so ausgeliefert hier an der Straße zu stehen und hoffnungsvoll auf die Autos zu gucken. Hinten an der Kurve kann ich noch meine drei Freunde sehen, die kontrollieren, ob ich auch gut wegkomme. Dauert das immer so lange? Aber schon das zehnte Auto hält, mit einem Mädchen meines Alters am Steuer. Ich winke, steige ein, gucke durch die Rückscheibe, sie winken immer noch. Die ganze Zeit, werden immer kleiner, bis sie in der Ferne verschwimmen und ich meine Aufmerksamkeit endlich meiner großzügigen Retterin Marie widmen kann. Ich bin noch so durch den Wind, dass ich sie gleich zweimal um ihren Namen fragen muss, bis ich ihn mir merke. Überraschung: Eine Deutsche, schon acht Monate in Neuseeland, und äußerst nett. Aber doch ein Unterschied zu dem blinden Miteinander-Umgehen, das ich gewohnt bin. Zufälligerweise macht sie auch um halb vier eine „Whale Watching Tour", ist im selben Hostel wie ich und fährt auch gleich am Samstag mit mir nach Christchurch. Besser hätte es nicht klappen können mit der Tramperei!

Wale

Kaikoura ist mir bekannt, aber nicht die Situation, alleine in ein Hostel zu kommen. Verloren sitze ich inmitten meiner Sachen auf dem Bett, während Marie noch am Auto ist – sonst ist da doch immer jemand, immer etwas zu tun, reden, lachen, aufziehen. Und jetzt, so ganz alleine? Erstmal schlafen, die Nacht war kurz, in einem richtigen Bett, auch wenn die letzten paar Tage des Campens noch mal richtig gut waren. Dann laufen Marie und ich zur Tour. Kaikoura's Landschaft ist einfach toll, nicht nur oberhalb der Wasserfläche, sondern auch unterhalb äußerst hügelig. Hier ist einer der steilsten Unterwassercanyons der Welt, weswegen hier die Wale auch so nah an der Küste leben.

Ich bin ganz aufgeregt, als unser Skipper das Hydrophon in das Meer hält, der Wal ist ganz nah! Doch schon kommt Ablenkung in Form von Delphinen. Verspielt springen sie um das ganze Boot herum, richtig unberechenbar, so dass man gar nicht weiß, auf welcher Seite man sie erwarten soll. Dann taucht auf einmal das Blasen des Wals auf, wir nähern uns ihm und da liegt dieses riesige Säugetier ein paar Meter vor uns im Wasser, genauso lang und drei Mal so schwer wie unser Boot, die Spitze des Wal-Eisberges und die Größe nur erahnbar. Fasziniert beobachten wir, wie die Delphine ihn umkreisen. Wale sind von deren Klick-Geräuschen wohl schnell genervt, ähnlich wie wir in einem Kindergarten. Ich bekomme sogar ein Foto mit Albatross, Wal und Delphinen, alles in einem! Dann ist da nur noch der Wal, die großartige Kulisse von Kaikoura und die langsam sinkende Sonne. Der Wal hat endlich genug Luft für die nächste Dreiviertelstunde getankt, beugt den Rücken und posiert für das beste Foto – die Schwanzflosse. Noch überwältigt von der Gewalt und Größe der Natur darf ich wieder nach Delphinen Ausschau halten, dann sehen wir noch Robben, Albatrosse und viele weitere Vögel. Der Ausflug hat sich richtig gelohnt.
Komisch, im Hostel für mich alleine zu kochen. Weniger Diskussionen, aber auch einsamer. Antriebslos und unmotiviert vermisse ich meine Truppe und verziehe mich rasch aufs Zimmer. Mir wird jetzt noch mal richtig klar, was für ein Glück ich doch hatte. Ich hätte mich am Flughafen auch neben Jemanden wie Marie setzen können, Jemand, mit dem ich zwar klarkomme, aber nie so eine Freundschaft hätte aufbauen können wie zu Kakü, Magnus und Niklas. Von Anfang an hat einfach alles geklappt (vom Auto abgesehen). Wie schnell man sich doch aufeinander abstimmt und wie lange es auf der anderen Seite dauern kann. Ich bin froh, Neuseeland nicht alleine inmitten Fremder erlebt zu haben.

Hummeln im Hintern

Etwas Unruhe setzt ein, denn heute, zwei Tage vor meinem Flug, wurden alle Flüge zu den Fidschis wegen Unwetters gestrichen. Ich kann meinen für Sonntag nicht bestätigen lassen, bleibe aber optimistisch. Irgendwie wird das schon. Das erste Mal auf meiner Reise bin ich bereit, weiterzuziehen, ein Land hinter mich zu lassen und das Nächste zu entdecken.
Marie fährt mich nach Christchurch. Am Flughafen stelle ich dann fest, dass mein Flug endgültig gestrichen wurde. Zwei Tage lang hänge ich ununterbrochen in der Warteschleife von „Air Pacific", kann die Melodie schon auswendig und komme in meiner Planung nicht weiter. Die Fidschis sind dicht, die ganze nächste Woche geht kein Flug mehr. Aber ich muss hier weg, dieses Nichtstun in Neuseeland erdrückt mich! So verbringe ich den gesamten Sonntag mit der Suche nach Flügen. Zum Verzweifeln, im Viertelstundetakt werden die Flüge um 100 € teurer, meine Kreditkarte funktioniert nicht und dank der Zeitverschiebung können weder meine Mutter noch meine Reiseagentur mir helfen. Letztlich bu-

che ich einen Flug von Christchurch nach Auckland, von dort nach Apia, Hauptstadt Samoas, und dann weiter nach Nadi, von wo aus ich nach Kalifornien fliege. Sieben Tage Samoa, vier Tage Fidschi – mit meinem kurzfristig erzielten Ergebnis bin ich dann doch ganz zufrieden.

Resumée

Christchurch ist ein einziges Chaos aus Baustellen und Einbahnstraßen. Jede Woche ändert sich was und keiner kennt sich mehr mit den öffentlichen Verkehrsmitteln aus, nicht mal mehr das Internet. Mich nervt die ganze Lauferei jetzt schon, denn ich wohne im Osten der Innenstadt, während im Westen der Stadt die Mall mit dem rettenden Internet ist. Das sollte ja kein Problem sein: Theoretisch könnte man ja einfach durch die Innenstadt laufen. Praktisch gesehen gibt es da dieses riesige rote Sperrgebiet. Beim besten Willen kein Durchkommen, sodass der ganze Stadtkern zu umrunden ist. In der Dunkelheit mache ich mich auf den Heimweg. Überall Einbahnstraßen, „danger here", „danger there", grellgelbe Warnblinklichter signalisieren „Hier geht nichts mehr". Mitten auf der ausgestorbenen Straße dringt Leben an meine Ohren: Studenten verkleiden sich als griechische Götter und feiern eine große Party. Ein Lichtblick. Ich brauche keinen Stadtplan; einfach an den Absperrungen zur ausgestorbenen Innenstadt entlang zum Hostel unmittelbar an der Sperrzone laufen. Warum sind ausgerechnet in dieser Stadt die Betten schon so weit im Voraus belegt? Aber ich bin gut drauf, habe die „Hürde", den abgesagten Flug – hoffentlich – gemeistert? Viel zu früh watschle ich am Montag mit meinen 21,5 kg auf dem Rücken ein letztes Mal durch Christchurch und setze ich mich in den Bus.

Jetzt die spannende Frage: Was ist Neuseeland für mich?
Ein Land mit Natur pur, „no drill no spill", Wale, Delphine und Pinguine, knapp zwei Millionen Einwohner, massenhaft glückliche Schafe und Kühe. Ein Land voller Langeweile und Perspektivlosigkeit, gepaart mit Alkoholsucht, frühen Schwangerschaften, tomatengetarnten Marihuanapflanzen, Allradwagen, hohem Benzinverbrauch, Hockerei vor dem PC und Fernsehen. Das Department of Conservation, vollgestopft mit Touristen, Campervans und verchlortem Trinkwasser, erfüllt von Rugby, den „All Blacks" und dem fast obligatorischen „national pride". Kein Handy-Empfang, dafür umso mehr Oppossums. „Self check-out" im Supermarkt und „self check-in" am Flughafen; modern und zurückgeblieben zugleich.

Dann Maoris, breit, dunkel, tattooübersät und breitnasig, einschüchternd, gefürchtet und diskriminiert. Ein Land mit Rassenproblemen, der Vermarktung von unauthentischer Kultur und schlechtem Geschmack, sei es Mode, Essen oder Architektur. Dafür aber sehr wohl einen Sinn für Diversität: Berge, Traumstrände, Gletscher, Vulkane, Regen, Sonne und Wasser. Wasser überall: Wasserfälle,

Flüsse, Seen, Fjorde, Meer, die ganze Palette. Wanderungen, die schon Monate im Voraus ausgebucht sind. Lagerfeuer am Strand, „freedom camping". Kiwis, ausgenutzte Backpacker, teure Megabytes, Linksverkehr, auch wenn nicht immer alle links fahren, Verkehrsunfälle. „No crusing zone". „Liquor ban area". Unglaublich nette, freundliche Leute mit verschrobenen Ansichten, seltsamen Dialekten und komischen Erziehungsmethoden, alles recht simpel und einfach, aber herzlich und hilfsbereit. Ein Christchurch, in dem das Erdbeben vermarktet wird, Bilder und Gedichte von der wackelnden Stadt, wozu? Zusammenhalt? Profit? Stärke zeigen? Ich weiß es nicht. Angeblich das zweitsportlichste Volk der Welt, nach den Finnen, aber wo sind diese Sportler? Verstecken die sich alle irgendwo in Christchurch? Jedenfalls nicht auf dem Land. Angeblich herrscht hier auch eine ziemlich hohe Lebensqualität, obwohl ich mir ein Leben hier nicht vorstellen kann. Ein langes, leeres, gastfreundliches Land mit einem „sweet-as" Lebensgefühl.
Und was habe ich gelernt?
Leuten nicht unbedingt zu vertrauen. Autos brauchen einen regelmäßigen Öl- und Kühlwassercheck. Auch nach zwei Monaten Zusammenlebens auf engem Raum muss man sich nicht unbedingt annerven. Unbewohnt und leer ist auch mal schön, aber nur in Maßen. Es ergibt nicht immer alles einen Sinn. Und wahrscheinlich das Wichtigste:
You gain some, you lose some.

Südseetraum Samoa

Eine Reise zwischen Tradition und Moderne

Eine liebenswerte Schilderung des Lebens und der Menschen in dieser ehemaligen deutschen Kolonie.

ISBN
978-3-86040-197-2
€ 15,90

interconnections-verlag.de

SAMOA & FIDSCHIS

Paradies Samoa

Eine Woche
Nach dem bedrückenden Christchurch fühle ich mich in Samoa wie im Paradies: Durchs Flugzeugfenster erblicke ich grüne Inseln mit dem blausten Wasser, das ich je in meinem Leben gesehen habe. Schwüle Luft schlägt mir entgegen, mein Handy bimmelt: „Willkommen in Jamaika." Aber nein, ich bin richtig, ich bin auf Samoa – das beweist die südpazifische Gitarrenband in Röcken, die die Ankunft unseres Gepäcks am Gepäckband musikalisch untermalt. Die vielen Taxifahrer wollen weismachen, dass nach vier Uhr kein Bus mehr verkehrt, und jetzt ist es Punkt vier Uhr. Meine in Asien erlernte Skepsis schlägt durch und ich stelle mich trotzdem an die Haltestelle. Dort finde ich mich inmitten interessierter samoanischer Jugendlichen, die mir zwar unbedingt helfen wollen, aber unglücklicherweise kaum Englisch sprechen können. Als der bunte Bus erscheint, helfen sie mir mit meinen Taschen und ich setzte mich neben eine nett lächelnde samoanische Frau. Wo ich grad bin und wo ich eigentlich hin muss, weiß ich leider nicht. Der ganze Bus ist in Aufruhr und versucht mir zu helfen – sie fragen sich offensichtlich, was dieses weiße Mädchen hier drin macht, das mit ihrem großen Rucksack den Gang versperrt und keinen Plan von nichts hat. Aber ich vertraue auf die Samoaner, zur Not kann ich mir immer noch ein Taxi nehmen, und was ist das Leben ohne eine Spur Abenteuer? So hoppeln wir bei zulässiger Höchstgeschwindigkeit von 55 km/h über die Straßen, in erstaunlich gutem Zustand übrigens, durch das saubere, bunte Samoa. Es erinnert mich an Kambodscha, nur weniger heruntergekommen, weniger dreckig. Menschen stehen vor ihren knallbunten offenen Häusern, trocknen Fische und Wäsche. Ein paar Tintenfische baumeln leblos von Stöcken. Kinder spielen in kleinen Frischwasserpools oder rennen über die schuleigenen Wiesen. Wir fahren unmittelbar an der Küste entlang, zwar felsig, aber trotzdem toll: Kokospalmen, Zuckerpflanzen, türkisfarbenes Meer. Samoa gefällt mir jetzt schon!

Dann meine Rettung: Eine samoanische Frau mit roter Blume im Haar, die gut Englisch spricht und mir genau erklären kann, wohin ich muss und wieviel das alles kostet. Typisch: Das Hotel hatte mir in einer E-Mail geschrieben, für den Bus müsse ich 30 samoanische Tala zahlen, während ich im Endeffekt doch nur 8 loswerde. Ob die Deutschen während der Kolonialzeit die Tala in Erinnerung an den guten alten Taler eingeführt haben? Ich muss auf jeden Fall immer lächeln, wenn ich das Wort höre.

In der Zwischenzeit schaukelt unser Bus weiter fröhlich durch die Landschaft, Menschen steigen ein und aus, lächeln mich neugierig an. Samoanischer Pop schallt laut aus den Lautsprechern. Wie auch in Neuseeland darf der Fahrer entscheiden, was gehört wird, und manchmal wird das Lied unbeabsichtigt zu einer Techno-Version, wenn die CD beim Sprung über das nächste Schlagloch hängen bleibt. Auch von innen ist der Bus bunt behängt, die Scheiben lassen sich bei Regen per Hand hochziehen, alles ist dem Sommer angepasst, die frische Brise belebt. Zwischendurch gackern ein paar Hühner, streunende Hunde bellen. Wer aussteigen will, bimmelt an der Glocke. Langsam tauchen ein paar Läden auf und sogar Geldautomaten. Ich muss mich Apia nähern! Und schon schickt mich der Busfahrer raus, ich hieve umständlich meinen Riesenrucksack ins Freie und werde von einem Mitfahrer gleich zu einem Taxifahrer geschleppt. Der Smalltalk mit dem geht mir leicht über die Lippen. Das kenn ich jetzt schon aus Kambodscha, und mit dem Preis haben wir gar keine Probleme. Auch im Hotel angekommen klappt alles, ich habe meine eigene kleine Fale, ein kleines Hüttchen aus – ja aus was eigentlich? Bambus? Palmenblättern? Jedenfalls ist es offen, provisorisch, die Matratzen liegen unter dem Moskitonetz auf dem Boden, und der Wind weht hindurch. Erst sehe ich auch weder Lichtschalter noch Stecker und bin fest davon überzeugt, dass es in diesen Dingern keinen Strom gibt. Ich bin beseelt von dem Gedanken, Samoa auf eigene Faust zu erkunden, unabhängig, ohne Riesenrucksack und PC, der Zivilisation den Rücken zukehren. Dabei hab ich keinen Plan von den Inseln.

Abends setze ich mich zu einer Neuseeländerin und einer Deutschen, die mit dem Fahrrad durch Samoa fahren – Vorsicht vor den Hunden, die einem während der Fahrt in die Knöchel zwicken wollen! – und mir tatkräftig bei der Planung helfen. Ich schnappe mir den Lonely Planet und plane, bis mir der Kopf raucht. Lalomanu, das auch im Internet als malerisch angepriesen wird, soll mein erstes Ziel sein. Vom Hotel aus buche ich ein Fale für „den schönsten Strand Samoas". Etwas besorgt lasse ich meinen Riesenrucksack mit Netbook im Hotel und mache mich dann mit Regenhose gewappnet durch den tropischen Regen in die Stadtmitte auf.

Herausforderung Öffi

Herausforderung heute: Den Bus nach Lalomanu finden.

Die Busse fahren hier Schleifen zwischen den beiden Haupthaltestellen, dem Main Stop und dem Flea Market. Pünktlich um viertel nach elf stehe ich am Flea Market, bekomme aber Zweifel und laufe Richtung Main Station. Da, auf mein Mal, sehe ich einen Bus mit dem Schild Lalomanu! Ich haste durch die Affenhitze laut rufend hinterher, die Leute gucken mich vom Rückfenster aus interessiert an, und der Bus – biegt um die Ecke. Ich renne eine Abkürzung, dank meiner Regenhose und der feuchten Hitze inzwischen kurz vor dem Umkippen, und hoffe auf das erneute Auftauchen des Busses. Nichts. Das kann ja nicht sein! Verzweifelt setze ich mich wieder auf die langen Bänke mit den anderen Wartenden – der Bus taucht bestimmt noch mal auf. Tausend Busse fahren wie bei einer Präsentation vor und warten auf die Kunden. Hochkonzentriert wiederhole ich in meinem Kopf das Mantra „Lalomanu", mein Ziel, und kontrolliere noch mal den Fahrplan. Nun gut. Aus den Augenwinkeln nehme ich eine Bewegung war, erkenne einen Namenszug, da steht ja Lalomanu! Wie von der Tarantel gestochen springe ich auf, meine ganzen Sachen plumpsen beim Rennen aus dem Rucksack, was mich erheblich verlangsamt, aber der Bus, der sich wohl an einer versteckten Stelle „den Kunden präsentiert" hat, verlangsamt nicht. Ich hechte wieder durch die Abkürzung, aber der Bus taucht nicht auf. Wieder weg. Enttäuscht und ungläubig angesichts meines Pechs marschiere ich zum Flea Market zurück. Dort steht bereits ein Bus nach Lalomanu, der laut Fahrer erst um 3.30 Uhr abfährt und nach dem eben verpassten der nächste nach Lalomanu sei. Zu meiner Überraschung sitzen schon einige Samoaner drin und reservieren sich Plätze – es ist doch erst 12! – aber der Busfahrer bleibt bei seiner Aussage, er fahre erst um halb 4 Uhr. Da ich ja jetzt Zeit habe, laufe ich zum Handyladen, wo ich mir eine SIM-Karte besorge. Verzweifelt suche ich nach einem westlichen Gesicht, jemandem, der mich vielleicht in die Geheimnisse des samoanischen Beförderungswesens einführen könnte, und schon wird mein Wunsch erfüllt: Ich sehe ein weißes Gesicht, er sieht mich, und wir starten ein Gespräch. Toni war schon mal ein halbes Jahr zum Arbeiten in einem Luxushotel in Samoa, ist jetzt wieder da und sucht dank seiner fast ausschließlich samoanischen Mitarbeiterschaft jemanden zum Reden. Wir gehen ein Sandwich essen. Wieder etwas bei Kräften werde ich aber immer nervöser, auch wenn es erst zwei Uhr ist. Diesmal lieber zu früh vor Ort sein! Deswegen verabschieden wir uns und verabreden uns zu einem Treffen in Maninoa, das ich in zwei Tagen besuchen will. Ab zum Busbahnhof. Perfekt, da rollt schon ein Bus an, zwar nicht der weiße von vorhin, aber vielleicht kommt ja noch ein früherer! Auf die Frage „Lalomanu" nickt der Fahrer. Ich springe glücklich rein. Wir halten an der Haupthaltestelle, wo plötzlich alle aussteigen und sich der Fahrer zu mir umdreht und eröffnet, dass er erst um 5 Uhr losfahre. Aber kein Grund zur Panik, da sei noch ein Bus, der um drei Uhr lossausen werde! Mit dem Versprechen alles für mich zu regeln bringt er mich zu der anderen Haltestelle, aber der Bus ist schon weg. Es ist 2.30 Uhr.

Es ist zum verrückt werden. Gerade wie auch in Asien: Wenn man das System kennt, funktioniert alles. Wenn nicht, tja, dann hat man halt Pech und kaum eine Chance, diesen komplizierten Kommunikationswirrwarr zu durchschauen. Jetzt ein Taxi zu nehmen lohnt auch nicht mehr, da zahlt man das Zehnfache. Da ich jetzt habe schon knapp vier Stunden Warten hinter mir habe schaffe ich auch noch weitere zwei. Ich traue mich noch nicht mal, den Bus für zehn Minuten zu einem Klobesuch zu verlassen. Wie machen die Samoaner das bloß?

Aber „pünktlich" um kurz nach fünf Uhr fahren wir los und dank der Warterei bin ich um ein paar hilfsbereite samoanische Handynummern reicher. Wir sammeln noch vereinzelte Samoaner ein, während im Bus langsam gestapelt wird. Mir wird klar: Wäre ein Samoaner gerannt, hätte der Bus gewartet.

Schon bin ich guter Dinge, noch im Hellen am Hotel anzukommen, als wir eine kollektive Einkaufspause am Supermarkt einlegen. Ich kann meinen Augen kaum trauen, als sich der Bus langsam entlädt, die Menschen durch die Gänge schlendern und sich gemächlich an der Kasse anstellen. Wie soll das passen? Dicke Mama auf dünnem Sohn, darauf noch die Einkaufstüten, Leute stehen im Gang, fast wird einer vergessen, und eine halbe Stunde später und ein paar Nerven weniger machen wir uns endgültig auf den Weg gen Osten, dann gen Süden. Es geht fast nur an der Küste entlang, links ist das Meer, rechts der grüne Regenwald. Immer wieder durchfahren wir Dörfer, in denen die Menschen in offenen Gebäuden auf dem Präsentierteller leben, aber alles ist sauber, ordentlich, die Menschen zufrieden, gesättigt, ja häufig fett, und entspannt. Um halb 7 höre ich durch die samoanischen Cover berühmter Pop-Songs das Blasen der Muschel, worauf alle brav zum allabendlichen Gottesdienst trotten, ganze Horden von Polynesiern kommen uns da entgegen. Und je dunkler es wird, desto gruseliger wird es für mich, besonders weil sich jetzt die Männerschaft um mich herum kümmert: „You look worried!" Warum wohl? Vielleicht wegen Fragen wie „How old are you? Are you travelling alone? Can I visit you at Faufoa Beach Fale?" Und der Tatsache, dass es immer dunkler und später wird, der Bus immer leerer und ich überhaupt keine Vorstellung habe, wo wir lang müssen, geschweige denn wie lange das noch dauern wird. Aber an sich sollen Samoaner ja harmlos sein und so versuche ich mich zu beruhigen. Irgendwann sind nur noch ich, der Busfahrer und ein anderer Samoaner im Bus, der mir in schmierigverschwörerischem Ton versichert, dass ich mich nicht sorgen solle und er mich sicher in das Resort bringen werde. Zum ersten Mal finde ich mich doch ein wenig verrückt, was das Alleinreisen angeht: Wenn hier etwas passiert, bin ich weg. Die nächste deutsche Botschaft ist in Neuseeland, Deutschland liegt auf genau der anderen Seite der Erdkugel und meine Mutter würde höchstens in einer Woche die ersten Suchtrupps losschicken. Aber knappe drei Minuten, nachdem der letzte Passagier in die Dunkelheit verschwunden ist, erreichen wir einen Strand, wo noch die Laternen von einer Traumhochzeit im weißen Sand stecken. Da weiß ich: Wir sind angekommen. Ich habe es geschafft. Das war meine samoanische Bus-Erfahrung. Das nächste Mal nehme ich ein Taxi.

Südpazifische Exotik

Kaum springe ich aus dem Bus, werde ich auch schon in Empfang genommen und in das Hauptfale gebracht, wo das Essen schon in vollem Gange ist. Es gibt zwei lange Tische voller Leute und leckeren Gerichten, und ich habe das Glück gleich neben ein paar nette Neuseeländer platziert zu werden. Sie kommen aus Auckland. Mir wird klar, dass man beim Treffen mit einem Neuseeländer zu 50% damit richtig liegt, dass er aus Auckland stammt! Nach dem Essen gibt es eine „fia-fia", eine samoanische Tanzshow in traditionellen Kostümen. Die Männer tragen Röcke und um die Unterschenkel Palmen-Stränge, genauso um den Hals; die Frauen Blumenketten. Die Tänze sind voller Aktion, Getrommel, Lebensfreude, Zwischenrufe und Fehler. Es macht unglaublichen Spaß zuzugucken. Und dann gibt es noch eine Feuershow, zwar auch mit kleineren Makeln, aber dadurch nur umso authentischer. Zwischendurch werden die Zuschauer zum Mittanzen aufgefordert, aber ich fühle mich von den schwierigen Kreisbewegungen genau so überfordert wie während der Bollywood-Tanzstunden in Nepal. Ich bin glücklich. Trotz Busschlamassel ein guter Start in Samoa.

Der Strand in Lalomanu entspringt direkt der Roxy-Werbung, und auch die Unterwasserwelt war wohl mal attraktiv – das war, bevor der Tsunami 2009 kam und die Korallenriffe zerstört hat. Jetzt gibt es nur noch ein paar bunte Fische und übriggebliebene Fliesen zu sehen, auch die Mitarbeiter haben ihre ganz eigene Horror-Geschichte zu erzählen. Viele Dorfmitbewohner sind in dem Tsunami umgekommen. Von den circa 200.000 Einwohnern (pro Jahr kommen 130.000 Touristen!) kamen 154 ums Leben. Nachts liege ich in meinem Strandfale, lausche dem rhythmischen Rauschen der Wellen und denke daran, was passieren würde, wenn abermals eine solche Monster-Welle über die Insel hereinbräche. Komisch, in Christchurch hat mich die Aussicht auf ein Erdbeben weniger beunruhigt.

Aber die nächsten Tage vergehen sorglos. Die neuseeländische Familie, neben der ich am Anfang saß, nimmt mich kurzerhand in ihre Familie auf. Endlich keinen Sonnenbrand mehr auf dem Rücken! Davor war ich zu schüchtern, wildfremde Leute ums Eincremen zu bitten. Wenn mal wieder meine gesamten Getränke bezahlt werden, höre ich Altbekanntes: „We are working and you are traveling. Spend your money on something else!" Wahre neuseeländische Gastfreundschaft. Die Worte erinnern mich an die von Craig, unserem Autoverkäufer in Gisborne. Ich werfe nach und nach meine Pläne über den Haufen, noch mehr von Samoa zu sehen – mit den Feiertagen zwischendrin und meinen gesammelten Buserfahrungen ist das einfach zu kompliziert. Am Ostersonntag gehe ich zum samoanischen Gottesdienst, aber der ist ziemlich enttäuschend: Zwar ist der Gesang wunderschön, aber nicht wie in amerikanischen Gospel-Filmen, und selbst die Samoaner, die die Predigten tatsächlich verstehen können, nicken ein.

An einem Tag besuche ich mit zwei meiner Mitbewohner vom Fale den Ta Sua Ocean Trench, ein großes Loch mitten im Boden, circa 12 Meter tief, das zu einem mit Meerwasser gespeisten Teich führt. Der Maori, der unser Eintrittsgeld abnimmt, hat beeindruckende Tattoos von den Knien bis zu den Hüften, die so dicht sind, dass sie fast wie Hosen aussehen: Pe'a, die traditionelle männliche Tätowierung. Die gesamte Prozedur dauert circa zwölf Wochen und hat viele schmerzhafte Sitzungen, da die Geräte weniger gut sind als bei uns. Am Rücken soll es sich so anfühlen, als würde eine Zigarette ausgedrückt; am Po wie Peitschenhiebe. Unterbricht man die Prozedur, so ist das eine Demütigung für die gesamte Familie, denn die Tätowierung symbolisiert die Bereitschaft, der Gesellschaft zu dienen. Eine Tätowierung kostet ca. 5.000 Euro und ist für die Samoaner das beste Geschenk zum Abschluss der Ausbildung, auch wenn Missionare die Praxis ausrotten wollten. Diese besiedelten ab 1830 das Land und selbst ich habe im Bus noch den einen oder anderen Missionar kennengelernt. 1850 wurde eine deutsche Handelsstation auf Samoa gegründet, aber auch Briten und Amerikaner interessierten sich für das Land, sodass Samoa 1889 unter das Protektorat der drei Mächte gestellt wurde. Im Jahr 1898 kam es erneut zu Kämpfen um die Macht in Samoa, sodass die Insel zweigeteilt wurde: Ost-Samoa wurde amerikanisch, West-Samoa deutsch, Großbritannien wurde mit anderen pazifischen Inseln entschädigt. Auch hier folgten die für eine Kolonialisierung typischen Geschichten: Tod der indigenen Völker durch neu eingeführte Krankheiten, Unterdrückung durch die kolonialen Herrscher, auch wenn die deutsche Kolonialherrschaft mit der Einführung der Selbstverwaltung der Einheimischen äußerst fortschrittlich war. Traurig für Deutschland: Es behielt seine Kolonie nicht lange, denn Neuseeland besetzt Samoa zu Beginn des Ersten Weltkriegs. Erst 1962 erlangte Samoa seine Unabhängigkeit; Ost- bzw Amerika-Samoa blieb amerikanisch. Die Einrichtung von „Land- und Titelgerichten" während der deutschen Kolonialzeit wirken bis heute fort. Durch den Einfluss Amerikas wurde Samoa im 19. Jahrhundert der östlichen Seite der Datumsgrenze zugeordnet. 2011 wechselte Samoa dann wieder auf die westliche Datumsgrenze, indem man einfach den 30. Dezember übersprungen hat. Blöd, wenn man an dem Tag Geburtstag hatte! Nicht nur an ein anderes Datum, sondern auch an den Linksverkehr, der erst 2009 eingeführt wurde, mussten die Samoaner sich gewöhnen. Grund hierfür: Günstigere Importe aus Australien, Neuseeland und Japan, wo ebenfalls Linksverkehr herrscht.

Die Seele baumeln lassen

Ansonsten verbringe ich eine Menge Zeit im warmen und kristallklaren Wasser – man merkt kaum einen Unterschied zu draußen!-, spaziere am Strand entlang und vertilge frische Kokosnüsse. Die samoanischen Mitarbeiter sind äußerst liebenswürdig und tun alles, um uns in die samoanische Kultur näher zu bringen.

So gibt es leckeres samoanisches Essen und am Sonntag, dem heiligsten aller Tage der Woche, dürfen wir genau wie alle Samoaner nicht laut sein, schreien, rufen oder Alkohol trinken. Auch sonst gewinnen wir gute Einblicke in ihr Leben. Nicht selten schläft einfach einer der Arbeiter in einem Gast-Fale. Einmal nimmt die Besitzerin der Anlage uns mit zu ihrem Haus, das voller riesengroßer, gefliester und leerer Räume ist. Die Menschen schlafen auf dem Boden, die Küche ähnelt einer Industrie-Küche. Wie auch in Asien laufen hier überall Tierbabies herum. Und es gibt noch eine weitere samoanische Eigenart: Wer kein Geld in einer der Gemeinschaften hat, bekommt es einfach von einem anderen Dorfmitglied. Der Gemeinschaftsgeist geht so weit, dass man sogar per Handy anderen Menschen eine Anfrage schicken kann, ob die einem das Guthaben aufladen. Das nenne ich Nächstenliebe! Und auch sie lieben das Improvisieren: Bei einer Party im Resort nebenan bricht eine Diele durch und die Unglücksstelle wird provisorisch mit einer Topfpflanze gesichert.

Am Sonntag werde ich dann noch richtig schön krank, mit Fieber und Schüttelfrost. Alle aus dem Resort kümmern sich rührend um mich, aber ich muss daran denken, wie meine Mutter in Vietnam krank war. Das Problem beim Alleinreisen ist nämlich, dass man nicht einfach die Verantwortung abwälzen kann. Ich kann mir nur schwerlich vorstellen, wie ich mit meinem schweren Rucksack nach Fidschi fliegen solle. Es gibt aber schlimmere Orte zum krank sein: Eine warme Brise weht durch das Fale und ich höre das Rauschen des Meeres. Und pünktlich zur Abreise bin ich wieder kräitig genug, um den Flug zu den Fidschis problemlos zu schaffen.

Fidschi-Inseln

Touristenmekka

Vier Tage
Fidschi ist professioneller, was man schon bei der Ankunft am Flughafen um halb drei Uhr nachts merkt. Alles modern und neu. Ich werde gleich unter die Fittiche einer Reisebüroagentin genommen, die mich in ihrem Büro übernachten lässt. Eine bessere Nacht hatte ich noch nie am Flughafen! Um Viertel nach sechs werde ich geweckt und wir buchen mein Hotel. Es ist stressig, denn der kostenlose Pendelbus zur Fähre verkehrt in einer halben Stunde. Ich schaffe es und sehe mir vom Bus aus die indisch angehauchte Hauptinsel an. Es ist bedeutend dreckiger und unordentlicher hier als in Samoa, was auch an der Überflutung liegen mag, von der noch einiges zu sehen ist: Ganze Straßen wurden weggeschwemmt, Asphalt schwamm wie Eisschollen auf dem Wasser, Zäune sind umgestürzt, ganze Felder liegen brach. Überall ist Wasser. Auf den kleineren

Inseln jedoch, die die Fähre ansteuert, sieht man bis auf ein wenig mehr Grau zwischen dem weißen Sand nicht mehr viel von der Überflutung.

Die Fidschi sind das Paradies eines jeden Touristen: Tausende Inseln mit weißem Strand und Palmen, manche davon so klein, dass man sie in drei Minuten umrunden kann – sogar in zwei, wenn man's eilig hat. Weniger traumhaft ist die politische Lage: Seit einem Putsch 2006 wird Fidschi von einer Militärregierung regiert. Meine Insel kann man nicht in zwei Minuten umrunden, dafür ist sie traumhaft schön, mit grünem Regenwald und einem gewaltigen Felsen im Hintergrund. Von Europa aus ist es egal, ob man über Asien oder Amerika fliegt, denn es liegt direkt auf der anderen Seite der Welt. Und damit lasse ich glücklicherweise auch endlich die Schwärme von Deutschen, die in Neuseeland und Australien unterwegs sind, hinter mir. Das hat auch seine Nachteile: Die Dänen reden lieber Dänisch und die Finnen lieber Finnisch. Komisch, was? Das kann ich beides nicht und hab daher keine Chance, mich in Gespräche einzubringen. Trotz Achtbettzimmers ist es einsam hier, da jeder seine eigene kleine Gruppe hat und von Insel zu Insel hoppt, statt wie ich auf einer zu bleiben.

Hier fühle ich mich wieder wie ein lebender Geldautomat. Meiner Meinung nach ist das Preis-Leistungs-Verhältnis hier einfach nur mies, auch wenn man eng in das Dorfleben mit einbezogen wird: Unser Speisesaal dient sozusagen als Hauptversammlungsort der hiesigen Fidschianer. Am Mittwoch veranstalten sie eine Begrüßungsveranstaltung, bei der das traditionelle „Kaba" herumgereicht wird, ein Getränk, bei dem man nach 80 – 130 Kokosschalen ein ähnliches Rauschgefühl wie bei Alkohol bekommen soll. Ich kriege aber nur eine Schale runter. Auch hier ist Gesang und Tanz wie im gesamten Südpazifik üblich, nur mit weniger Tattoos als in Samoa.

Meine Zeit hier verläuft nach dem Motto „Lazy days in Fiji". Viel außer Schnorcheln, Lesen, Schwimmen und Volleyballspielen kann man hier auch nicht unternehmen, aber ich genieße es. In Gedanken bin ich schon in Amerika und schwelge in Vorfreude auf die ganzen Freunde und Bekannten aus meiner Zeit als Austauschschülerin.

Am Samstag um 22 Uhr steige ich in den Flieger nach Amerika.
Am Samstag um 14 Uhr komme ich in Amerika an.

Freiwilligendienste, Austausch, Reise
interconnections-verlag.de

AMERIKA

Amerikanisches Tiefkühlleben

8 Wochen
„Welcome to the United States"
Obamas Gesicht lächelt mich unter einer amerikanischen Flagge sympathisch an. Ich bin da. Schon vor der Ankunft mit Blick auf Hollywood und Los Angeles war mir glasklar, wo es hingeht, dank meiner Mitreisenden. Der Amerikaner, der vor mir durch den Flugzeuggang läuft, klatscht alle seine Urlaubsbekanntschaften wie ein berühmter Basketballspieler ab – die typisch amerikanisch, leicht geschlossene oberflächliche Bekanntschaft. Hinter ihm trippelt seine Freundin, die im Falle eines Flugzeugabsturzes ganz sicher keine Schwimmweste braucht: Ihre aufgepumpten Brüste helfen ihr mit Sicherheit oben zu bleiben. Und gleich neben mir ein ausgeprägtes amerikanisches Exemplar von Frau, die eigentlich zwei Sitze bräuchte, sich jedoch meinen aus Gründen der Sparsamkeit mit mir teilt.

Zurück zum Thema und zur Ankunft. Ich betrete bekanntes Terrain. Das heißt nicht, dass es hier irgendwie freundlicher zugehen würde: Ein strenger Einwanderungsbeamter mustert mich prüfend über sein Pult hinweg, unterzieht meine Unterlagen einer genauen Prüfung und löchert mich mit Fragen: „How much cash did you bring in? How long are you staying here? How are you supporting yourself?" Aber ich bin auf jede Frage bestens vorbereitet, so dass ich auch noch überraschend fix durch den Zoll komme und betrete schon richtigen, amerikanischen Boden, als Blaine mich ruft: „Isabella, here!" Melanie und Blaine, die Gasteltern meiner Tante und inzwischen meine amerikanischen Gast-Großeltern, sind überglücklich, mich zu sehen.

Erste Eindrücke stürzen auf mich ein. Zuerst einmal: Blitzblanke neue Autos, die auf der rechten Straßenseite fahren, Hummerlimousinen. Überall Menschen, vielspurige Highways, Plakate, und Häuser, Häuser, Häuser, deren quadratisch angeordnete Massen schon vom Flugzeugfenster aus zu bewundern waren.
Und bei Melanie und Blaines Haus angekommen bin ich wieder wohlbehütet in der amerikanischen Gemeinschaft. Ein großes Bett voller Decken und Kissen, drei Badezimmer und vier Fernseher. Endlich wieder ohne Flip-Flops duschen und ohne Toilettenunterlage aufs Klo gehen. Nach knapp vier Monaten mal wieder den Rucksack richtig ausräumen. Typisch amerikanisch ist das erste Abendessen: Hamburger, dann einen Film und Kekse. Ich fühle mich wieder zurückversetzt in mein Leben als Austauschschülerin.

Erste Kulturschöcke

Man stelle sich vor: Costco, ein Einkaufsladen so wie Metro, nur auf amerikanisch. An einem Sonntag schieben sich unendliche Massen an Menschen durch die Reihen voller Produkte, welche das Herz begehrt oder noch nicht weiß, dass es sie begehrt. Riesenflaschen Shampoo, Spülmittel, alle erdenklichen Lebensmittel, Fertigkost, Elektronik, Essen zum probieren ... Überfluss in Extralarge. Und vor der Kasse das Beste: Ein signalrotes „Notruftelefon", von wo aus man im gegenüberliegenden Fertigrestaurant schon die Pizza für die Zeit nach dem Bezahlen ordern kann. Die niegelnagelneuen, teuren Autos schieben sich Stoßstange an Stoßstange über den riesigen Parkplatz, jeder parkt so nah am Eingang wie nur möglich (wozu sind die Beine noch mal da?) und alles ist bis aufs Extremste tiefgekühlt. Nach diesem Shoppingvormittag brauche ich erstmal eine Pause.

Ein kleines Erdbeben erschüttert meine nachmittagliche Ruhe, aber das gehört zu einem Kalifornien-Aufenthalt dazu: Hier werden pro Jahr eine halbe Millionen seismologische Bewegungen gemessen. Und dann sitze ich wieder im Auto, noch müde von den ganzen Heiß- und Kaltwechseln von draußen und Supermarkt bzw. Mall. Rushhour. Auf sechsspurigen Highways – eine Richtung! – schieben sich die Benzinfresser und Angeberautos der Schönen und Reichen den Highway Richtung Downtown Los Angeles entlang. Überall Werbung, Asphalt, Hochhäuser, hier und da blinzelt eine Palme in den blauen, versmogten Himmel. Ich weiß nicht, was ich von Amerika halten soll. Einerseits so schön, andererseits so hässlich. Die nächsten zwei Nächte verbringe ich bei Blaines Sohn und seiner Familie.

Wir fahren mit Olivia, der Tochter, zu ihrem Volleyballtraining. Eine ganz andere Seite im sonst unbesorgten kalifornischen Lebensstil: Die Kinder, die zur Höchstleistung angetrieben werden. Olivia hat da noch Glück, sie hat nur drei Mal die Woche von 8-10 Uhr abends Training, während andere täglich trainieren und dann auch noch am Wochenende spielen. Musikinstrumente müssen nebenbei erlernt werden, und auch Declan (der Sohn) sieht sich dem Konkurrenzkampf und Erfolgsdruck neben den ganzen fleißigen, nie ermüdenden Asiaten ausgesetzt. Das Leben ist kein Spiel, das Leben ist ein Kampf. Survival of the fittest. Die Welt sieht schon wieder ganz anders aus, als ich mich am Freitag mit Marc auf eine erneute Besichtigung von L.A. auf den Weg mache. Welch Glück, hier zu leben.

Epizentrum des Tourismus

Hollywood Boulevard: Kino reiht sich an Kino. Endlich erkenne ich den Ursprung dieser Gegend: Früher wurden hier die ganzen Premieren gezeigt. Der Walk of Fame zieht sich auf beiden Seiten der Bordsteine entlang; Einwohner laufen achtlos darüber, Touristen posen auf dem Stern ihres Lieblingsstars. Dabei kennt man (oder ich) nur einen geringen Teil dieser Gerühmten. Harry Potter ist dabei.

Das Hollywood-Zeichen blinzelt durch die Gänge der Outdoor-Mall. Einfach scheinbar wahllos irgendwo auf den Hügeln angebracht. Hier ist alles verrückt: Die Mall zieren sowohl ägyptische Götter als auch indische Elefanten. Menschen reden mit sich selber oder schreien ihre Meinung laut hinaus, aber keiner hört zu. Ein Mann liegt auf dem Boden; er hat keine Hände mehr, aber mit seinen dreckigen Armstumpfen zielt er durch die Gegend. Sorgfältig zurechtgemachte Trauben von Mädchen ziehen durch die Gegend und hoffen auf ihre Entdeckung. Wie viele Hoffnungen hier wohl schon zertrümmert wurden. Durch mich wird Marc zu einem Touristen und ich zu seiner Tochter. Unglaublich nett, wie er mir einfach alles zeigt, was ich gerne sehen würde.

Hollywood Hills: Bei knapp 30°C schlängeln wir uns durch die engen Häuserreihen, die nur zu Fuß erreichbar sind. Der Lärm und der Rummel des Hollywood Boulevards sind nur noch entfernt zu hören. Bin ich überhaupt noch in Los Angeles? Mediterrane Häuser reihen sich an neumoderne architektonische Meisterleistungen, hie und da sieht man sogar eine Schweizer Alm und Fachwerkhäuser. Selbst Kurt Cobain fand es hier toll: Wir stehen vor seinem alten Haus, bevor er sich in Seattle umgebracht hat. Eidechsen klettern an den Wänden entlang, eine Gartenschlange flüchtet vor uns. Hier könnte ich gut leben.

Beverly Hills: Die Häuser werden größer, die Hecken höher. „Star maps to buy!" Aber selbst wenn man sich durch die ganzen kleinen und verwinkelten Straßen hier kämpft, zu sehen bekommt man nichts. Geschützt hinter von Mexikanern gepflegten Hecken sitzen sie in ihren teuren Häusern, isoliert durch ihren Ruhm. Was die ganzen lateinamerikanischen Haushälterinnen denken müssen, die Abend für Abend eine riesige Tür hinter sich schließen und in eines der Ghettos fahren, wenn sie Glück haben mit ihrer eigenen Schrottlaube, ansonsten zu Fuß und mit dem Bus. Die Häuser sind ein Traum; hier müssen sich die Architekten schon ins Zeug legen, um das ihre hervorstechen zu lassen.

Rodeo Drive: Einkaufen für die Reichen. Schon Julia Roberts hat es hier in „Pretty Woman" gut gefallen. Ich kann mich nur anschließen. Europäisches Flair mit Luxusmarken, die neusten Autos stehen vor den Läden. Die reichen Besitzer lassen sich drinnen ein Glas Champagner kaufen. Welch ein Leben!

Sunset Boulevard: Der Name ist schön, die Straße weniger. Über und über mit Werbetafeln gespickt zieht sie sich von dem Inneren von Hollywood 35 km lang bis zur Küste hin. Wir fahren an kreativen und ausgefallenen Geschäften vorbei, Lokalen wie der „Laugh factory", wo einsame Komiker ihr Glück versuchen und schon so mancher entdeckt wurde. Langsam wird es grüner, es folgen weitere Wohngegenden der Leute, die nicht mehr wissen, wohin mit ihrem Geld. Dann nähern wir uns Olivias Schule. Die ganzen 3.000 Schüler strömen aus dem Gebäude und ich fühle mich an meine Highschool-Zeit erinnert. Wie lange das doch schon wieder her ist! Einige haben Klebeband auf ihrem Mund, eine Solidaritätsbezeugung für Schwule und Lesben. So ein Gemeinschaftsgeist existiert nur in Amerika. Andere halten Babypuppen, die laut schreien, auf ihren Armen. Sie kommen von der Home-Economics-Klasse. Auf dem Rücksitz beschwert sich Olivia über ihre Fächer. Die Fächerauswahl in Amerika mag zwar einmalig breit gefächert sein, aber dafür ist man oft auch verpflichtet, richtig sinnlosen Schrott zu wählen. Da sind mir die meist streng akademischen Fächer bei uns in Deutschland schon fast lieber.

Santa Monica: Ganz gewiss schöner bei Sonnenschein. Es ist grau und kalt, ganze 17°C, also 13°C Temperaturunterschied zum Landesinneren. Ich fröstle in meinem Kleid. Den berühmten Santa Monica Pier mit dem Riesenrad kann man noch nicht mal sehen. Schade! Aber die Fußgängerzone 3rd Street ist schön wie eh und je, mit tollen weißen Häusern und netten Menschen. Wie in Amerika üblich essen wir an einem der zahlreichen Food Courts, dann geht es ab nach Hause, wärmere Klamotten holen.

Venice Beach: Venice Beach ist noch verrückter als sonst. Das brodelnde Kreativitätszentrum von L.A. Heute ist 4/20, inoffizieller Marihuana-Tag. Die Schlangen reihen sich mit erkauften Rezepten an den vielen Apotheken, die jetzt legal Gras verkaufen dürfen. Die Häuser sind bunt, graffitigeschmückt. Man kann alles kaufen und sogar zweiköpfige Schildkröten sehen. Am Muscle Beach pumpen breite Typen ihre Muskeln auf, ein Obdachloser schlängelt sich mit einem typischen Taxi-Schild auf dem Kopf durch die Menschen. Hier stechen die Normalen hervor.

Venice: So etwas gibt es wohl nur in Los Angeles: Ein nachgebautes Venedig. Zu den Kanälen fahren wir heute nicht mehr, da war ich schon, aber an dem Haus vorbei, das über und über mit kleinen kunterbunten Steinchen besetzt ist. Die Kinderbuchautorin Cornelia Funke wohnt hier in der Gegend. Ich kann's ihr nicht verübeln. In einem typischen Surferladen besorge ich meinen Gastbrüdern Geschenke, dann gehen wir in einem schönen Fischrestaurant essen. Ich werde abermals in die Regeln des Baseball eingewiesen und hoffentlich endlich verstanden.

Auf dem Nachhauseweg fahren wir an einem Obdachlosen vorbei, der sich an einer Bushaltestelle unter seine Decke kuschelt. Ein Einkaufswagen mit allen seinen Habseligkeiten steht daneben. Ich kann mir nicht vorstellen, wie die schlechten Gegenden dieser Neunmillionenstadt aussehen. Wie die Lebensverhältnisse sind. Die Kriminalitätsrate. Zu gerne würde ich auch die düstere Seite von Los Angeles mal sehen.

Typischer Samstag eines Teenagers

Er beginnt früh: Um viertel nach sechs klingelt der Wecker. Olivia ist völlig unmotiviert und hat keine Lust, heute den ganzen Tag auf einem Volleyballfeld zu stehen. Gerne würde sie auch mal ausschlafen.

Wir gesellen uns zu den tausend anderen Seelen an diesem bewölkten grauen Samstagmorgen, die sich an riesigen, mit großen Amerika-Flaggen verzierten Öl-Raffinerien auf dem Highway nach Süden kämpfen. Abfahrt verpasst, der Trainer sitzt im Nacken, wir kommen zu spät zur Halle. 8 Uhr, Anpfiff, eine Menge Pferdeschwänze hüpfen auf und ab, als sich Mädchen zwischen vierzehn und sechzehn Jahren auf den Volleyballplätzen abmühen, während ihre Väter und Mütter mit Rändern unter den Augen über einem Kaffee von Starbucks hocken und aus weiter Ferne ihre Zöglinge anfeuern: „Way to go! You gotta hit that ball harder!"

Olivia ist enttäuscht. Sie spielt erst seit einem halben Jahr, aber ihr Trainer ist ungeduldig und gereizt und möchte, dass seine vierzehnjährigen Mädels auch gegen Sechzehnjährige bestehen. Den Donut mag sie nicht, der mitgebrachte „Chocolatey Extra Chocolate Chip Hot Chocolate" mit Sahne schmeckt ihr nicht mehr. Ein Samstagmorgen sollte anders aussehen.

Blaine holt mich ab. Auf nach Santa Ana, einem Vorort von L.A. Paul und Sheila, die Gasteltern meiner Mutter, sind eigens für mich aus Palm Springs hergefahren. Eine Riesenüberraschung wartet auf mich: Fünf dicke, gebundene Bücher voller Erinnerungen und Erlebnisse. Paul hat alle Fotos und Blogartikel sorgsam korrigiert, sortiert und ausgedruckt. Ich bin überwältigt und möchte mir gar nicht vorstellen, wie viel Zeit er dabei investiert hat.

Die Bücher und die geduldige, interessierte und großköpfige Hembree-Familie helfen mir, ein wenig von meinem „Erzähldruck" loszuwerden. Ich fange an, die Reise zu verarbeiten, zu entspannen und auch mal nichts zu tun.

If you're going to San Francisco ...

... make sure to wear some comfortable sneakers. Pack the lunch bag. Put the camera around your neck. And get going with the exploration of the Golden City.
Aber dahin muss man erstmal kommen.

Von L.A. gibt es drei Hauptmöglichkeiten, um nach San Francisco zu gelangen: Fliegen. Aber nach 23 Malen (mit dem Fallschirmsprung 24), die ich diese wundervolle Erde gegen den ruckelige Flugzeugsitz eingetauscht habe, will ich lieber mal auf dem Boden bleiben.
10 Stunden Zug. Irgendwie aufregend, aber irgendwie auch teuer.

Autofahren. Für mich ein Problem, da ich noch unter 21 Jahren alt bin und kein Auto in den USA mieten kann, aber da kommen Melanie und Blaine ins Spiel, die sich netterweise dazu bereit erklären, ihren jährlichen Ausflug nach Monterey mit meinem Ausflug nach San Francisco überschneiden zu lassen und mich kutschieren.

Etwas traurig packe ich meine Sachen. Aber wir verabschieden uns ordentlich von der „Stadt der Engel", mit einem Abendessen auf dem Santa Monica Pier voller Achterbahnen, einem bunten Klavier und einer tollen Aussicht auf den Sonnenuntergang hinter den Hügeln Malibus. Die Fahrt führt an diesem Abend noch bis zum kleinen Santa Barbara, das mir von meiner letzten Kalifornienreise noch vage als schön in Erinnerung geblieben ist.

Und schön ist schon fast untertrieben. Denn das Städtchen hat Charakter. Natürlich gleich am Meer, die Promenade palmenbepflanzt, die Hügel im Hintergrund, machen es sich die Einwohner in schönen Häusern im spanischen Stil bequem. Die kleinen Cafés und Läden an der Haupteinkaufsstraße machen alles noch attraktiver, aber nach einer kleinen Fahrradtour zu den schönsten Stellen müssen wir uns schon auf den Weg machen, denn heute liegt eine lange Strecke vor uns.

Der berühmte Highway One

Die Kleinstadt Cambria ist unser Startpunkt. Rustikal, holzig und klein. Hier sehe ich meinen ersten waschechten, riesigen, röhrenden See-Elephanten und, vielleicht sogar ein Wal? Der Atemausstoß lässt darauf schließen.

Der Highway erinnert an die Autofahrt entlang der Westküste der Südinsel Neuseelands, auch wenn es hier vielleicht eine Spur steiniger und sogar kurviger ist. Die Aussicht ist grandios, auch wenn das Wetter nicht mitspielen will, aber der Nationalpark Big Sur mit seinen mächtigen alten Bäumen beeindruckt trotzdem. Zu einem Stopp im schönen Carmel und Monterey reicht leider die Zeit nicht, dafür kommen wir noch bei Tageslicht in Santa Cruz an. Unseren letzten gemeinsamen Abend begehen wir in einem Fischrestaurant mit leckeren Gerichten am Pier. Am nächsten Tag gucken wir uns noch in Ruhe die Häuser entlang der Küste von Santa Cruz an, die einen direkten Meerblick haben. Einfach toll. Der Campus der „University of Santa Cruz" sieht aus wie ein einziger Nationalpark mit meinem umherschwirrenden Lieblingsfreunden – Kolibris. Auch der Highway ist eher Wald als Straße, als sich das Baumdickicht lichtet, es hügeliger wird, ein See und schließlich Häusermengen das Bild beherrschen.

Going through San Francisco

Durch den Verkehr und die steilen Einbahnstraßen arbeiten wir uns langsam voran Richtung Fillmore Street. Hier ist Vasilio's Möbelgeschäft, in einem der schönsten Einkaufsviertel der Stadt. Und es gefällt mir sofort: Alte, viktorianische Häuser mit kleinen Cafés, Boulangeries, leckere und authentische (französische) Restaurants, zufriedene Menschen und die Geschäfte leider weit außerhalb meiner Preisklasse. An meinem ersten Tag verschafft mir Vasilio, ein alter Freund meiner Tante, bei dem ich netterweise übernachten darf, einen groben Überblick über die Stadt. Es ist ein herrlicher Tag und der Blick auf die Golden Gate Bridge und die Stadt traumhaft schön. Sausalito, gleich gegenüber auf der anderen Seite der Bucht, ist eine kleine Hafenstadt. Und die Berkeley Universität liegt direkt in der Nähe von Oakland, wo Vasilio wohnt, ein kleiner, belebter Ort voller Studenten.

Die restlichen Tage erkunde ich die Stadt zu Fuß oder mit dem Fahrrad, laufe oder radle jeden Tag vier bis sechs Stunden, falle abends todmüde ins Bett, aber habe wirklich das Gefühl, viel zu sehen. Selbstständig, denn San Francisco ist mit seinem guten öffentlichen Verkehrssystem und den vielen Radwegen unamerikanisch.

Ashbury Heights: Ursprung des Hippies. Ein paar Leute sehen schon sehr seltsam aus, aber die Stimmung ist gut. Marihuana-Equipment-Läden neben tibetischen Teppichläden, alles ist hier Vintage, und die Schaufenster sind aus- und auffallend dekoriert.

The Heights: Da, wo Mrs. Doughtfire gewohnt hat. Prunkvolle Häuser, dank der Steillage mit einer einmaliger Aussicht auf die Stadt. Hier folgen individuelle Modeläden auf kleine Bäckereien, Cafés, Restaurants und Galerien.

Chinatown: Voller Chinesen, voller roter traditioneller Lampen und Schriftzeichen, ganz authentisch. Little Italy: Wenig Italiener, dafür viele Touristen. Das Essen ist auch einmalig gut hier! The Mission: Latino-Ghetto mit verriegelten Hauseingängen, Plattenläden zum drin stöbern, Armut zum Greifen und Wandbemalungen zum Angucken. Japantown: Klein, aber fein. Und die Innenstadt: Hochhäuser à la New York, nur ungefähr halb so hoch. Trotzdem bieten sie eine wunderschöne Aussicht auf die Stadt. Kleine, ausgewählte Buchläden, wo es sich stundenlang durch die Auswahl stöbern ließe. Der Coit Tower mit seinen frei lebenden Papageien, die sich leider nur nachmittags zeigen und die ich dadurch verpasse. Das Rathaus, dem Petersdom nachgebaut, imposant und beeindruckend, auch von innen. Union Square, ein Stückchen Park inmitten des Hochhauswirrwarrs, umgeben von Dolce & Gabbana, Saks Fifth Avenue und Hugo Boss.

Und dann noch der Hafen: Vor dem griechisch angehauchten Observatorium fläzen sich kleine Familien bei einem Picknick ins Gras. Am Wasser spielen junge, zufriedene, erfolgreiche und lustige Studenten auf der Rasenfläche selbsterfundene Sportspiele. Und an den ganzen Piers streiten sich die Touristen darum, wer den letzten Platz auf dem Boot nach Alcatraz, der berühmt-berüchtigten Gefängnisinsel, ergattert. Unter den Brücken bauen sich die vielen Obdachlosen ein eigenes Heim aus Pappkartons und Einkaufswagen, verstrubbelt, heruntergekommen und immer um Geld bettelnd.

Am Montag nimmt Vasilio sein Fahrrad mit in die Stadt. Leider ist er zwei Köpfe kleiner als ich, sodass ich mich auf seinem winzigen Fahrrad (zum Glück mit 21 Gängen!) durch den starken Wind und die steilen Straßen zur 2,3 km langen Golden Gate Bridge kämpfe. Riesige Frachter und Frachter laufen in die Bucht ein. Der Name ist Programm: Das Tor zur „Goldenen Welt", der Eingang nach Kalifornien. Mit seinen vielen weißen, sauberen Hochhäusern macht sich San Francisco vor dem glitzernden blauen Meeresvordergrund auch einfach fantastisch.

Nicht nur die Stadt an sich gefällt mir gut, sondern auch mein „Zuhause" hier. Die unamerikanischste Familie, die ich kenne: Vasilio spricht fließend Griechisch, Italienisch und Spanisch und genauso international geht es weiter: Zum Brunchen chinesisch, zum Abendessen mexikanisch, indisch oder burmesisch und zum Nachtisch Kleinigkeiten aus dem fernen Osten. An einem Tag ist „German Day". Wendy, seine Frau, und ich bemühen uns, den Spätzleteig mit einer Mörserschale durch eine Abtropfschüssel für Salat zu quetschen, denn eine Spätzlemaschine fehlt. Im Endeffekt sehen die Spätzle eher aus wie Rosinen, aber der Geschmack – und der Wille! – zählt.
Großartige sechs Tage – inspiriert und überzeugt davon, auf jeden Fall noch mal nach San Francisco kommen zu müssen, besteige ich das Flugzeug nach Washington, D.C., meiner Heimat als Austauschschülerin.

Kleine Prinzen

Nervös sitze ich im Flugzeug und beobachte, wie sich das Flugzeug Great Falls nähert, meinem ehemaligen Zuhause. Grandiose zwei Mal landen meine Getränke auf meinen Klamotten – was ist nur los mit mir?
Nach drei Jahren endlich zurück in meinem zweiten Zuhause. Plötzlich ist Sonya, meine Gastmutter, da, und umarmt mich stürmisch. Ich bin überrumpelt. Nick, mein jüngerer Gastbruder, drückt mir einen Smiley-Ballon in die Hand, ich schnappe mir mein Gepäck und schon sind wir draußen in der schwülen Washingtoner Nachmittagshitze. Alles ist sofort wie immer: Sonya und ich quatschen munter drauf los, Nick beschießt mich erst mit Konfetti und dann mit

Wasserbomben, die Hunde drehen durch und Andrew, mein anderer Gastbruder, kann mit der Situation nichts anfangen. Der Fernseher läuft und zum Abendessen gibt es bestellte Pizza. Wohl das Nationalessen: Die 314 Millionen Amerikaner konsumieren pro Tag circa 400.000 Quadratmeter Pizza. Und als ich mich abends in mein riesiges Queensize-Bett mit dicker Matratze und tausend Kissen kuschle, bin ich einfach nur glücklich.

Die restlichen paar Tage verstreichen ohne besondere Ereignisse, denn alle arbeiten oder gehen zur Schule, was mir Zeit lässt, mich auszuruhen.

Praktikum in Langley

Aber so soll es nicht die ganze Zeit weitergehen: Ich mache ein Praktikum an meiner ehemaligen High School, die Schule der Schüler, deren große Häuser mich an meine Grundschule erinnern, und unmittelbar neben der Zentrale der CIA. Herr Rademacher, der Deutschlehrer, ist äußerst froh, eine Hilfe zu haben, so dass ich übers Wochenende erst mal eine PowerPoint-Präsentation zum Thema „Konjunktiv II" machen darf. Ein Thema, das er selbst nicht wirklich versteht, kaum ein Muttersprachler wirklich kapiert und mich mit meinen sieben Grammatik-Büchern fast zur Verzweiflung bringt. Am Montag, meinem ersten Arbeitstag, werde ich gleich ins kalte Wasser geworfen und unterrichte meine eigenen Neuntklässler: German 1. Mit den elf Schülern in der Klasse komme ich bestens klar, mir bereitet das Unterrichten sogar Freude – jetzt, da die Schüler lernfähiger als die in Kambodscha sind – und die Vorstellung des Konjunktiv II in meiner German 4 Klasse klappt auch bestens. Kommentar der Schüler: „Rad, this was our best class so far!"

An meinem ersten Arbeitstag kommt dann auch Lyndsee, meine beste amerikanische Freundin, von ihrer Universität in Auburn nach Hause. Typisch Amerika: Ihre Familie holt sie in ihrer eigenen, weißen Stretch-Limousine ab, ich als Überraschungsgast mit dabei. Lyndsee freut sich riesig, umarmt mich gleich drei und ihre Familie versehentlich kein einziges Mal. Lyndsees neues Zuhause ist jetzt „sweet home Alabama". Man merkt es, angefangen von Cowboystiefeln über Erzählungen von Rodeos bis hin zu den Fotos, die ihre Freunde als eindeutig als südlich identifizieren.

Von da an unternehmen wir fast täglich etwas zusammen, gehen in die riesige Mall, mit den Hunden spazieren und an ihrem Geburtstag zu einem Caps-Spiel – es sind „Play-Offs". Ganz Washington ist im Hockeyfieber. Wieder einmal werden die Unterschiede zwischen meiner Heimat und Amerika deutlich: Das Publikum wird während des Spiels rundum unterhalten, am Anfang singen alle stolz die Nationalhymne und während der Pausen gibt es immer wieder „standing ovations" für einzelne Personen auf den Bildschirmen: Die Kriegsveteranen, die umjubelt und beklatscht werden, als hätten sie grade einen Oskar gewonnen. Am Ende haben wir wirklich Grund zum Jubeln, denn die Caps gewinnen und ich bin ab jetzt auch ein Hockey-Fan.

Insgesamt merke ich immer wieder: Das Leben hier hat auch seine Kehrseiten. Ich fühle mich hineinversetzt in die Rolle eines Austauschschülers, nur noch schlimmer: Als „student teacher" darf ich noch nicht einmal den öffentlichen Schulbus benutzen, was mein ganzes Praktikum schwieriger gestaltet. Ich bin wieder abhängig von den Leuten um mich herum, denn ohne Auto bin ich gänzlich unmobil. Sonya bringt mich fast täglich zur Schule, was mir ein schlechtes Gewissen bereitet. Auch Lyndsee übernimmt einige Fahrten, aber ich bin 19 Jahre alt, da sollte ich doch wohl eigenständig sein? Ist hier aber nicht möglich. Ich habe täglich hundert Minuten Unterricht, an „ungeraden" Tagen von 9.30-11.10 und an „graden" Tagen von 11.15-13.15. Schulschluss ist um 14.10, und da ich nicht will, dass Sonya gleich zweimal die Strecke von unserem Haus zur Highschool zurücklegen muss, sitze ich mindestens fünfundfünfzig Minuten, an jedem zweiten Tag ganze drei Stunden in der Schule herum, warte darauf, dass der Rest der Schüler frei hat und sich jemand erbarmt, mich mit nach Hause zu nehmen. Bottom line: Es nervt.

Dann sind da noch die teils unglaublich arroganten und unmotivierten Schüler, mit denen ich mich herumschlage. Laut Herr Rademacher ist ein Drittel der Achtklässler aus Nick's Stufe regelmäßig im Unterricht auf Drogen. Erst vor ein paar Wochen wurden drei Jungen suspendiert, weil sie auf dem Schulbus morgens um 7.30 Wodka getrunken hatten, und das mit dreizehn oder vierzehn Jahren. Angeblich wollte Herr Rademacher auch mal nach der Schule für seine Schüler Pizza bestellen, aber die hatten nur $100-Scheine dabei, die Domino's Pizza aber nicht an nimmt. Vielleicht übertrieben, aber im Kern wohl wahr: Auf dem Schulparkplatz reihen sich nagelneue Porsche, Mercedes und sogar der eine oder andere Ferrari aneinander. Unser Auto aus Neuseeland wäre da die Lachnummer. Und dann das streng eingehaltene Alkoholgesetz: Sonya hat mir erzählt, dass die Eltern neuerdings für jedes Kind, das in ihrem Haus beim Alkoholkonsum erwischt wird, $1.700 zu blechen hat. Eine Familie hatte das Pech, dass ihre Kinder unbemerkt im Keller eine kleine Party gefeiert hatten, bis die Polizei aufkreuzte. Rechnung an die Eltern: Stolze $85.000. Da sind zwei Jahre College dahin.

Meine amerikanische Desillusionierung

Bei gutem Wetter sitze ich draußen auf der Terrasse und lese. Sonya hat mir ein fesselndes Buch geben, „Little Princes", über geschmuggelte Kinder und Kinderheime in Nepal. Da sitze ich, umzingelt von Riesenbauten, die in einigem Abstand von uns entfernt in den sanften Hügeln sitzen, da jedes Grundstück ungewöhnlich weitläufig ist, und lese über den Bürgerkrieg in Nepal.

Von 1996 bis 2006 kämpft die Kommunistische Partei Nepals gegen die Monarchie. Besonders die abgeschnittenen Teile des Landes haben die maoistischen Rebellen schnell unter Kontrolle. Sie gründen Kinderarmeen und verbreiten Furcht und Schrecken. Am 01. Februar 2005 verhängt der damalige König Gyanendra den Notstand, er entlässt seine Regierung und verspricht eine Veränderung des politischen Systems. Zwar ist seit 2006 der Friedensvertrag mit den Maoisten unterzeichnet, eine neue Regierung einberufen und der Machtbereich des Königs äußerst eingeschränkt worden, doch die Entwicklung bleibt zäh. Eine neue Verfassung konnte immer noch nicht verabschiedet werden.

In seinem Buch erzählt Conor Grennan, wie arme Dorfleute ihre Kinder für viel Geld unter die Obhut von selbsternannten „Beschützern" geben. Sie haben Angst davor, ihre Kinder an die maoistische Kinderarmee zu verlieren, und schicken diese in Erwartung von Bildung und einem besseren Leben in die Hauptstadt Kathmandu.

Das Gegenteil tritt ein. Die sogenannten „Beschützer" öffnen mit den Kindern Waisenhäuser und westliches Geld fließt. Die Gründer der Waisenhäuser werden reicher und reicher, während die Kinder unter menschenunwürdigen Bedingungen dahin vegetieren, nicht genug zu essen kriegen, misshandelt werden und keinen Kontakt zu ihren Familien aufnehmen dürfen. Übrigens gibt es ein ganz ähnliches Problem in anderen Teilen Asiens: Der Waisenhaustourismus nimmt zu. Investoren hinterfragen nicht, woher diese ganzen Waisen auf einmal stammen und unterlassen es wohlweislich zu überprüfen, ob diese Kinder nicht von ihren Eltern „erkauft" wurden. Während laut Unicef die Zahl der Waisenkinder in Kambodscha zwischen 2005 und 2010 gesunken ist, stieg die Zahl der Waisenhäuser um 75 %. Conor Grennan erzählt, wie er sich in Nepal auf die Suche nach den verschollenen Familien der vermeintlichen Waisen macht. Wenn ich an meine eigenen Kinder in Nepal denke und daran, was andere Kinder dort in ihren jungen Jahren schon durchmachen mussten, zerbricht es mir das Herz.
Ich lese über Menschen, die verhungern, bis an ihre allerletzten Grenzen gehen und alles für das vermeintliche Wohl ihre Kinder opfern, während ich von Häusern umgeben bin, deren Bewohner vor ihren ultrateuren, ultraneuen Macs, iPhones, iPads, Heimkinos – oder was auch immer – sitzen, in ihren Riesenautos grundlos Benzin in die Luft schleudern und mit ihrer Klimaanlage das Haus tiefkühlen.

Herr Rademacher wurde leider dementsprechend amerikanisiert: In seinem Klassenzimmer stellt er die Klimaanlage auf 10 Grad Celsius, so dass die Schüler vor Kälte bibbern und immer ein paar Decken herumliegen. Kürzlich ist die Klimaanlage sogar eingefroren. Eine neue wurde eingesetzt, so dass die Mindesttemperatur Gott sei Dank nur noch bei 15 Grad Celsius liegt. Und das bei häufig 30 Grad draußen. So wird selbst bei mir zu Hause in meinem wunderbaren Bett mein Schlaf dadurch vermiest, dass die Klimaanlage laut rauscht – ich habe nämlich den Schacht zugedreht, aber die kalte Luft will raus.

So bin ich umgeben von „kleinen Prinzen": Die Schüler von Langley, die alles von einem silbernen Tablett serviert bekommen. und von denen so manche glauben, sich nicht wirklich im Leben anstrengen zu müssen, noch nicht ein mal für ihre Schulausbildung. Papa, der im Kongress ein und aus geht oder als erfolgreicher Rechtsanwalt sein Geld verdient, wird da schon was drehen. Und die „little princes" von Nepal, die tausenden von Kindern, die in Kinderheimen in Nepal vegetieren, die um ihr Überleben gekämpft haben, langsam wieder Vertrauen in die Menschen und das Leben gewinnen und alles dafür tun, um gute Noten zu bekommen, nur um nicht wie ihre Eltern zu enden. Meine Kinder aus Nepal, die immer irgendwo in meinen Gedanken sind.

Fairerweise sollte man aber auch das Leben hier nicht unterschätzen: Den konstanten Leistungsdruck, besonders an einer Schule wie Langley, kann man in Nepal ganz sicher nicht finden.
Nach meiner kleinen Kulturschock-Krise – kurz gesagt, meinem gescheiterten Versuch herauszufinden, warum das Leben so ist wie es ist – bin ich vollkommen in Amerika angekommen. Probeweise habe ich meinen Klimaanlageschacht mal über Nacht geöffnet gelassen, was mir Halsschmerzen eintrug – so amerikanisch bin ich also doch noch nicht. Aber mir bereitet das Unterrichten Spaß, auch wenn mal ein unmotivierter Schüler dabei einpennt. Es kommen auch immer mehr meiner alten Highschool-Freunde zu Besuch. Gestern habe ich eine Tour zu den größten Häusern der Gegend bekommen, die Hälfte meines Praktikums ist geschafft.

Countdown

Meine Gedanken wandern immer wieder ab nach Hause. Alles spielt sich noch mal ab: Schlaflose Nächte, Ungewissheit und Unruhe. In knapp fünf Tagen bin ich wieder daheim, und mein großes Abenteuer wird vorbei sein. Das, worauf ich so lange gewartet und darauf hingearbeitet habe, alles Vergangenheit. Ich bin aufgewühlt, ein großes, unentschlossenes Durcheinander: Soll ich mich auf mein Zuhause freuen oder trauern, dass damit meine Reise Vergangenheit ist?

Nach dem Ende meines Praktikums fahre ich mit meiner Gastfamilie nach Washington, D.C.. Die weißen Denkmäler überragen die viele Bäume, und ich bin wieder in einer meiner Lieblingsstädte, aber meine Brüder sind, wie bei allen Teenagern, kulturresistent und quengeln. Ein kurzen Abstecher nach Georgetown, ein kleines Europa gleich neben der Hauptstadt, und das war's dann leider auch schon.

Ansonsten vergeht meine Zeit damit, Freunde zu treffen. Zwischendurch ist mir die amerikanische Kultur so fremd wie nie. Die meisten Teenager wissen gar nicht, was sie in ihrer Freizeit machen sollen, wenn sie nicht zusammen shoppen, ins Kino oder Essen gehen. Ein Amerikaner verbraucht so viele Ressourcen wie

32 Kenianer. Alles ist auf Verbrauch angelegt: Benzin, Strom oder Geld. Selbst mit 20 Jahren müssen sie ihren Eltern um Erlaubnis bitten, jede Minute jeden Tages abklären und sind einfach nur in ihrer „Unabhängigkeit" gefangen.
Das Memorial Day Weekend steht ganz im Zeichen von Essen und der Ehrung der Truppen. Samstagabend kommen die ganzen Nachbarn zu uns, lauter nette, gebildete und reiche Menschen, mit denen man sich bestens über Karriere unterhalten kann. Am Sonntag bin ich bei Lyndsee zu einem Cook-Out eingeladen. Neun eigene und mindestens zwanzig fremde Autos schmücken die Einfahrt, darunter Hummer, riesige Trucks und einige Harley Davidsons – Dinge, die mich ganz und gar nicht beeindrucken. Alles ist mit amerikanischen Flaggen geschmückt. Die Leute reden über Spenden für das Militär. Es gibt Hotdogs und Hamburger. Kurz danach gehe ich noch zu dem Geburtstag einer Nachbarin, in einem Haus voller Kronleuchter, tausend Zimmern für jeden erdenklichen Anlass sowie einem Basketballplatz.

Wieder amerikanisch leben

Und dann treffe ich mich mit lauter alten Freunden von der High-School. Jenna, die alle Verbindungen zu alten Freunden gekappt hat und sich über jeden lustig macht. Kristen, mit der ich zwar über fast alles reden kann, der aber sonst außer Fernsehgucken nichts einfällt. Lyndsee, die von morgens sieben Uhr bis abends acht Uhr arbeitet, um ihre Eltern bei der Bezahlung vom College unterstützen zu können. Und Meghan, eine äußerst unamerikakritische Amerikanerin, die ein Jahr in Paris gelebt hat.
Herr Rademacher holt mich einmal um halb zehn abends mit seinem Golf ab – wohl der einzige Wagen weit und breit mit Handschaltung. Selbst mittwochabends ist in DC noch eine Menge los. Menschen gehen in Bars und Restaurants, aber einige Ecken sind doch noch ziemlich düster. Vor knapp zwanzig Jahren war DC ein einziges Ghetto. Zum Glück ist Herr Rademacher zwei Meter groß und ziemlich breit – mein persönlicher Leibwächter. Zuerst tafeln wir in „Ben's Chili Bowl", sehr südlich, sehr authentisch, sehr berühmt: Selbst Obama und Sarkozy waren schon Gäste. Dann steht eine Rundfahrt entlang der hell erleuchteten, in der Dunkelheit strahlenden Monumente an: Das Jefferson Memorial, unser beider Lieblings-Denkmal, das Martin Luther King Memorial, Roosevelt, Lincoln und Washington. Das weiße Haus ist in Dunkel getaucht – Obama kann sicher mit den zahllosen hellen Lichtern um sich herum nicht gut schlafen. Ganz Washington ist eine einzige Demonstration der Macht: Riesige Gebäude, hohe Kuppeln, breite Säulen. Alles weiß, strahlend, neu, Reichtum und Einfluss ausdrückend. Thomas Jefferson breitet seine Arme weit aus und verdeutlicht die Herrlichkeit von Amerika.

Mit Lyndsee fahre ich einen Tag lang mit der Metro nach Washington, D.C. Endlich mal unabhängig vom Auto – zumindest fast, denn erst müssen wir mit ihrem riesigen Truck zur Metro-Station. Zusammen mit einer Picknickdecke und Proviant setzen wir uns in einen Park des „Smithsonian Castle", der Gründer der zahlreichen kostenlosen Museen hier. Auch in DC wird es Sommer. Es ist einfach nur heiß. Mit Lyndsee entdecke ich Ecken, die ich vorher noch nie zu Gesicht bekommen hatte.

Dann ein Besuch Georgetowns mit Sonya, eine Art Ausflug nach Europa. Wir laufen vorbei am modernen ZDF-Studio, der riesigen, englischen Uni und den tausenden, kleinen Häusern und Geschäften, alle in unterschiedlichen Farben, mal im New-England-Stil, mal viktorianisch, beeindruckend. Ein weiterer Ort, an dem ich leben könnte.

Eines Abends bin ich bei einer alten Freundin auf der Graduation-Party eingeladen. 200 Gäste, ein DJ, ein Pool. Von den zahlreichen Gästen kenne ich fünf, vielleicht zehn weiter vom Sehen. Auch ohne Alkohol zieht es die meisten sofort auf die Tanzfläche. Amerikaner haben da ihren ganz eigenen Stil. Aber natürlich schmuggeln auch hier welche Alkohol auf die Party; das Mädchen, das mich nach Hause bringen sollte, ist so betrunken, dass sie mich vergisst. Zum Glück! „Drinking and driving" ist wohl das größte Problem hier; circa jede Stunde stirbt eine Person wegen „drunk driving".

An einem anderen Tag geht´s mit Lyndsee, ihrer Freundin Jordan und ihrer gesamten Familie zum WMZQ-Festival – Country-Musik pur. Natürlich fahren wir in einer Hummer-Limousine, und natürlich läuft der Motor beim „tailgating", einem gemütlichen Picknicken auf dem Parkplatz, weiter. Ich meine, so ein Hummer verbraucht doch kaum was!

Die zwei Gesichter Amerikas

Während wir unsere Hamburger futtern, wird ein vielleicht 19-Jähriges Mädchen in Handschellen abgeführt. Sie hat Alkohol getrunken und wird wie ein Schwerverbrecher zum Polizeiauto gebracht. Währenddessen singen die Country-Stars im Stadion von betrunkenen Nächten im Pub, „I want beer" und den Vorzügen des Saufens. Das Motto: „Save water, drink beer". Die Mädchen laufen in Cowboystiefeln und -hut herum, mit kurzen Hosen und durchsichtigen Oberteilen, zum Entsetzen ihrer Eltern. Trotz der vielen strengen Verbote. Ich fühle mich ziemlich verloren zwischen den Amerikanern, die einen „God Bless America"-Gürtel tragen oder ein Kleid bedruckt mit der amerikanischen Flagge, die Menschen, die selbst bei einem Konzert laut schreien und jubeln, wenn eine kleine Militärkapelle die amerikanische Nationalhymne spielt. Das Konzert bestätigt die Vorurteile, die ich sonst nie so verspürt habe: Ich bin umzingelt von dicken, egoistischen und lauten Menschen. Zusammenfassend: Ein großer Country-Fan werde ich wohl nie sein, dafür ist mir das alles zu südlich, oberflächlich und vo-

rurteilebestätigend. Das Wort, das für mich in dem Moment Amerika am Besten beschreibt: „Hypocrisy", also Scheinheiligkeit und Heuchelei.
Mir fällt immer mehr auf, wie sehr die ganze Welt verbunden ist. Hallo Globalisierung! Oder soll ich sagen Ausbeutung, verspätete Kolonialisierung, Egoismus und Ignoranz des Menschen an sich?

In Asien essen die Menschen fünf Mal am Tag Reis, damit wir hier – besonders in Amerika – im gigantischen Überfluss leben. Abends wird dort der Strom ausgemacht, während der Fernseher im Wohnzimmer meiner amerikanischen Gastbrüder ununterbrochen läuft – egal ob da grade jemand guckt oder nicht. Auch wenn wir noch so viel meckern, kaum jemand will auf seine Stücke Fleisch in der Woche, seine billigen Klamotten von H&M und insgesamt die allgemeine zu fortwährende Zugänglichkeit von allem, die Kaufbarkeit der Welt, verzichten.

Der übersteigerte Patriotismus in Amerika sichert dem Land Stabilität: Wenn alle doch sagen, dass die Verhältnisse so toll sind, dann muss das wohl stimmen. Niemand stellt kritische Fragen: Amerikas Heiligenschein, der American Way of Life, wird von den Amerikanern nicht in Frage gestellt. Amerika bleibt stehen.

Für mich ein Zwiespalt: Das tolle Georgetown, mein geliebtes Washington, D.C., die besonderen Menschen um mich herum. Die großen, zivilisierten Städte, das unbeschreibliche Kalifornien und die Atmosphäre des „American Way of Life". Und dazu meine dem völlig entgegenstehende Ideale und Vorstellungen, die Klischees, die Amerika manchmal doch erfüllt, die Arroganz und Ignoranz einer Weltmacht. Amerika als Austauschschülerin versus Amerika als Weltreisende. Ein Schlüsselerlebnis mit meinem Gastvater Steve: Er fragt mich, warum ich so wenig Fleisch esse. Als ich dann mit Globalisierung und Umweltschutz ankomme, prallen Welten aufeinander. Ich erwarte von niemandem, dass er so denkt wie ich. Aber ich merke, dass ich anders denke als mit fünfzehn Jahren, als ich zehn Monate als Austauschschülerin hier gelebt habe.

Alles hat ein Ende...

... nur die Wurst hat zwei.

Ein ständiges Kommen und Gehen, die letzten Stunden in Great Falls. Es ist ein einziges Déjà-Vu an meinen Abschied als Austauschschülerin. Wir sitzen draußen bis es zu kalt wird, hören Musik, die gleichen Leute kommt, es gibt das gleiche Essen. Aber diesmal fällt mir der Abschied deutlich leichter, auch wenn Lyndsee und Meghan fast weinen.

Am nächsten Morgen stehen wir alle früh auf, ich verabschiede die Jungs, als diese zur Schule fahren, und pünktlich um sieben Uhr steigen wir alle ins Auto nach New York.

Die Sicht aus dem Fenster ändert sich radikal. In Great Falls ist alles grün, überall sind Bäume und Rasen, die Häuser sind riesig und einige erinnern mich an meine Grundschule. In New York ist alles grau oder weiß, die Taxis sind gelb, die Häuser schmal und hoch, und überall sind Menschen, Menschen, Menschen. Für $50 parken wir unser Auto in einer Tiefgarage – nach oben kann man hier halt nicht mehr bauen – und laufen über die 5th Avenue. Ich bin überwältigt. Zwar war ich schon zweimal hier, aber New York ist halt doch New York. Es stinkt, es ist laut und es herrscht ein unglaubliches Gedränge und Gewusel. Toll. Ich bin so überfordert, dass ich die ersten paar Minuten gar keine Fotos schießen kann – wie soll man denn von New York Fotos machen können? Sonya und ich besichtigen die St. Pauls Cathedral, gucken uns das Rockefeller Center an und wandern durch den riesigen Central Park – eine grüne Oase. Von weitem rauscht der Lärm der Stadt, aber hier zwitschern noch die Vögel. Wir gehen ein letztes Mal zusammen Abendessen, und ich muss bei den Preisen schlucken – unter $30 gibt es nur Vorspeisen. Dann wird unser Auto aus der Tiefgarage gekarrt. Wir quetschen uns durch den Verkehr, wie in Asien voller Gehupe und Aggressivität, auf einmal noch mehr Menschen und Lichter und Schilder, und wir fahren über den Times Square. In Zeitlupe geht es weiter bis zum Büro von Alex, Tochter von Nachbarn. Sonya und Steve setzen mich ab, und ich bin traurig, mich erneut von meinen Gasteltern verabschieden zu müssen. Aber Alex lenkt mich gleich ab, wir quatschen munter drauf los. Sie berichtet von ihrer Arbeit bei Anne Klein. Sie teilt sich ihr Appartement mit einer College-Freundin, gleich am Ground Zero, aber winzig klein. Die zwei Zimmerchen, für jedes Mädchen eins, sind komplett vom Bett ausgefüllt. Aber die Aussicht lohnt sich. Ich schlafe auf dem Sofa, und alles ist gut.
Beschwingt steige ich zwölf Stunden später aus der Subwayhaltestelle im East Village aus. Hier wohnt Dana, der Gastbruder meiner Mutter, und Daniel Radcliffe. Gut gelaunt dank des strahlend blauen Himmels kaufe ich an einem der kleinen Ständen ein paar Bagels, und mein Lächeln ist wohl ansteckend: Der Verkäufer spendiert mir einen Kaffee. Ein gutes Omen für New York. Doch leider geht Dana nicht an sein Handy, so dass ich meinen Rucksack an der Rezeption lasse und ich mich auf nach Süden mache. Die U-Bahn hält am Pier. Ich kaufe ein Bootsticket und nähere mich der riesigen Freiheitsstatue, deren Fackel den Hafen von New York dominiert. Sie ist unglaublich schön und beeindruckend – welch ein Anblick das für die Einwanderer gewesen sein muss, die Freiheitsstatue vor der beeindruckenden Kulisse von New York Downtown. Zur Geschichte der Einwanderung gibt es eine Ausstellung auf Ellis Island, dann geht's zurück zum Festland.

Das Leben pulsiert

Broadway trifft auf Wall Street, Anzuggänger trifft auf Obdachlosen. Überall hämmert etwas, der Boden rattert von den U-Bahnen, die Polizeisirenen quälen das Trommelfell und die Autos übertönen sich gegenseitig. Die Hochhäuser der Banken, die mit für unsere Finanzkrise verantwortlich sind (was für eine Mentalität – 25% der Amerikaner sind verschuldet), ragen funkelnd hoch in den Himmel hinauf, nur ein Block ist leer. Times Square. Das neue World Trade Center reckt sich noch höher gen Himmel, als wolle man demonstrieren: „Wir haben keine Angst." Zwei riesige Wasserfälle dort, wo vorher sich das World Trade Center stand. Tausende Namen der Opfer säumen die Becken. Deprimiert laufe ich weiter, aber New York lässt das nicht lange zu. Kleine Parks, Brunnen, alte, barocke Häuser bieten Abwechslung. Vier Breakdancer unterhalten eine riesige Menge und springen über fünf Menschen. Ich laufe endlos weiter gen Norden, durch Chinatown, wo man alle T-Shirts für ein Viertel des eigentlichen Preises erstehen kann, Feilscherei üblich und asiatisches Obst zu sehen ist. Dann „Little Italy", mit den New-York-typischen Häusern und den außen angebrachten Feuerleitern. Die Häuser werden schöner, sind restauriert, die Läden teurer, und es gibt mehr Menschen. Eindeutiges Zeichen: Ich bin in Soho. Und durch kleine Straßen, von blühenden Bäumen gesäumt, marschiere ich weiter zur Westseite, zum Hudson River und Danas Apartment. Das Wort, das New York wohl am besten beschreibt: Diversität.

Danas Frau Angela ist ein Beispiel für den American Dream. Mit achtzehn Jahren entflieht sie dem perspektivlosen Burmingham, um nicht im Bau arbeiten zu müssen, ackert sich durch einige Aushilfsjobs und entscheidet sich dann mutig zur Eröffnung ihres eigenen Geschäfts. Jetzt ist sie eine erfolgreiche Stoffhändlerin, hat ein Büro in Manhattan, zehn Angestellten, aber keine Freizeit.

Am nächsten Tag nimmt Dana mich unter seine Fittiche. Er zeigt mir, wo er am liebsten einkauft: Chelsea Market. Wie eine Mall für Lebensmittel; hier reihen sich Bäcker, Obst- und Gemüseläden und Metzgereien aneinander. Per Aufzug gelangt man auf die „Highline", früher mal eine Bahnlinie, jetzt ein langer, langer Garten über den Straßen New Yorks. Nachdem wir die Highline abgelaufen sind und beobachtet haben, wie die Gebäude um uns an Höhe zunehmen, geht es wieder nach unten in die U-Bahn. Kaum steigen wir fünf Minuten später aus, bietet sich schon wieder ein neues Bild. Wieder die typischen Taxis, die riesigen Menschenmengen, die hohen, teuren Gebäude und der Central Park. Saxophonspieler unterhalten die Erfolgreichen, die das Glück haben, hier ihre Mittagspause verbringen zu dürfen. Touris paddeln auf dem riesigen See vor dem berühmten Bootshaus, keuchende, dünne Pferde ziehen Kutschen mit Hochzeitspärchen, und von weiter Ferne dringt das „hustle and bustle" der Stadt herüber.

Wir verlassen den Park am Südwestende, dem Columbus Square, und laufen erst auf dem Broadway und dann auf der 7th Avenue entlang zum Times Square. Es ist einfach nur hässlich hier, dreckig, mit ekeligen Hochhäusern und lauter Abgasen. Times Square dagegen hat wieder seinen ganz eigenen Reiz, mehr noch, seinen ganz eigenen Reizüberfluss. Überall sind Menschen, Taxis, Busse. Die Schilder blinken, ändern Farbe und Bild und versuchen, die Aufmerksamkeit auf sich zu ziehen. Es ist wieder voll, laut, stinkig und faszinierend.

Angesteckt vom schnellen Lebenstakt

Als ob das nicht genug Laufen für den Tag wäre, leihe ich mir Danas Fahrrad. Als ich mich wagemutig, ausnahmsweise mal mit Helm, auf den Weg mache, folge den Schildern zur Brooklyn Bridge. Tausend andere haben die Idee und überqueren die lange, Brooklyn und Downtown Manhattan verbindende Brücke. Zu Recht. Von hier aus ist die Aussicht auf die vielen Hochhäuser und die Freiheitsstatue einfach großartig. Ich kehre über die Manhattan Bridge zurück. Das Radfahren fordert alle Konzentration. Taxis schneiden meinen Weg, sich öffnende Türen versperren ihn und Menschen hasten einfach bei Rot über die Straße. In einem rasenden Tempo – New York steckt an – strample ich zum Flatiron Gebäude, fahre auf Gegenspuren durch die Shoppingstraßen und rase dann schließlich die 5th Avenue entlang, immer auf der Hut, immer eine Hand an der Bremse. Nassgeschwitzt komme ich an, in einem Tag habe ich es von der Mitte des Central Parks bis nach Brooklyn geschafft. Es lebe eine Stadt, in der man unabhängig von Autos ist!

Dana und Angela führen mich in ein Sushi-Restaurant im trendigen East-Village aus. Auf dem Nachhauseweg werden wieder die Unterschiede der verschiedenen Nachbarschaften klar. Das East Village, noch vor zwanzig Jahren ein Ghetto, hat einen heruntergekommen Charme. Junge Menschen gehen aus und genießen das Leben. Soho ist geschniegelt und teuer. Und Greenwich Village kümmert sich nicht groß, ist für New York doch relativ grün und einfach individuell. Ich liebe es, das New York, das vielmehr aus einem Haufen kleiner, toller Dörfer besteht und in dem riesigen Melting Pot von New York zu einem vereint wird.

Für meinen letzten Tag hebe ich mir eine ausgedehnte Shoppingtour durch Soho auf. Zwar kann ich mir die Sachen hier nicht leisten, aber einfach zu gucken ist auch schön. Der Broadway ist wegen vieler kleinen Stände abgesperrt, die Essen und Schmuck anbieten. In weiter Ferne erheben sich das Chrysler und das Empire State Building. Ich stehe oft im Stau und gucke mir ausgiebig die Fensterauslagen an. Und dann erreiche ich den Washington Square Park, wo ein großes, indisches Fest gefeiert wird. Von den Klängen des Hare-Krishna-Gesangs über die Bauchtanz-Hintergrundmusik zu Jazzmusik. New York bietet einfach alles. Ich bin ein wenig traurig, Amerika bald verlassen zu müssen.

Mit dem Taxi fahre ich zum JFK Flughafen. Wieder „bumper-to-bumper", auch wenn mein indischer Fahrer seine asiatischen Fahrkünste benutzt und uns beide fast umbringt. In der Schlange für „Air Berlin" höre ich Deutsch und denke daran, wie meine Eltern mich vom Flughafen abholen werden. Ich habe es geschafft. Ich habe meinen Traum erfüllt. Ich komme heil zurück, mit einem Schatz an tollen, einzigartigen und unwiderruflichen Erlebnissen und Erfahrungen. Gegen einige Widerstände habe ich mich durchgesetzt, trotz Naivität irgendwie alles geplant und alleine, auch wenn ich nie wirklich alleine war, alles bewältigt.

Diesmal weine ich nicht, weil ich mich von jemandem verabschiede. Ich weine, weil ich unglaublich, unbeschreiblich und komplett erfüllt, einfach nur glücklich bin.

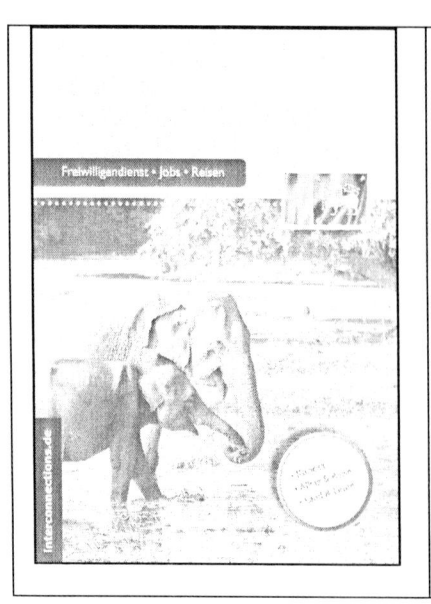

*Sri Lanka - Freiwilligendienst in Südasiens

Engagement für Elefantenwaisen und Meeresschildkröten

Urlaub einmal anders - Anpacken, wo es not tut.

ISBN 978-3-86040-201-6
€ 12,90

HOME SWEET HOME

Der Weg war das Ziel.

Schlaflos sitze ich im Flugzeug und lasse die letzten acht Monate Revue passieren. Ganz deutlich geworden ist: Die Welt ist bunt. Die Welt hat so eine unglaubliche Vielfalt zu bieten, mit unvorstellbar krassen Gegensätzen. So viele Menschen und so viele andere Leben! Buddhistische Mönche in Klöstern in den Bergen, Fabrikarbeiter mit geringem Lohn und der ständigen, langweiligen, quälenden und ätzenden Monotonie. Menschen, die im Dreck vegetieren. Menschen, die auf kleinstem Raum zusammengepfercht hausen. Menschen, die einfach menschenunwürdig leben. Und trotzdem immer dieses Lächeln, diese Neugierde und dieser Optimismus. Besonders die Kinder, die rennen, lachen, spielen, trotz allem noch Kinder sind. Vielleicht mehr Kinder sind als die in der „ersten" Welt. Und dann Menschen, isoliert von tausend Schafen. Isoliert von tausend anderen Menschen. Einsam alleine und einsam in der Masse.

Ein nepalesisches Waisenhaus und ein $1.5 Millionen Haus in den USA. Ein Abendessen für $5 und eins für $250. Pure Lebensfreude und Stress. Genießen und Schuften. Innerhalb oder außerhalb der Box denken. Diskriminierung andersherum, ausnahmsweise mal für sein Recht einstehen. Mal anecken, anders denken, an alle denken. Alle berücksichtigen. Merken: Wir sind nicht alleine auf der Welt. Immer die Augen offen halten, über den Tellerrand gucken, den Horizont erweitern.

Paulo Coelho's „Der Alchemist" beschreibt, dass man in seinem Leben nur ein bestimmtes Zeitfenster für einen bestimmten Traum hat, ein „window of opportunity". Dass man nicht davor zurückschrecken soll, seine Träume zu verwirklichen, weil sie einen sonst das Leben lang verfolgen würden. Genau das habe ich getan, und ich habe Glück gehabt, denn es ist alles gutgegangen. Jetzt kann ich mit einem unglaublichen Optimismus durch die Welt marschieren, mit einem Lächeln auf den Lippen und der Überzeugung, dass alles geht, wenn man es nur richtig angeht.

Kaum lande ich auf heimischem Boden, wird diese Überlegung auf die Probe gestellt. Gut gelaunt reihe ich mich in die Schlange vor der Passkontrolle und grüße den Beamten mit einem fröhlichen „Guten Tag!". „Was soll an diesem Tag bitte schön sein?" Von der deutschen Ranzigkeit kriege ich gleich einen über den Deckel, angewidert laufe ich zum Gepäckband. Die Gepäckwägen kosten jetzt €1, den ich nicht dabei hab, also muss ich mein 20kg schweres Gepäck auf meinen Highheels, die nicht mehr in den Koffer gepasst haben, auf dem Rücken schleppen. Doch kaum erblicke ich meine Eltern durch die Schiebetür, ist alles vergessen. Eine dramatische Wiedersehens-Szene im Flughafen folgt. Bestimmt fragen sich alle Personen um uns herum, was denn da passiert sei. Mein Onkel und seine Familie sind auch gekommen, meine Tante hält ein riesiges Willkommens-Schild in den Händen. Ich bin wieder da.

Der harte Boden der Realität

An der Stadtgrenze zu meiner Heimatstadt denke ich mir nur: „Oh Gott". Die Häuser sind größtenteils hässlich, alles sieht gleich aus und so langweilig. Wie soll ich das denn überleben? Meinen Rucksack will ich persönlich ins Haus tragen, meine Schwester begrüßt mich an der Tür, und dann hinter ihr, sind da so viele mehr! Meine besten Freunde, mein Patenonkel, meine Patentante – eine wunderbare Überraschung. Die ersten fünf Minuten bin ich überfordert und weiß kaum, was ich sagen oder tun soll. Pauls Fotobücher helfen, so dass ich den Einstieg bekomme. Es tut gut, meine alten Freunde um mich zu haben und auch mal eine anspruchsvolle Unterhaltung führen zu können. Ohne diese Begrüßung wäre meine Ankunft um einiges schwieriger geworden.

Als ich wieder alleine bin, öffne ich meinen Schrank und bin schockiert: Er ist gestopft mit so vielen Sachen! Wozu brauche ich die denn alle? Acht Monate bin ich mit nur einem Rucksack klargekommen, und jetzt habe ich einen ganzen Schrank voller unnützer Klamotten. In einem Anfall von Aufräumwut sortiere ich meinen gesamten Schrank aus. Als von Clueso „Sag mir wo" läuft, habe ich meinen ersten kleinen Zusammenbruch. Es ist alles einfach zu viel, ich bin müde und voller Adrenalin, unendlich traurig und unendlich glücklich. Da hilft nur eins: Schlafen.

Auch der nächste Tag ist durchzogen von Hochs und Tiefs. Alle sagen, sie freuen sich, dass ich wieder da bin. Aber wenn ich ganz ehrlich bin, kann ich das nicht bestätigen. Das Wetter ist mies, kalt, grau, regnerisch. In meiner Stadt unterwegs denke ich mir nur, wie hässlich es hier doch ist, unglaublich hässlich und langweilig. Vielleicht ist mir das vorher nie aufgefallen, aber viele erscheinen mir hier ungebildet und niveaulos. Das hier ist nicht das Ziel. Für mich war der Weg das Ziel. Ich habe das Gefühl, hier nicht mehr hinzugehören. Ich gehöre hier einfach nicht mehr hin. Ich habe Fernweh. Aber wer hat denn bitte gesagt, zurückzukehren sei leicht?

Ein paar Tage lang bade ich in Selbstmitleid, bis es reicht. Schließlich sollte ich überglücklich sein, überhaupt dieses Erlebnis gehabt zu haben, anstatt mich zu beschweren. Ich kann ja nicht mein Leben lang reisen. Also heißt es ab jetzt, Eigeninitiative ergreifen, ablenken, Geduld haben und das Positive sehen. Nicht nach hinten, sondern nach vorne gucken. Nicht darauf warten, dass mich jemand hier rausholt, sondern mein Leben selber in die Hand nehmen. Jetzt habe ich 244 Tage lang täglich Tagebuch geführt. Ich war in fünfundzwanzig Flugzeugen (mit Fallschirmsprung 26), habe acht Länder bereist, hunderte Kilometer im Auto und tausende in der Luft hinter mich gebracht. Ich habe in einem Waisenhaus gelebt und in einem Zelt, auf dem Strand und in den Bergen. Ich bin Motorrad, Fahrrad, tuk-tuk, Boot, Roller, Auto und Bus gefahren, mal links, mal rechts. Ich habe ein nepalesisches „Badezimmer" demoliert, bin von einem Wasserfall geplumpst, wurde fast mitten in der Nacht überfallen, bin in eisigem Wasser mit Delphinen geschwommen und habe einen Gletscher erklommen. Ich hatte eine Tikka auf der Stirn, eine Krone auf dem Kopf und einen Sarong um die Hüften. Ich habe unglaublich schöne Erfahrungen gemacht, eine Menge einzigartiger Menschen kennengelernt und viel über mich selber gelernt. Und noch so viel mehr. Das ist kein Grund zum Trübsal blasen. Das ist ein Grund, sich auf mehr zu freuen.

Jobs, Praktika, Reise
interconnections-verlag.de

Mitreisen
Lieber gemeinsam statt einsam. Ab zu den schönsten Ferienzielen!
Alle Arten des Reisens, alle Fortbewegungsmitte. Von der Städtereise bis zum Sabbatjahr.
Mitreisen.org

Anhang

Buch- und Filmtipps

Nepal

Conor Grenhan – Little Princes: Ein wirklich beeindruckendes Buch über die Auswirkungen des Bürgerkriegs und Waisenhaustourismus auf die nepalesischen Kinder.
Into Thin Air: Ein wirklich beeindruckender Film über die Besteigung des Mt. Everest.

Kambodscha

Loung Ung – First They Killed My Father: Eine sehr berührende Geschichte über die Schreckensherrschaft der Roten Khmer. Die Autorin erzählt aus eigener Perspektive.
Christopher Hudson – Killing Fields.
David Chandler – Voices from S21.
Diese beiden Bücher habe ich nicht gelesen, sie wurden mir aber wärmstens empfohlen.

Vietnam

Graham Greene – Der Stille Amerikaner: Die Geschichte eines amerikanischen Kriegsjournalisten zur Zeit des Vietnamkrieges.
Apocalypse Now: Wer die grausamsten Seiten des Vietnamkrieges sehen möchte, sollte sich diesen Film angucken.

Neuseeland

Herr der Ringe – Habe ich zwar (beschämenderweise) selber nicht gesehen, ist aber wohl ein Muss, nicht nur für Neuseeland-Reisende.
Whale Rider – Auch wenn dieser Film vielleicht eher als Kinderfilm geahndet wird, bietet er doch wunderbare Einblicke in Neuseelands Landschaft und die Kultur der Maori.

Die USA

American History X – Eine erschreckende und augenöffnende Untersuchung des Nationalsozialismus in den USA.

Zum Reisen generell:

Paolo Coelho – Der Alchemist: Sehr simpel geschrieben, aber mit wirklich verändernden Erkenntnissen über das Erreichen von Träumen.
Tiziano Terzani – Fliegen ohne Flügel: Der Spiegel-Journalist reist ein Jahr lang ohne Flugzeug durch Asien. Besonders wenn man gerade vor Ort ist, aber auch insgesamt ein wirklich tolles Buch!
Tiziano Terzani – Das Ende ist mein Anfang: Wieder eines meiner Lieblingsbücher. Terzani präzisiert unglaublich gut die Probleme der heutigen Welt und was man sich von Asien abgucken sollte.
Into the Wild: Ein Muss-Film für jeden Abenteurer, Gesellschaftskritiker und Naturliebhaber.

Glossar

Arbeit: Ist bei Work & Travel schwer zu finden. Geduld, Ausdauer, einen Lebenslauf und Arbeitszeugnisse mitbringen. Auf den Internetseiten der Einwanderungsbehörden von Australien und Neuseeland finden sich auch gute Tipps zu Work & Travel im Land.

Betteln: Bettelnden Kindern auf keinen Fall Geld geben! Lieber Nahrungsmittel. Ich führe zum Beispiel immer ein Paket Nüsse mit. Behinderten, armen oder alten Menschen kann man ruhig etwas geben, da oft ein Sozialsystem in armen Ländern fehlt. Nicht zu viel Geld verschenken (am örtlichen Durchschnittseinkommen messen), da sonst ein falsches Bild von dem „unermesslichen Reichtum der Weißen" entsteht!

Diebstahl: Sperrnummern für Kreditkarten etc. mitführen. Immer einen Notfallgroschen separat halten, grundsätzlich alle wichtigen Dokumente nicht an einem Ort aufbewahren. Empfohlen werden Brustbeutel oder Bauchgurte. In Ländern von besonders hoher Kriminalität kann man auch ein „Dummy-Portemonnaie" bei sich tragen. Einfach alte Kreditkarten und ein paar Scheine in einem zweiten Portemonnaie einstecken, das man im Falle eines Überfalls herausrücken kann. Immer gilt: Nicht wehren! Die eigene Sicherheit geht vor. Zusätzlich lassen sich auch Schlösser am Gepäck befestigen. Einfach immer auf alles (selber!!) aufpassen.

Elektronik: Ans Aufladekabel denken. Nur das Wichtigste mitnehmen – es kann schließlich alles geklaut werden! Statt Laptop lieber ein kleineres und leichteres

Netbook mitnehmen, mit einem iPhone oder iPod Touch kann man zum Beispiel auch skypen. Unbedingt vorher ausprobieren! Eine externe Festplatte und DVDs, die man in Internetcafés brennen kann, bieten sich zur Sicherung der Fotos an. Die DVDs kann man auch stückchenweise nach Hause schicken, falls das Gepäck verloren geht. Je nach Reiseziel wasserdichte Behälter für die Geräte einpacken.

Flüge: Manche Fluggesellschaften bieten „Around the World"-Tickets an. Bei mir war es schwierig, eine zu finden, die meine gesamten Ziele angeflogen hätte, so dass ich oneway-Tickets per Internet (www.swoodoo.com) oder sta-travel gebucht hatte.

Freiwilligenarbeit: Immer gut, aber man sollte sich vorher über den Träger schlau machen. Handel und Geschäfte mit Waisen sind leider keine Seltenheit. Spenden sinnvoll einbringen und den Begebenheiten anpassen; Waschmaschinen und Kühlschränke stehen oft nur rum und fressen Strom. Fragen, was gebraucht wird: Manchmal ist es halt leider auch „nur" Geld, was dringend benötigt wird, für Ausbildung, Essen, Strom etc.

Geld: Eine internationale Kreditkarte ist für Buchungen über das Internet und Reservierungen für Hotels/ Hostels unentbehrlich! Master und Visa Card bieten sich an. Unbedingt die Auslandsgebühren beachten. Die Deutsche Bank hat Partnerbanken in Nordamerika und in Australien, wo zum Beispiel keine Abhebegebühren fällig werden. In fast jedem Land sind ausreichend Geldautomaten vorhanden, hierbei aber aufpassen, ob der Automat nicht manipuliert ist. Zur Sicherheit eine zweite Kreditkarte bzw. EC-Karte mitnehmen! Das Sperrlimit der Konten beachten und der Bank mitteilen, dass eine Auslandreise anstehe, damit übereilige Kreditinstitute das Konto nicht sperren. Reiseschecks sind veraltet, für Notfälle lieber ein paar Dollar-Scheine mitnehmen.

Gepäck: Nur das Nötigste einpacken! Keine teuren oder lieben Klamotten einpacken, die werden eh nur dreckig oder gehen entzwei. Man braucht wirklich nicht viel; in zahlreichen Entwicklungsländern sind T-Shirts etc. spottbillig. Nicht vergessen: Taschenlampe und Taschenmesser. Zum Platzsparen gibt es auch Trekking-Handtücher. Ansonsten kann man noch einen dünnen Seidenschlafsack oder einen Bettbezug mitnehmen, als Mittel gegen Bettwanzen oder unbeliebte Mitbewohner im Bett.

Beliebte Packmethoden: Die Kleidungsstücke nach „Thema" (z.B. T-Shirts) in Plastiktüten packen oder jedes Einzelteil einrollen. Das Schwerste kommt in die Mitte nahe am Rücken, der Rucksack sollte ein Dritte des Körpergewichtes und 23 kg nicht überschreiten. Ins Handgepäck bzw. den Tagesrucksack die wichtigen Sachen packen; immer bedenken, dass das Gepäck schlimmstenfalls auch verschütt gehen kann!

Gesundheit: Bei komplizierten Krankheiten in das nächstgrößere Krankenhaus anfliegen, in Asien ist das z.B. oft Bangkok. Manche Länder haben aber auch schon international anerkannte Krankenhäuser. Siehe Reiseapotheke

Handy: Nicht unbedingt das teure iPhone mitnehmen. Ein Handy mitnehmen, das in allen Netzen funktioniert. Große Anbieter wie Vodafone und Telekom haben Abkommen mit anderen Gesellschaften im Ausland, mit denen man dann auch im Ausland für höhere Gebühren telefonieren kann. Oft gibt es billige Prepaid-Karten, auch mit günstigen Telefontarifen nach Europa, zu kaufen. Einfach umhören und nach den besten Angeboten fragen.

Hygiene / Essen: Nicht grundlos Sorgen machen! Man sollte nicht unbedingt überall Leitungswasser trinken, braucht aber auch nicht alles mit Desinfektionsmitteln abwischen. In belebten Restaurants und Straßenküchen essen, evtl. das Besteck kurz abputzen und darauf achten, dass die Getränke erst am Tisch geöffnet werden. Kein ungeschältes Obst, oder wenn, dann nur gekocht, verzehren. Für Notfälle waren immer Müsliriegel, Nüsse und genügend Wasser dabei.

Fotografie: Da ist Vorsicht geboten. In manchen Kulturen verliert man durch Fotos Teile seiner Seele. Auch in Kulturen, wo das nicht so ist, sollte man nicht einfach respektlos von allem und jedem ein Foto schießen. Immer besser freundlich nachfragen, auch Kinder sind keine Ausstellungsstücke.

Führerschein: Besser man hat einen als keinen. Zwar kann man in manchen Ländern Roller und Autos auch ohne Führschein melden, aber sicher ist sicher. Einfach internationalen Führerschein beim Amt beantragen, Kosten rund ca. 20€.

Impfungen: Beim Tropenarzt nachfragen oder im Internet, www.auswaertiges-amt.de oder www.fit-for-travel.de. Rechtzeitig die Impfungen auffrischen, manche benötigen mehrere „Impfgänge"!

Infrastruktur: Irgendwie kommt man (fast) überall hin. Deswegen nicht zu viel im Voraus planen, sondern auch im Land die diversen Möglichkeiten untersuchen. Eine Vorausplanung kann manchmal ungemein nützlich sein, aber auch Spontaneität auch töten.

Internet: Kostenloses Wi-Fi gibt es, besonders in Asien, fast überall. Ansonsten Internet-Cafés oder über Surfsticks.

Jetlag: Unbedingt versuchen, am ersten Tag zu einer „normalen" Uhrzeit ins Bett zu gehen, am nächsten Morgen nicht zu lange ausschlafen. Ausreichend Wasser trinken.

Klima: Die beste Reisezeit, also Regen- und Trockenzeit der Länder beachten. Die Hitze kann auch für den Körper höchst anstrengend sein, also während der ersten Tagen nicht zu doll anstrengen, aber viel trinken.

Kritik: Mit Kritik am Land äußerst vorsichtig umgehen. Viele Leute sind äußerst patriotisch und dulden keine Kritik Fremder an ihrem Land.

Kulturschock: Als Regel gilt: In den ersten drei Tagen wird nicht gemeckert! Der Körper braucht ein paar Tage, um sich an das Klima und die veränderten Bedingungen zu gewöhnen. Die Andersartigkeit respektieren und versuchen, sie zu verstehen. Deren Leben hat schließlich auch schon einige Jahre so funktioniert. Andere Länder, andere Sitten!

Natur: Auch wenn andere Länder es mit dem Umweltschutz nicht ernst nehmen, keinen Müll hinterlassen. Auch beim Campen alles ordentlich aufräumen. Daran denken, dass es in anderen Ländern auch gefährliche Tierarten gibt, als vorher erkundigen! Manchmal sind auch Meeresbuchten und andere Gewässer mit Strömungen nicht so harmlos, wie sie aussehen.

Notfall: Immer Kontaktadresse der eigenen Botschaft im jeweiligen Land parat haben. Es gibt auch international gültige Notfallnummern des Auswärtigen Amtes. Auskunft über Namen und Kontakt immer nah am Körper bei sich tragen.

Polizei und Militär: Unauffällig blieben, Gesetze und Beamte respektieren. In anderen Ländern verhält sich mitunter auch die Polizei anders. Schließlich will ja niemand in einem Gefängnis in Timbuktu landen!

Reiseapotheke: Sie darf nicht fehlen: Schmerzmittel (Paracetamol, in Tropengebieten kein Aspirin nehmen!), Standby-Malaria-Mittel, Mittel gegen Wundentzündungen, Erste Hilfe Set mit Desinfektionsmittel, evtl. Antibiotika, Mittel gegen Übelkeit und Durchfall. Ansonsten noch Sonnencreme, Mückenschutz, Kondome bzw. die Pille. Wer misstrauisch ist, nimmt noch saubere Spritzen mit.

Reiseführer: Braucht man sich nicht unbedingt für jedes Land vorher zuzulegen. Oft legen in Hostels welche aus oder man kann sie auf den örtlichen Märkten erstehen. In vielen Ländern existieren „Second Hand" Buchläden, wo sich gebrauchte Reiseführer erstehen oder eintauschen lassen.

Reisepass: Unbedingt darauf achten, dass der Reisepass während der gesamten Reisedauer gültig ist.

Religion: Nicht darüber streiten, auch hier gilt Respekt. Frauen sollten zum Beispiel keine buddhistische Mönche berühren, Tempel nur mit bedeckten Schultern und Knien betreten, Betende nicht stören.

Respekt: Für jedes Land nachlesen: Was geht, was geht nicht. Oft gilt: Schultern und Knie bedecken, Frauen sollten kein zu tiefes Dekolleté zeigen. In Vietnam ist es zum Beispiel auch anstößig, Stäbchen senkrecht in einer Schüssel lassen, dies gilt als Omen des Todes. Andere Kulturen nicht belächeln oder kritisieren, sondern akzeptieren. Man ist schließlich Gast in einem fremden Land und sollte sich dementsprechend verhalten.

Sicherheit: Reise- und Sicherheitshinweise auf der Seite des Auswärtigen Amtes nachlesen. Auf den Instinkt verlassen! Besonders als Frau nicht alleine im Dunkeln unterwegs sein, verlassene Gegenden und Demonstrationen / Streiks unbedingt vermeiden. Keinsfalls den eigenen „Reichtum" zur Schau stellen. Immer jemanden über den Aufenthaltsort und Pläne unterrichten. Asien, Nordamerika und Australien gelten als „sichere" Länder, während Afrika und Südamerika als relativ „unsicher" gelten. Daher sollte man die Ziele, die man bereist, mit Bedacht wählen!

Souvenirs: Immer an das begrenzte Gepäckvolumen denken, das rasch ausgeschöpft sein kann. Auf die Einfuhrbestimmungen der Länder achten.

Tagebuch: Ein Muss für jeden Reisenden! Man will ja schließlich alle Erinnerungen behalten.

Trinkgeld: Wie auch beim Betteln gilt, am Durchschnittseinkommen orientieren. Oft stehen auch Tipps für die einzelnen Länder in Reiseführern. Kleine Scheine griffbereit und separat vom eigentlichen Portemonnaie aufbewahren, damit man dessen Aufbewahrungsort nicht verrät bzw. seinen „Reichtum" nicht zeigt.

Versicherung: Eine günstige Auslandsversicherungen gibt es über interconnections, info@interconnection Betreff: Versicherung, oder eventuell auch der eigenen Versicherung. Darauf achten, ob Beförderungskosten inas nächstgrößere Krankenhaus übernommen werden.

Der ADAC bietet zum Beispiel auch günstige Autoversicherungen im Ausland an.

Visum: Visa gibt es oft „On Arrival", also bei der Ankunft. Man lassen sich oft aber auch schon im Internet beantragen. Auch Reiseagenturen im Ausland können Visa organisieren. Eventuell im Internet, www.auswaertiges-amt.de, nachlesen.

Generell unbedingt einige Passfotos mitbringen!

Wichtige Dokumente: Einscannen und dann per E-Mail an sich selbst schicken, so hat man sie immer dabei. Ansonsten nah am Körper tragen oder an einem sicheren Ort aufbewahren.

Zu guter Letzt

Ganz zu Ende würde ich noch gerne über ein Thema sprechen, das mir wirklich arg am Herzen liegt: Das Kinderheim in Nepal.
Im Nachhinein stelle ich fest, dass dort mein beeindruckendstes Erlebnis war. Immer wieder gucke ich mir die Videos der Kinder an, die fröhlich im Bett herumhopsen oder zu viert auf mir herumturnen. In meinen Träumen kehre ich im-

mer wieder nach Nepal zurück. In meinem Zimmer hängen zwei große Fotos, die mich immer daran erinnen: Eins von Shristi, meinem kleinen Liebling, und das Andere von vier „meiner" Mädels. Ich habe den brennenden Wunsch, etwas zu bewegen und den Kindern in diesem faszinierenden, aber auch sehr rückständigen Land zu helfen. Wie schon in meinem Blog berichtet, arbeiten Kira und Sarada im Moment daran, ein neues Kinderheim mit integriertem Gemeinschaftszentrum zu errichten – eins von zahlreichen tollen Projekten der Organisation. Und hierbei bitte ich um Eure Hilfe. Vielleicht gibt es ja ein paar, die sich mal die Homepage von „Hands with Hands" angucken und eventuell sogar helfen möchten – ob durch Freiwilligenarbeit, Spenden oder einfach Weitererzählen. Vielen, vielen Dank für eure Hilfe, und von Sarada und den ganzen Kindern im Heim ein kräftiges „Dhanyabaad"!
www.handswithhands.com

Und für alle, die sich für Freiwilligenarbeit in Kambodscha interessieren:
www.savechildreninasia.org

In Nepal:
Das bei YouTube eingeben:
„Annapurna Self-Sustaining Orphan Children Home"

Und zuletzt

Ich danke meiner Bodenstation, Houston, Texas – meiner Mutter, ohne die ich diese Reise nie geschafft hätte.

Wohnen gegen Hilfe
Einander unterstützen bei Tätigkeiten rund um Haus, Hof und Garten …
Abgesenkte Miete gegen Mitanpacken im Haushalt ist das Prinzip.
Vermieter sind Familien, Senioren u.a., Mieter meist junge Leute, Azubis, Studierende, Leute in der Ausbildung, Sprachschüler u.a.

Mitwohnen.org
